高等院校应用型本科实验课规划教材

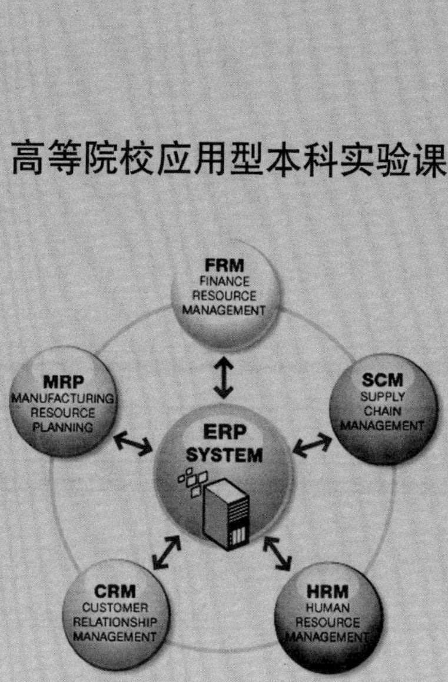

ERP SHICAO ZHIDAOSHU

ERP实操指导书

主　编　王　钧　李红桃

暨南大学出版社
JINAN UNIVERSITY PRESS
中国·广州

《ERP实操指导书》编委会名单

主　编：王　钧　李红桃

副主编：王全胜　彭纯军　苏晓艳　段国祥

主　审：杜江南

总　序

高等院校应用型本科实验课规划教材在参加教材编写的全体同仁共同努力下正逐步推出。每年推出五种左右。实验教学是培养学生实践能力、科学精神和创新意识的重要实践教学环节，改革开放以来，实验教学成为新一轮教学改革的重要课题。实验教材是科学基本原理和操作技术的集成，是确保实验教学效果，提高实验教学质量的基础，也是学生验证消化基础理论，获得科学研究方法的重要指导材料。长期以来，我们秉承何香凝“扶助农工”、“注重实验”，培养“有真实学识之实业人才”的办学思想，以培养高素质应用型人才为己任，十分重视实践教学环节，注重提高学生的实践能力和创新能力。近年来，为推动实验教学改革，提高应用型人才培养质量，学校将实验教材建设纳入“十一五”教材建设规划，鼓励广大教师总结实验教学经验，改革实验教学内容与方法，编写出版实验教材。这些实验教材的推出，是学校坚持实践教学与理论教学并重、实践教育与创新教育结合的重要成果。

高等院校应用型本科实验课规划教材的编写人员都是具有多年教学工作经验的教师，在教材编写过程中，他们不仅全面总结多年的实践经验，而且注意吸收学科发展和科学研究的最新成果，加大新技术的应用，力求使所编教材具有系统性、新颖性、先进性和适用性，有利于培养学生的实验素养和创新能力。希望通过这些教材的出版，能促进实验教材的建设，与学术同仁共同推进、提高实验教材的编写水平；希望这些教材能受到广大师生的关注和欢迎。编写过程中虽然不遗余力，但难免会有不足和疏漏之处，恳请学术同仁和广大读者批评指正。

最后，衷心感谢参加教材编写的全体同仁，正是由于他们的辛勤劳动，编写工作才得以顺利完成。还要特别感谢暨南大学出版社的领导和有关同志，正是由于他们的大力支持，这些教材才能如期与读者见面。

高等院校应用型本科实验课规划教材编委会

2010年4月16日

前 言

ERP是建立在信息技术基础上，以先进的企业管理理念，将企业各个方面的资源充分调配和平衡，为企业决策层、管理层和操作层提供解决方案，帮助企业在激烈的市场竞争中赢得优势的一套企业管理系统体系标准。作为一种先进的管理工具，ERP集信息技术和先进的管理思想于一身，已经成为现代企业的最佳运行模式。ERP适应时代要求，能够帮助企业合理调配资源，促使企业最大化地创造社会财富，已经成为企业在信息时代生存、发展的基石。因此，学习ERP软件包含的管理思想，掌握ERP软件的基本原理和基本操作，是这个时代对当代大学生和企业管理人员的基本要求。《ERP实操指导书》旨在带领读者进入ERP世界，理解ERP的基本知识，领悟ERP管理思想的真谛，熟悉ERP软件主要模块的基本操作，从而帮助读者巩固关于ERP的理论素养，掌握ERP基本的操作技能，增强自身的就业竞争力。

《ERP实操指导书》是一本关于ERP基本理论和基本操作技能素养培养的教材。本教材编写过程中注重理论阐述的深入浅出；基本操作主线清晰；基本内容覆盖ERP操作的主要功能模块；理论阐述过程中引入了相应的阅读材料，以期增加教材趣味性的同时拓展读者的视野；基本的操作包括了账套管理、财务管理、生产制造、供应链管理等主要模块，以模块主要功能为主线，以企业主要业务为依托，以实验的形式逐步展开，步骤清晰，可操作性强，可以分模块进行单项训练，也可以多模块选择进行综合训练。

本书适用于经济、管理、信息管理类各专业学生学习ERP软件应用，每章实验均可独立开展教学，安排学时方便。本书也适合企业实施ERP时作为企业管理人员培训教材使用或者一般企业管理人员为提高个人对ERP软件的认识和操作使用。

本书由王钧、李红桃主编，金蝶软件广州分公司培训教育部经理王全胜等任副主编。各章具体分工如下：王钧、王全胜负责第八章至第十一章，李红桃、彭纯军、苏晓艳负责第一章至第七章，王钧、王全胜、段国祥负责第十二、第十三章，全书由王钧、李红桃统稿，杜江南副教授主审。

本书在编写过程中参考了国内同行、专家和学者的科研成果与著作，在此深表谢意。由于编者水平有限，书中难免有不妥或错漏之处，恳请读者批评指正。

王钧　李红桃

2010年8月

目 录

上编　ERP 基本知识

本编着重介绍 ERP 概述、ERP 的发展历程、ERP 基本原理、ERP 应用、ERP 实施的成功要素等内容，旨在简单而系统地介绍 ERP 的基本知识，普及 ERP 理念。

第一章 ERP 概述

学习提示

- ERP 的概念
- ERP 产生的背景
- ERP 的管理思想
- ERP 给企业带来的效益

导读

知识经济概念的出现大大提高了企业实施 ERP 的信念，信息技术和互联网的发展则为 ERP 的实施提供了强有力的支持。目前，ERP 概念和产品已经风靡全球。发达国家的大多数企业集团，包括石油、石化、相关制造业等，也包括相当多的中型企业，都已经或正在实施 ERP。据统计，全球 500 强企业中，已有 80% 实施了 ERP。美国 *Fortune* 的前 500 家大公司中，96% 都用了 Oracle 解决方案，有 200 多家使用 SAP 的产品。可见，实施 ERP 可以有效地提高企业的竞争力。

一、ERP 的概念

ERP 是 Enterprise Resources Planning 的英文缩写，即企业资源计划。ERP 是由美国著名的计算机技术咨询和评估集团 Gartner Group 公司提出的一套企业管理系统体系标准。ERP 是指以提高企业资源效能为系统思想，建立在信息技术基础上的为企业提供业务集成运行的企业资源管理方案。

1. ERP 具备的功能标准

Gartner Group 提出 ERP 具备的功能标准包括四个方面：

（1）超越 MRPⅡ的范围集成功能。包括质量管理、流程作业管理、实验室管理、产品数据管理、设备维护管理、仓库管理和管制报告等。

（2）支持混合方式的制造环境。既支持离散型生产环境，也支持连续型制造的生产环境。具备按照面向对象的业务模型、组合业务过程的能力和国际范围内的应用。

（3）支持能动的监控能力，提高业务绩效。包括整个企业内采用控制工程方法、模拟功能、决策支持和用于生产与分析的图形能力。

（4）支持开放的客户机—服务器计算环境。包括客户机—服务器体系结构、图形用户界面（GUI）、计算机辅助设计工程（CASE）、面向对象技术、关系数据库查询内部集成工程系统、商业系统、数据采集和外部集成等。

2. 从管理思想、软件产品和管理系统三个层次给 ERP 下定义

（1）从管理思想的角度。ERP 是一整套企业管理系统体系标准，其实质是在制造资源计划（Manufacturing Resources Planning，MRPⅡ）的基础上进一步发展而成的面向供应链

(supply chain) 的管理思想。

(2) 从软件产品的角度。ERP 综合了 B/C/S (浏览器、客户机、服务器) 体系、大型关系数据库结构、面向对象技术、图形用户界面、第四代计算机语言、网络通信等信息技术成果,是面向企业信息化的管理软件产品。

(3) 从管理系统的角度。ERP 是集企业管理理念、业务流程、基础数据、制造资源、计算机硬件和软件于一体的企业资源管理系统。

二、ERP 的产生背景

自 20 世纪 90 年代以来,随着经济全球化和信息技术的广泛应用,企业的竞争环境发生了巨大的变化。由于竞争的不断加剧和世界范围内的通信技术和运输条件的改善,越来越多的企业开始走出国门,在全球范围内寻找资源和市场,经济全球化已经成为一股不可阻挡的发展趋势。在竞争资源方面,越来越多的企业认识到:仅靠资本和生产资料已经难以形成有效的竞争力,知识资源和信息资源已经成为最重要的战略资源,并对企业的可持续发展具有至关重要的作用。在这种全新的、更加激烈的竞争环境中,企业要取得生存和发展就必须从企业的经营理念、企业战略、组织机构、业务流程等各方面进行改革,高度重视信息技术的应用,并将其广泛而灵活地融入企业的产品开发、生产、管理和服务等各个环节。通过建立各种各样的信息系统来帮助企业提高效率、降低成本、改善服务、提升企业的竞争力。ERP 就是在这样的背景下发展起来并得到广泛应用的信息系统之一。

当前,ERP 已经成为一种适应性强、具有广泛应用意义的企业管理信息系统。ERP 致力于在企业管理的各个活动环节中,充分利用现代信息技术建立信息网络系统,使企业经营管理活动中的物流、信息流、资金流、工作流等得以集成和综合,实现资源的优化配置,加快对市场的反应速度,提高企业管理的效率和水平,并最终提高企业的经济效益和竞争能力。

三、ERP 的管理思想

ERP 是承载先进管理思想的媒体,是先进管理哲学、理论和方法的软件封装,其包含的管理思想主要有:

1. 体现对企业供应链资源进行管理的思想

现代企业的竞争已经不是单一企业与单一企业之间的竞争,而是一个企业的供应链和另一个企业的供应链之间的竞争。企业只有将自身纳入一个紧密的供应链中,才能在市场上获得竞争优势。ERP 系统实现了对整个供应链的管理,适应了企业市场竞争的需要。

2. 体现精益生产和敏捷制造的先进制造理念

ERP 支持混合式生产方式的管理。其主要的管理思想体现在两个方面:一是精益生产思想 (LP, Lean Production),即企业把客户、销售代理商、供应商、协作单位等纳入生产体系,同他们建立起利益共享的合作伙伴关系,形成一个企业的供应链;二是敏捷制造 (Agile Manufacturing) 思想,即当市场上出现新的机会而企业的基本合作伙伴不能满足新产品开发要求时,企业组织一个由特定供应商和销售渠道组成的短期供应链,形成"虚拟工厂",把供应和协作单位看作企业的一个组成部分,进而组织生产,并用最短的时间将新产品投入市场,时刻保持产品的高质量、多样化和灵活性。

3. **体现事先计划和事中控制的思想**

ERP 系统的计划体系主要包括企业战略计划、生产计划大纲、主生产计划、物料需求计划、能力计划、采购计划、销售执行计划、利润计划、财务预算和人力资源计划等，而且这些计划功能和价值控制功能已经完全集成到整个供应链系统中。另外，ERP 通过定义事务处理的相关会计核算科目和核算方式，在事务处理同时自动生成会计分录，保证资金流和物流的同步性和数据的一致性。从而实现根据财务资金现状，追溯资金来龙去脉，并进一步追溯相关的业务活动，便于实现事中控制和及时作出决策。

四、ERP 给企业带来的效益

1. **直接经济效益**

根据美国生产与库存控制学会（APICS，American Production and Inventory Control Society）统计，使用一个 ERP 系统，平均可以给企业带来如下经济效益：

（1）库存下降 30% ~50%。它可使一般用户的库存投资减少 1.4 ~1.5 倍，库存周转率提高 50%。

（2）延期交货减少 80%。当库存减少并稳定的时候，用户的服务水平提高了，企业的准时交货率平均提高 55%，误期率平均降低 35%，能使销售部门的信誉大大提高。

（3）采购提前期缩短 50%。采购人员有了及时、准确的生产计划信息，可以集中精力进行价值分析、货源选择、研究谈判策略等，缩短了采购时间并节省了采购费用。

（4）停工待料减少 60%。由于零件的需求透明度提高，计划也作了改进，可以做到及时、准确，零件也可以以更加合理的速度准时到达，因此，生产线的停工待料现象也大大减少。

（5）制造成本降低 12%。由于库存费用下降、劳动力节约、采购费用等一系列人、财、物的相关效应，必然降低生产成本。

（6）管理水平提高，管理人员减少 10%，生产能力提高 10% ~15%。

2. **间接效益**

企业应用 ERP 系统后，还将带来如下间接效益：

（1）使企业基本数据管理更加完备、精细，准确度大大提高。

（2）使企业高层决策更加快捷、科学，企业对市场的应变能力和速度得到提高。

（3）使企业员工从繁琐的手工工作中解脱出来，从而有更多的时间从事真正的管理工作。

（4）理顺了企业的业务流程，打破了企业各部门之间条块分割的格局，增强了员工的全局观念，使企业各部门间的协同工作成为可能。

（5）使企业管理更加规范，减少了管理中的随意性，提高了企业管理的计划性。

本章思考

查阅资料，围绕“ERP 是否能给企业带来利益”开展学习思考或者小组讨论。

阅读扩展

戏说 ERP——家中请客的案例

一天中午，丈夫在外面给家里打电话："亲爱的老婆，晚上我想带几个同事回家吃饭，可以吗?"（订货意向）

妻子："当然可以，来几个人？几点来？想吃什么菜?"

丈夫："6个人，我们7点左右回来，准备些酒、烤鸭、番茄炒蛋、凉菜、蛋花汤……你看可以吗?"（商务沟通）

妻子："没问题，我会准备好的。"（订单确认）

妻子记录下需要做的菜单（MPS 计划），具体要准备的东西：鸭、酒、番茄、鸡蛋、作料……（BOM 物料清单）；发现需要：1只鸭，5瓶酒，4个番茄……（BOM 展开），炒蛋需要6个鸡蛋，蛋花汤需要4个鸡蛋（共用物料）。打开冰箱一看（库房），只剩下2个鸡蛋（缺料）。

来到自由市场，妻子问："请问鸡蛋怎么卖?"（采购询价）

小贩："1个1元，半打5元，1打9.5元。"

妻子："我只需要10个，但这次买1打。"（经济批量采购）

妻子："这儿有一个坏的，换一个。"（验收、退料、换料）

回到家中，准备洗菜、切菜、炒菜……（工艺路线）厨房中有燃气灶、微波炉、电饭煲……（工作中心）妻子发现拔鸭毛最费时间（瓶颈工序，关键工艺路线），用微波炉自己做烤鸭可能来不及了（产能不足），于是决定在楼下的餐厅里买现成的（产品委外）。

下午4点，电话铃又响，儿子的电话："妈妈，晚上有几个同学想来家里吃饭，你帮忙准备一下。"（紧急订单）

"好的，儿子，你们想吃什么？爸爸晚上也有客人，你愿意和他们一起吃吗?"

"菜你看着办吧，但一定要有番茄炒鸡蛋。我们不和大人一起吃，6:30 左右回来。"（呵呵，不能并单处理）

"好的，肯定让你们满意。"（订单确认）

鸡蛋又不够了，打电话叫小贩送来。（紧急采购）

6:30，一切准备就绪，可烤鸭还没送来，急忙打电话询问："我是李太太，怎么订的烤鸭还没送来?"（委外单跟催）

"不好意思，送货的人已经走了，可能是堵车吧，马上就会到的。"

门铃响了，"李太太，这是您要的烤鸭。请在单上签一个字。"（验收、入库、付应付账款）

6：45，女儿的电话："妈妈，我想现在带几个朋友回家吃饭可以吗?"（呵呵，又是紧急订购意向，要求现货）

"不行呀，女儿，今天妈妈已经准备了两桌饭了，时间实在是来不及，真的非常抱歉，下次早点儿说，一定给你们准备好。"（哈哈，这就是 ERP 的使用局限，要有稳定的外部环境，要有一个起码的提前期）

送走了所有客人，疲惫的妻子坐在沙发上对丈夫说："亲爱的，现在咱们家请客的频率非常高，应该要买些厨房用品了（设备采购），最好能再雇个小保姆（连人力资源系统也有接口了）。"

丈夫："家里你做主，需要什么你就去办吧。"（通过审核）

妻子："还有，最近家里花销太大，用你的私房钱来补贴一下，好吗？"（哈哈哈哈，最后就是应收货款的催要）

送走了所有客人，妻子拿着计算器，准确地算出了今天的各项成本（成本核算）和节余原材料（车间退料），并记入了日记账（总账），把结果念给丈夫听（给领导报表）。丈夫说道："值得，花了 145.49 元，请了好几个朋友，感情储蓄账户增加了若干。"（经济效益分析）

现在还有人不理解 ERP 吗？记住，每一个合格的家庭主妇都是生产厂长的有力竞争者！

第二章　ERP 的发展历程

学习提示

- ERP 发展的五个阶段
- MRP 的基本原理
- MRPⅡ的基本原理

导读

自 18 世纪产业革命以来，手工作坊向工厂生产的方向发展，出现了制造业。随之而来的是所有企业几乎无一例外地追求基本相似的营运目标，即实现企业资源（包括资金、设备、人力等）的合理、有效利用，以期实现企业利润最大化。其中库存控制一直是企业关注的主要问题之一，解决的方法是沿着更为科学的路线发展的。经济批量的基本概念于 1915 年被提出，确定订货点的统计方法在 1934 年由 R. H. Wilson 提出。“二战”结束后，科学家发现用运筹学和概率论去控制生产和库存是一种更合理的办法。然而，这些相当复杂的库存管理系统技法很少被应用。直到 20 世纪 50 年代后期，计算机的广泛应用才使复杂的工作变为可能。1957 年成立的 APICS（American Production and Inventory Control Society），为 MRP、MRPⅡ、ERP 理论的发展打下了坚实的基础。MRP 的逻辑诞生于 60 年代，其标志就是独立需求和相关需求的区分。然而，直到 70 年代，MRP 的理念才得以实现，被正式应用到管理中去。MRP 的逻辑着重解决什么时候生产什么产品、生产多少的问题。这个基本的逻辑强力支持着后来 MRPⅡ和 ERP 的发展。在 80 年代，人们把制造、财务、销售、采购、工程技术等各个子系统集成为一个一体化的系统，并称为制造资源计划（Manufacturing Resources Planning）系统，也就是 MRPⅡ。可以看出，MRPⅡ与 MRP 的不同就是 MRP 解决的仅仅是企业生产系统的问题，而 MRPⅡ解决的是企业经营实现的问题，它最大的特点就是财务与生产系统的结合，它最显著的效果是减少库存量和减少物料短缺现象。在 90 年代，互联网的高速发展使企业能够把经营过程中有关各方如供应商、制造工厂、分销网络、客户等纳入一个紧密的供应链，于是产生了 ERP（Enterprise Resources Planning）。因此，可以说，ERP 就是在 ERPⅡ的基础上，拓展了对经营环节的上游（供方）和下游（顾客）的管理。从 ERP 的发展我们可以看出：ERP 是在 MRP 的基础上发展起来的，ERP 的基本逻辑是 MRP，解决的就是什么时候生产多少的问题，根本目的就是计划和控制。

一、ERP 发展的五个阶段

ERP 由美国 Gartner Group 公司首先提出。ERP 的形成大致经历了五个阶段：订货点法、时段式 MRP 阶段、闭环 MRP 阶段、MRPⅡ阶段和 ERP 阶段，如下表所示：

ERP 发展的五个阶段

阶段	企业经营特点	问题提出	形成历程	理论基础
第一阶段 20 世纪 40 年代	降低库存成本 降低采购费用	确定订货时间 确定订货数量	订货点法 手工管理	库存管理理论
第二阶段 20 世纪 60 年代	追求降低成本 手工订货发货 生产缺货频繁	如何制订主生产计划，确定时间、品种、数量	时段式 MRP	库存管理理论 主生产计划 BOM
第三阶段 20 世纪 70 年代	计划偏离实际 手工完成车间作业计划	如何保证计划的有效实施和及时调整	闭环 MRP	能力需求计划 车间作业计划 闭环控制
第四阶段 20 世纪 80 年代	追求竞争优势 信息孤岛	如何实现管理系统一体化	MRPⅡ	决策技术 系统仿真技术 物流技术 系统集成技术
第五阶段 20 世纪 90 年代	追求技术、管理创新，市场环境快速变化	如何在企业和合作伙伴范围内利用资源	ERP	事前控制 混合生产 供应链技术 JIT 和 AM 技术

二、订货点法

订货点法就是指对于某种物料或者产品，当其库存量降低到某一预先设定的库存水平（即订货点）时，便开始发出订货单来补充库存，直至库存量降低到安全库存，所订购的物料刚好到达仓库，补充前一期的消耗。从发出订货单到收到所订货物的这一段时间称为订货提前期。订货点的确定公式为：

订货点 = 单位时间的需求量 × 订货提前期 + 安全库存量

订货点法的示意图如图 2－1 所示：

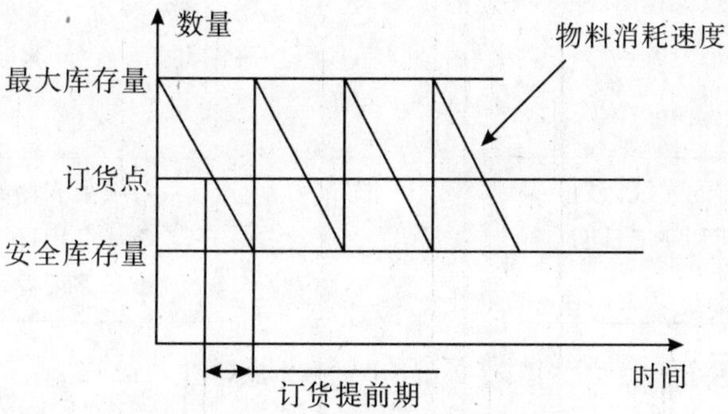

图 2－1　订货点法示意图

对于稳定、均匀消耗的物料来说，订货点法可以发挥一定的作用。但是，随着市场变化和产品复杂性的增加，订货点法的缺陷也就逐渐暴露出来。这些缺陷包括：第一，订货点法假定各种物料的需求是相互独立的，然而实际上物料的需求是相关的；第二，订货点法假定物料的需求是连续、均匀的，然而实际制造企业的物料绝大多数是不连续、不稳定的；第三，按照订货点法补充订货时要填满库存，实际上这样做造成了大量的库存积压；第四，订货点法假设订货提前期已知和固定，但是实际中订货提前期受各种因素影响，订货提前期会在较大范围内波动。

因此，早期的订货点法并没有从根本上解决生产过程的库存控制问题。订货点法导致企业整体库存水平居高不下，其根本原因是订货点法只是根据平均消耗量来确定“何时订货”，而不知道“何时需要物料”。然而，只有知道“何时需要物料”、“何时订货”问题才能迎刃而解。

三、时段式 MRP 阶段

时段式 MRP 又称为基本 MRP（Material Requirement Planning），它与订货点法的主要区别有：一是通过产品结构将所有物料需求联系起来；二是将物料需求划分为独立需求和相关需求；三是为物料的库存状态数据引入时间分段概念。

MRP 中的物料泛指产品、零部件、在制品、原材料甚至工装工具等。其基本的理论思想是：根据当时的主生产计划 MPS（Master Schedule Planning）表上需要的物料种类、需要多少以及多少库存来决定订货和生产。因此 MRP 是一种根据需求和预测来确定未来物料供应、生产计划和控制的方法，MRP 提供了物料需求的准确时间和数量。MRP 的基本原理如图 2－2 所示：

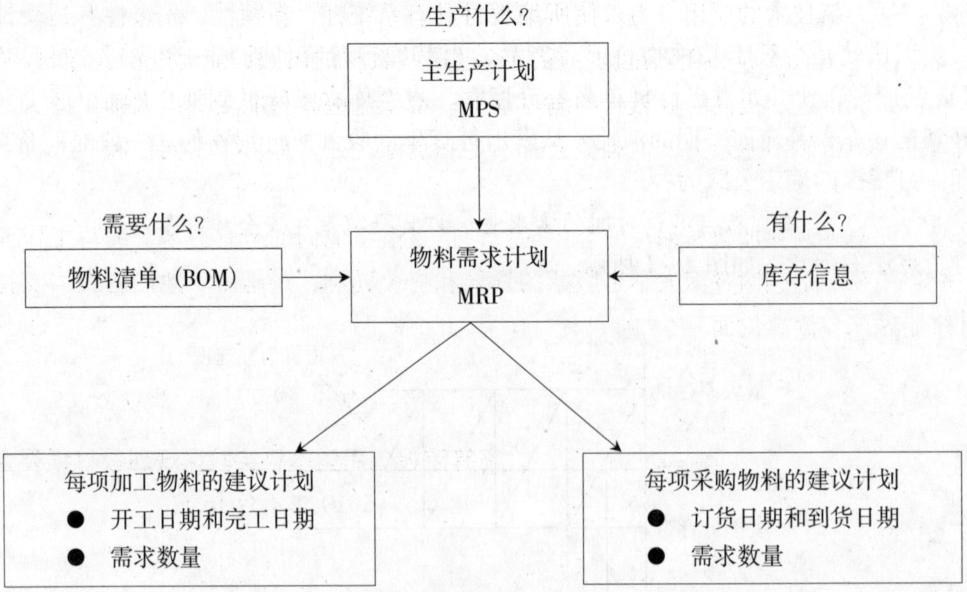

图 2－2　MRP 的基本原理图

时段式 MRP 的编制和实施主要有两个基本前提：一是假定已经有了主生产计划，并且主生产计划是可行的，有足够的生产设备和人力来保证生产计划的实现；二是假设 MRP 的物料采购是可行的，有足够的供货能力和运输能力来保证采购计划的实现。MRP 的基本任务主要有两个：一是从最终产品的主生产计划（独立需求）导出相关物料的需求量和需求时间（相关需求）；二是根据物料的需求时间和生产订货周期来确定其开始订货的时间。

四、闭环 MRP 阶段

时段式 MRP 的两个基本前提在实际中基本上是不可能具备的。一是 MRP 系统主生产计划仅回答“应该生产什么”，没有考虑企业的实际生产能力，不能回答企业“能生产什么”的问题。二是由于采购市场的紧俏、供货不足等原因，物料采购计划经常无法付诸实施。

因此，时段式 MRP 计算出来的主生产计划经常由于生产能力不足或者物料供应不足等原因而无法实施。为了解决这一问题，20 世纪 70 年代末提出了闭环 MRP。

闭环 MRP 的理论思想是：以整个生产计划系统为系统流程基础（MRP 以订单为基础），考虑了能力需求计划（CRP，Capacity Requirement Planning），使物料需求计划成为可行的计划；同时，将车间生产现场管理和采购也全部纳入 MRP，把财务子系统和生产管理子系统结合起来，采用“计划—执行—反馈”的管理模式，形成一个完整的生产资源计划和执行系统。其原理可用图 2－3 表示如下：

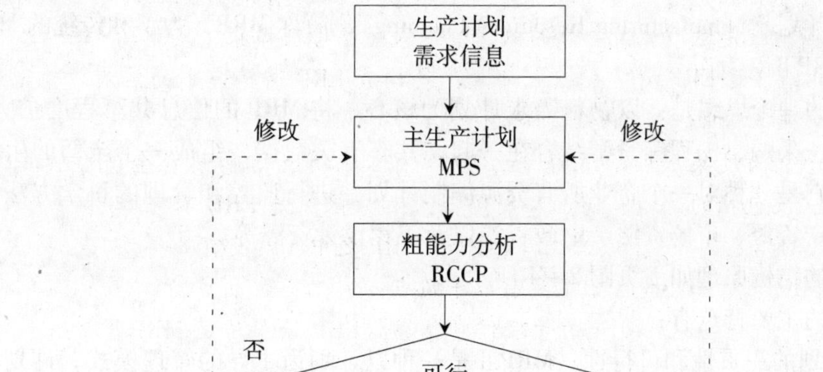

图 2－3　闭环 MRP 的原理

从其结构原理来看，闭环 MRP 具有以下三个特点：

（1）将整个生产计划作为系统流程基础，主生产计划和生产执行计划产生过程中均包括生产能力需求计划，这样使物料需求计划成为切实可行的计划。

（2）具备车间作业管理、采购管理等功能，各部分相关执行结果均可控制能力的投入和产出。

（3）能力的执行情况最终反馈到计划层，整个过程是能力的不断调整和执行过程。

五、MRPⅡ阶段

尽管闭环 MRP 的管理思想较为先进和实用，但其运行过程主要是物流过程。在企业的运作过程中，产品从原材料投入到产出的全过程都伴随着企业资金的流通过程，但是这一点闭环 MRP 没有反映出来。如果企业在生产计划执行过程中缺乏资金也同样会影响整个生产计划的执行。

为了解决上述问题，1977 年美国著名的生产管理专家奥列弗·怀特（Oliver Wight）提出了制造资源计划（Manufacturing Resources Planning），简称 MRP，为了和传统的 MRP 相区别，将其称为 MRPⅡ。

MRPⅡ的理论思想是：以物料需求计划为核心，将 MRP 的信息共享程度扩大，使生产、销售、财务、采购、工程等紧密结合在一起，共享有关数据，组成一个全面的生产管理集成优化模式。它是一种对一个企业所有资源编制计划并进行监控和管理的科学方法。其中制造资源包括生产资源、市场资源、财政资源以及工程设计资源等。

MRPⅡ的结构原理如下页图 2－4 所示。

MRPⅡ的主要特点有：

（1）计划的一贯性和可行性。MRPⅡ是一种以计划为主导的管理模式，计划层次从宏观到微观，由粗到细逐层优化，始终保证与企业的经营战略目标一致。计划下达前反复验证和平衡生产能力，并根据反馈信息及时调整，处理好供需矛盾，保证计划的一贯性和可行性。

（2）管理的系统性。MRPⅡ是一项系统工程，它将企业所有与生产经营直接相关的部门的工作联结为一体，避免了由于部门条块分割而产生的相关问题。在“一个计划”的统一指导下，各部门都从系统整体出发做好本职工作，每个员工都明白自己的工作质量与其他职能的关系。

（3）数据共享性。MRPⅡ是一种企业管理信息系统，企业各部门都依照同一数据信息进行管理，任何一种数据变动都能及时地反映给所有部门，做到数据共享，规范了管理者的决策，提高了效率。

（4）动态应变性。MRPⅡ是闭环管理系统，它要求追踪、控制、反馈瞬息万变的实际情况，管理人员可以随时根据企业内外环境条件的变化迅速作出反应，便于及时调整决策，保证生产有序、高效地进行。

（5）模拟预见性。MRPⅡ可以解决“如果怎样—将会怎样”的问题，可以预见相当长的计划期内可能发生的问题，及时采取措施消除隐患，而不是等问题已经发生了再去补救和解决问题。

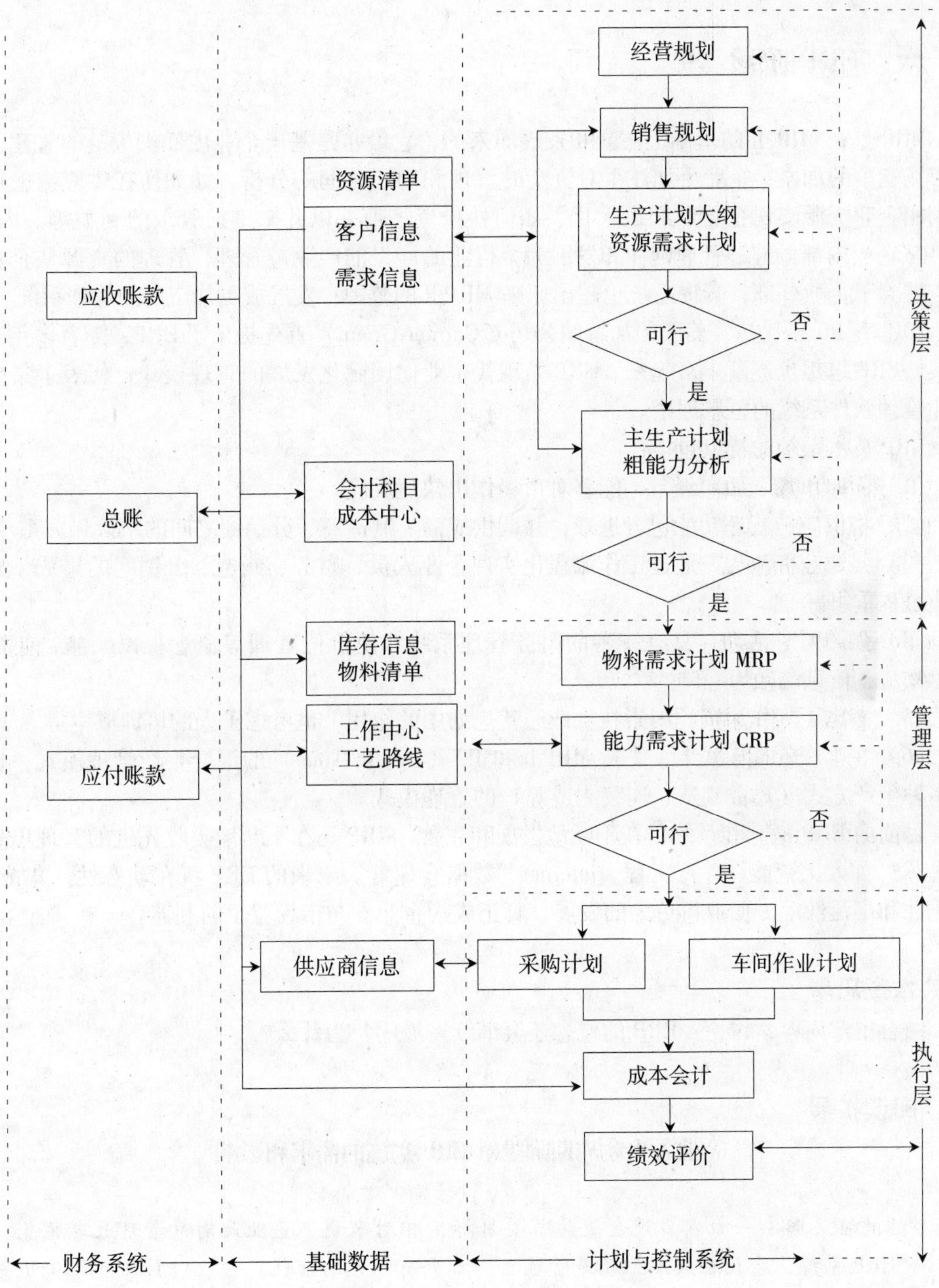

图 2－4　MRP Ⅱ的结构原理

（6）物流、资金流的统一。MRP Ⅱ包含成本会计和财务功能，可以从生产活动中直接产生财务数据，把实物形态的物料流动直接转换为价值形态的资金流动，保证了生产和财务数据一致，实现了物流和资金流的统一。

以上特点说明，MRP Ⅱ是一个完整的生产经营管理计划体系，是实现企业整体效益的有效管理模式。

六、ERP 阶段

ERP 是在 MRP Ⅱ 的基础上演变和发展而来的，它最初是基于企业内部供应链的管理。随着市场竞争的加剧，企业更加注重对资金的管理和动态利润的分析，如如何在供应链上更好地利用企业资源实现企业利润最大化，如何使投资增值并以此来维护股东的利益等。因此，ERP 从企业内部供应链管理延伸和发展为全行业的广义的产业链管理，管理的资源从企业内部扩展到了企业外部，管理系统也超出原来 MRP Ⅱ 的范围，发展成更加广阔的管理系统。

20 世纪 90 年代初，美国的加特纳公司（Gartner Group）首先提出了 ERP，随着多年来的发展，ERP 思想也逐渐丰富起来。ERP 是现代企业向国际化发展的管理模式，代表了集成化企业管理软件系统的思想理论。

ERP 技术系统的特点包括：

（1）面向市场、面向经营，能够对市场作出快速反应。

（2）将供应链管理功能包含进来，强调供应商、制造商、分销商之间的新伙伴关系。

（3）强调业务流程，通过工作流程化实现企业人员、财务、制造、分销间的集成，支持企业过程重组。

（4）强调财务活动，具有完善的财务管理系统，使价值管理等概念得以实施，使资金流、物流、信息流融为一体。

（5）考虑了人作为资源因素在生产经营规划中的作用，也考虑了人的培训成本等。

（6）在生产管理模式上，支持 MRP Ⅱ 和 JIT（Just In Time）的混合生产管理模式，也支持多种生产方式（离散制造、连续制造等）的管理模式。

目前的 ERP 概念和系统仍在不断地发展和完善，ERP 还在不断地吸收先进的管理思想和 IT 技术，如人工智能、并行工程、internet、数据仓库等。未来的 ERP 将在动态性、集成性、优化性和广泛性等方面取得更大的发展，真正成为企业参与市场竞争的利器。

本章思考

结合本章内容，讨论：ERP 的概念还会继续发展吗？为什么？

阅读扩展

企业各生命周期阶段对 ERP 实施的需求和影响

企业的投入期：一切都以现金流为首要目标，相对来说，企业此时的管理比较混乱。此时推行 ERP 系统，无论在成本上还是管理上，都会有很大的消耗。企业对 ERP 的推行几乎没有需求，这个阶段推行 ERP，对企业和软件供应商来说都是不大合适的。如果用上部分模块来规范企业的某些管理运作，还是一个比较可行的选择。对于软件供应商来说，只是一个以先期接触为目的，为以后销售作铺垫的序曲。

企业的成长期：是推行 ERP 最好的阶段。此时的企业试图通过管理的规范化来降低企业经营的成本，使企业获得最大的利润。这个阶段企业对 ERP 的需求相当强烈，此时推行 ERP 系统，管理流程改善的动力来源于企业自身。对企业来说，成长期无疑是推行或者切换 ERP 系统的一个最好的切入点。对软件供应商来说，企业的管理还不是很规范，实施起来肯定有一定的难度。

企业的成熟期：企业的管理已经相当规范，企业一般也都上了 ERP 系统。如果企业没有上 ERP 系统，那么这个阶段推行 ERP 是顺水推舟的事情，对双方来说，投入的磨合成本都比较低。但其前提是企业有改善管理的需求。这个阶段推行或者切换 ERP 对软件供应商来说也是相当有利的，因为有企业规范的管理作为后盾。

企业的衰退期和二次创业阶段：企业内部的官僚化日益严重，此时，企业最需要的就是变革。在这个阶段推行或切换 ERP 系统，除非有来自企业改善的愿望，试图通过推行或者切换来达到流程重组的目的，否则推行往往得不到好的效果，基本上就是流于形式，成为摆设。

综上所述，ERP 实施与否和实施的成败客观上取决于企业对管理改善的需求程度。苏格拉底曾说：当你需要知识像在水下需要空气那样，你就会获得知识。套用一下：当企业需要推行 ERP 来促进改善，像在水下需要空气那样，就会获得成功。

（摘自 http：//www. metalchina. com）

第三章 ERP 的基本原理

学习提示

- ERP 和 MRP、MRPⅡ的关系
- ERP 的结构原理

导读

ERP 是一个集合企业内部的所有资源，进行有效地计划和控制，以实现最大效益的集成系统。ERP 的形成大致经历了五个阶段：订货点法、时段式 MRP 阶段、闭环 MRP 阶段、MRPⅡ阶段以及 ERP 阶段。ERP 理论的形成也是随着产品复杂性的增加、市场竞争的加剧以及信息全球化而产生的。所以，ERP 的基本原理和 ERP 的发展历程密切相关。本章重点是通过比较发现 ERP 的特色，加深对 ERP 原理的理解。

一、ERP 和 MRP、MRPⅡ的关系

ERP 和 MRP、MRPⅡ的关系如图 3－1 所示：

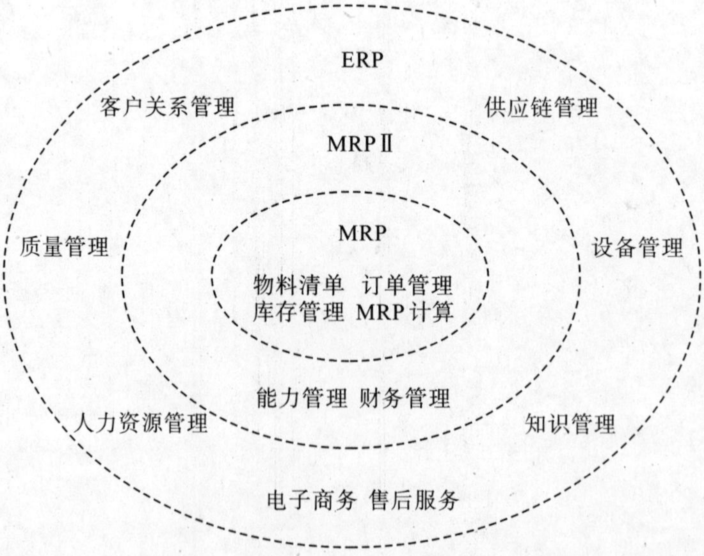

图 3－1 ERP 和 MRP、MRPⅡ的关系

二、ERP 的结构原理

ERP 理论与系统是由 MRPⅡ发展而来的，它除继承了 MRPⅡ的基本思想（制造、供销及财务）外，还大大地扩展了管理的模块，扩大了管理的范围。它融合了离散型生产和流程型生产的特点，扩大了管理范围，更加灵活地开展业务活动，实时地响应市场需求。ERP 的管理范围涉及企业的所有供需过程，是对供应链的全面管理，企业运作是供需链结构。同时它还融合了多种管理思想，进一步提高了企业的管理水平和竞争能力。其结构原理如图 3－2 所示：

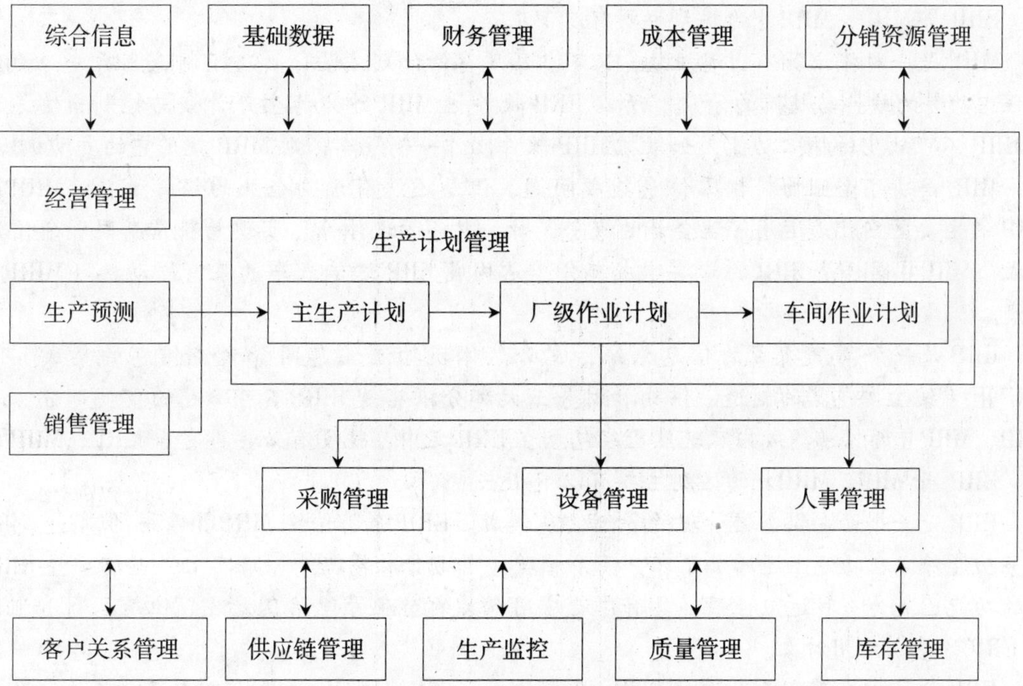

图 3－2　ERP 的结构原理

ERP 的主要工作原理是：首先制订主生产计划 MPS，然后根据 MPS 制订物料需求计划 MRP，并且通过能力需求计划 CRP 的检验和核实得以实行。

MPS、MRP 和 CRP 构成了企业 ERP 的顶层，指导整个企业的生产，其主要关注点是企业的物流和能力等问题。在 ERP 的执行层，由采购管理、库存管理、车间管理、设备管理等系统根据生产计划和相关理论进行企业生产的专业化管理；在 ERP 的综合管理层，由账务系统、财务分析、成本管理、应收应付账管理等系统负责企业资金流的管理，由质量管理系统分析、控制和处理企业生产和管理中的相关质量问题，由人力资源管理系统调配企业各种人力资源，并进行薪酬、绩效考评等管理。此外，一些 ERP 系统还包含分销资源计划系统，调配和控制企业分销网络中的各种资源。

从结构原理图可以看出，ERP 关于生产制造的主要模块有三大计划模块，是 ERP 的主线；但其企业管理的核心却是财务管理。ERP 的主要思想之一便是企业一切的物流都伴随着资金流和信息流的发生，这继承了 MRPⅡ的思想。但它在此基础上又进一步发展，在企业整个生产制造过程中贯穿了财务管理和成本控制的思想，使 ERP 更能够贴近企业重视提高收入、降低成本的经营目标。

本章思考

比较 ERP 和 MRP 的结构原理。

阅读扩展

ERP 与 MRP、MRPⅡ的联系与区别

ERP 与 MRP、MRPⅡ的联系主要有以下几点：

MRP 是一种保证既不出现短缺，又不积压库存的计划方法，解决了制造业所关心的生产过程中物料的缺件与超储的矛盾。所以 ERP 软件把 MRP 作为其生产计划与控制模块，MRP 是 ERP 不可缺少的核心功能，如果把 ERP 软件比作一辆汽车，则 MRP 就是它的发动机。

MRP 解决了企业物料供需信息集成问题，但是还没有说明企业的经营效益。MRPⅡ同 MRP 的主要区别就是运用管理会计的概念，融入财务管理体系，实现物料信息同资金信息的集成。MRPⅡ同样是 ERP 的重要组成部分，是构成 ERP 这辆汽车的装有发动机（MRP）的底盘。

ERP 是一个高度集成的信息系统，它必然体现物流信息同资金流信息的集成。传统 MRPⅡ 系统主要包括的制造、供销和财务三大部分依然是 ERP 不可跨越的重要部分。所以 MRP、MRPⅡ的信息集成内容既然已经包括在 ERP 之中，就没有必要再突出 MRP、MRPⅡ。

ERP 同 MRP、MRPⅡ的区别主要有以下几点：

ERP 是一个面向供需链管理的管理信息集成。ERP 除了传统 MRPⅡ系统的制造、供销、财务功能外，在功能上还增加了客户关系管理、市场需求管理等。事实上，当前一些 ERP 软件的功能已成为一种适应性强、具有广泛应用意义的企业管理信息系统。但是，制造业仍然是 ERP 的基本应用对象。

ERP 除了已经普遍采用的图形用户界面技术（GUI）、SQL 结构化查询语言、关系数据库管理系统（RDBMS）、面向对象技术（OOT）、第四代语言/计算机辅助软件工程、客户机/服务器和分布式数据处理系统等技术之外，还可实现更为开放的不同平台间的互相操作，采用适用于网络技术的编程软件，加强了用户自定义的灵活性和可配置性功能，以适应不同行业用户的需要。

ERP 同企业业务流程重组（Business Process Reengineering，简称 BPR）是密切相关的。为了提高企业供需链管理的竞争优势，必然要进行企业业务流程、信息流程和组织机构的改革。这个改革，已不限于企业内部，而是把供需链上的供需双方合作伙伴均包括进来，系统要考虑整个供需链的业务流程。ERP 应用程序使用的技术和操作必须能随着企业业务流程的变化而作出相应调整。只有这样，才能把传统 MRP、MRPⅡ系统对环境变化的“能动性”（proactive）结合起来。ERP 的概念和应用已经从企业内部扩展到企业与需求市场、供应市场整个供需链的业务流程和组织机构的重组。

（摘自 http：//www. erpwhy. com/html/20090725/436. html）

第四章　ERP 的主要功能模块

学习提示

- ERP 的模块构成及其功能
- 金蝶 K3 主要功能模块构成

导读

在企业中，一般的管理主要包括三个方面的内容：生产控制（计划、制造）、物流管理（分销、采购、库存管理）和财务管理（会计核算、财务管理）。这三大系统本身就是集成体，它们之间有相应的接口，能够很好地整合在一起，对企业进行管理。ERP 是将企业所有资源进行整合集成管理，简单地说就是将企业的三大流即物流、资金流、信息流进行全面一体化管理的管理信息系统。它的功能模块不同于以往的 MRP 或 MRPⅡ的模块，它不仅可用于生产企业的管理，而且在许多其他类型的企业如一些非生产、非营利性的企业也可导入 ERP 系统进行资源计划和管理。对于初次了解 ERP 的读者来说，有时可能会觉得弄不清到底哪个才是真正的 ERP 系统。在这里，我们撇开实际的产品，从企业的角度来简单描述一下 ERP 系统的功能结构，即 ERP 能够为企业做什么，其功能模块到底包含哪些内容。

一、ERP 的功能模块构成及其功能

（一）财务管理模块

企业中，清晰分明的财务管理是极其重要的。所以，它是在 ERP 整个方案中不可或缺的一部分。ERP 中的财务管理模块与一般的财务软件不同，作为 ERP 系统中的一部分，它和系统的其他模块有相应的接口，能够相互集成。例如，它可将由生产活动、采购活动输入的信息自动计入财务模块生成总账、会计报表，这样就取消了输入凭证繁琐的过程，几乎完全替代以往传统的手工操作。一般的 ERP 软件的财务部分可分为会计核算与财务管理两大块。

1. **会计核算**

会计核算主要是记录、核算、反映和分析资金在企业经济活动中的变动过程及其结果。它由总账、应收账、应付账、现金、固定资产、多币制等部分构成。

（1）总账模块的功能是处理记账凭证输入、登记，输出日记账、一般明细账及总分类账，编制主要会计报表。它是整个会计核算的核心，应收账、应付账、固定资产核算、现金管理、工资核算、多币制等各模块都以其为中心来互相传递信息。

（2）应收账模块指企业应收的由于商品赊欠而产生的正常客户欠款账。它包括发票管理、客户管理、付款管理、账龄分析等功能。它和客户订单、发票处理业务相联系，同时将各个事件自动生成记账凭证，导入总账。

（3）应付账模块是企业应付购货款等账，它包括了发票管理、供应商管理、支票管理、账龄分析等。它能够和采购模块、库存模块完全集成以替代过去繁琐的手工操作。

（4）现金管理模块主要是对现金流入流出的控制以及零用现金及银行存款的核算。它包括了对硬币、纸币、支票、汇票和银行存款的管理。在 ERP 中提供了票据维护、票据打印、付款维护、银行清单打印、付款查询、银行查询和支票查询等和现金有关的功能。此外，它还和应收账、应付账、总账等模块集成，自动产生凭证，记入总账。

（5）固定资产核算模块完成对固定资产的增减变动以及折旧有关基金计提和分配的核算工作。它能够帮助管理者对目前固定资产的现状有所了解，并能通过该模块提供的各种方法来管理资产以及进行相应的会计处理。它的具体功能有：登录固定资产卡片和明细账，计算折旧，编制报表以及自动编制转账凭证，并转入总账。它和应付账、成本、总账模块集成。

（6）工资核算模块自动进行企业员工的工资结算、分配、核算以及各项相关经费的计提。它能够登录工资、打印工资清单及各类汇总报表，计算、计提各项与工资有关的费用，自动生成凭证，导入总账。这一模块是和总账、成本模块集成的。

（7）成本模块将依据产品结构、工作中心、工序、采购等信息进行产品的各种成本的计算，以便进行成本分析和规划。还能用标准成本或平均成本法按地点维护成本。

2. 财务管理

财务管理的功能主要是基于会计核算的数据进行分析，从而进行相应的预测、管理和控制活动。它侧重于财务计划、控制、分析和预测等。

（1）财务计划：根据前期财务分析制订下期的财务计划、预算等。

（2）财务分析：提供查询功能和通过用户定义的差异数据的图形显示进行财务绩效评估、账户分析等。

（3）财务决策：是财务管理的核心部分，其中心内容是作出有关资金的决策，包括资金筹集、投放及资金管理。

（二）生产控制管理模块

这一部分是 ERP 系统的核心所在，它将企业的整个生产过程有机地结合在一起，使得企业能够有效地降低库存，提高效率。同时各个原本分散的生产流程的自动联结，也使得生产流程能够前后连贯地进行，而不会出现生产脱节，耽误交货时间。生产控制管理是一个以计划为导向的先进的生产、管理方法。首先，企业确定一个总生产计划，再经过系统层层细分后，下达到各部门去执行，即生产部门按此生产、采购部门按此采购等。

1. 主生产计划

是根据生产计划、预测和客户订单的输入来安排将来的各周期内提供的产品种类和数量，它将生产计划转换为产品计划，在平衡了物料和能力的需要后，精确到时间、数量的详细的进度计划。它是企业在一段时期内的总活动的安排，是一个稳定的计划，是由生产计划、实际订单和对历史销售分析得来的预测产生的。

2. 物料需求计划

是在主生产计划决定生产多少最终产品后，再根据物料清单，把整个企业要生产的产品的数量转变为所需生产的零部件的数量，并对照现有的库存量，可得到还需加工多少、采购多少的最终数量。这才是整个部门真正依照的计划。

3. **能力需求计划**

是在得出初步的物料需求计划之后，将所有工作中心的总工作负荷在与工作中心的能力进行平衡后产生的详细工作计划，用以确定生成的物料需求计划是否是企业生产能力上可行的需求计划。能力需求计划是一种短期的、当前实际应用的计划。

4. **车间控制**

是随时间变化的动态作业计划，是将作业分配到具体各个车间，再进行作业排序、作业管理、作业监控。

5. **制造标准**

在编制计划中需要许多基本信息，这些基本信息就是制造标准，包括零件、产品结构、工序和工作中心，都用唯一的代码在计算机中识别。

（1）零件，对物料资源的管理，对每种物料给予唯一的代码识别。物料清单，定义产品结构的技术文件，用来编制各种计划。

（2）工序，描述加工步骤及制造和装配产品的操作顺序。它包含加工工序，指明各道工序的加工设备及所需要的额定工时和工资等级等。

（3）工作中心，是由相同或相似工序的设备和劳动力组成的，从事生产进度安排、核算能力、计算成本的基本单位。

（三）分销管理模块

分销管理是从产品的销售计划开始，对其销售产品、销售地区、销售客户等各种信息的管理和统计，并可对销售数量、金额、利润、绩效、客户服务作出全面的分析，这样分销管理模块大致有三个方面的功能。

1. **对客户信息的管理和服务**

建立一个客户信息档案，对其进行分类管理，进而对其进行针对性的客户服务，以达到最高效率的保留老客户、争取新客户。在这里，要特别提到的就是最近新出现的 CRM 软件，即客户关系管理，ERP 与它的结合必将大大提高企业的效益。

2. **对销售订单的管理**

销售订单是 ERP 的入口，所有的生产计划都是根据它下达并进行生产的。而销售订单的管理也贯穿于产品生产的整个流程。它包括：

（1）客户信用审核及查询（客户信用分级，审核订单交易）。

（2）产品库存查询（决定是否要延期交货、分批发货或用代用品发货等）。

（3）产品报价（为客户作不同产品的报价）。

（4）订单输入、变更及跟踪（订单输入后，变更的修正及订单的跟踪分析）。

（5）交货期的确认及交货处理（决定交货期和发货事物安排）。

3. **对销售的统计与分析**

系统根据销售订单的完成情况，依据各种指标作出统计，比如客户分类统计、销售代理分类统计等，再用这些统计结果来对企业实际销售效果进行评价：

（1）销售统计（根据销售形式、产品、代理商、地区、销售人员、金额、数量来分别进行统计）。

（2）销售分析（包括对比目标、同期比较和订货发货分析，从数量、金额、利润及绩效等方面作相应的分析）。

（3）客户服务（客户投诉记录及其原因分析）。

（四）库存控制模块

用来控制存储物料的数量，以保证稳定的物流支持正常的生产，同时又最小限度地占用资本。它是一种相关的、动态的、真实的库存控制系统。它能够结合并满足相关部门的需求，随时间变化动态地调整库存，精确地反映库存现状。这一系统的功能又涉及：

（1）为所有的物料建立库存，决定何时订货采购，同时作为采购部门采购、生产部门作生产计划的依据。

（2）收到订购物料，经过质量检验入库，生产的产品也同样要经过检验入库。

（3）收发料的日常业务处理工作。

（五）采购管理模块

确定合理的定货量、优秀的供应商和保持最佳的安全储备；能够随时提供定购、验收的信息，跟踪和催促外购或委外加工的物料，保证货物及时到达；建立供应商档案，用最新的成本信息来调整库存的成本。具体有：

（1）供应商信息查询（查询供应商的能力、信誉等）。

（2）催货（对外购或委外加工的物料进行跟催）。

（3）采购与委外加工统计（统计、建立档案、计算成本）。

（4）价格分析（对原料价格进行分析，调整库存成本）。

（六）人力资源管理模块

以往的 ERP 系统基本上都是以生产制造及销售过程（供应链）为中心的。因此，长期以来一直把与制造资源有关的资源作为企业的核心资源来进行管理。但近年来，企业内部的人力资源开始受到企业越来越多的关注，被视为企业的资源之本。在这种情况下，人力资源管理作为一个独立的模块，被加入到 ERP 的系统中来，和 ERP 中的财务、生产系统组成了一个高效的、具有高度集成性的企业资源系统。它与传统方式下的人事管理有着根本的不同。

1. 人力资源规划的辅助决策

对企业人员、组织结构编制的多种方案进行模拟比较和运行分析，并辅之以图形的直观评估，辅助管理者作出最终决策。

（1）制定职务模型，包括职位要求、升迁路径和培训计划。根据担任该职位员工的资格和条件，系统会提出针对本员工的一系列培训建议，一旦机构改组或职位变动，系统会提出一系列的职位变动或升迁建议。

（2）进行人员成本分析，可以对过去、现在、将来的人员成本作出分析及预测，并通过 ERP 集成环境，为企业成本分析提供依据。

2. 招聘管理

人才是企业最重要的资源。优秀的人才能保证企业持久的竞争力。招聘系统一般从以下三个方面提供支持：

（1）进行招聘过程的管理，优化招聘过程，减少业务工作量。

（2）对招聘的成本进行科学管理，从而降低招聘成本。

（3）为选择聘用人员的岗位提供辅助信息，并有效地帮助企业进行人才资源的挖掘。

3. **工资核算**

（1）能根据公司跨地区、跨部门、跨工种的不同薪资结构及处理流程制定与之相适应的薪资核算方法。

（2）与时间管理直接集成，能够及时更新，对员工的薪资核算动态化。

（3）回算功能。通过和其他模块的集成，自动根据要求调整薪资结构及数据。

4. **工时管理**

（1）根据本国或当地的日历，安排企业的运作时间以及劳动力的作息时间表。

（2）运用远端考勤系统，可以将员工的实际出勤状况记录到主系统中，并把与员工薪资、奖金有关的时间数据导入薪资系统和成本核算中。

5. **差旅核算**

系统能够自动控制从差旅申请、差旅批准到差旅报销的整个流程，并且通过集成环境将核算数据导入财务成本核算模块。

二、金蝶 K3 主要功能模块构成

金蝶 K3 ERP 系统集财务管理、供应链管理、生产制造管理、人力资源管理、客户关系管理、企业绩效、移动商务、集成引擎及行业插件等业务管理组件于一体，以成本管理为目标、计划与流程控制为主线，通过对目标责任的明确落实、有效地执行过程管理和激励，帮助企业建立人、财、物、产、供、销科学完整的管理体系。其主要功能模块如下：

1. **供应链管理系统**

金蝶 K3 ERP 供应链管理系统面向企业采购、销售、库存和质量管理人员，提供采购管理、委外加工、销售管理、库存管理、质量管理、存货核算、进口管理、出口管理等业务管理功能，帮助企业全面管理供应链业务。该系统既可独立运行，又可与生产、财务系统结合使用，构成更完整、更全面的一体化企业应用解决方案。

2. **生产制造管理系统**

金蝶 K3 ERP 生产制造管理系统面向企业计划、生产管理、车间管理人员，对企业的物料清单、生产计划、能力计划、生产任务管理和车间工序管理等业务进行管理，并提供精益看板管理功能，帮助企业建立灵活的产品交付体系，实现生产管理精细化和灵活制造。该系统与供应链、财务系统结合使用，构成更完整、全面的企业一体化应用解决方案。

3. **销售与分销管理系统**

金蝶 K3 ERP 销售与分销管理系统面向集团分销型企业，以销售计划为源头、信息集成为基础、资源集中控制为手段，通过分销管理、门店管理、前台管理的高效运作，帮助企业建立基于销售网络的精细化信息系统，打造分销核心竞争力。面向集团型制造企业，实现统一的供应链协作配置，通过集团和分支机构数据的传输、业务单据转换以及财务合并账务和合并报表，帮助企业实现多工厂业务协同，提高集团资金运用效率和供应链响应能力。该系统必须与金蝶 K3 ERP 供应链管理、财务管理系统集成运行，构建更完整、更全面的企业应用解决方案。

4. **人力资源管理系统**

金蝶 K3 ERP 人力资源管理系统是基于战略人力资源管理思想进行设计和开发的，面向企业人力资源从业人员、企业管理者和业务部门员工，通过人事管理、能力素质模型、绩效管理、招聘与培训管理、薪酬管理、考勤管理以及全方位的员工自助平台等功能模块，帮助企业实现精细化、专业化的人力资源管理，打造与企业战略实施相匹配的组织能力。该系统采用 WEB 技术，既可独立运行，又可与金蝶 K3 ERP 其他系统无缝集成，为企业提供更完整、更全面的企业应用解决方案。

5. 客户关系管理系统

金蝶 K3 ERP 客户关系管理系统主要面向企业销售、服务人员，能够帮助企业对客户资源、商业机会、服务进行管理；同时支持关系营销与项目销售过程管理等业务模式。该系统与金蝶 K3 ERP 销售系统集成运行，为企业提供较为完整的企业销售管理应用解决方案。

6. 企业绩效系统

金蝶 K3 ERP 企业绩效系统为企业决策管理人员提供了统一的管理门户，帮助决策管理人员利用目标管理、预算管理、业务合并、销售与运营计划等进行决策管理。

本章思考

ERP 最主要的功能有哪些？为什么？

阅读扩展

中小企业别把“财务供销存”当成 ERP

ERP 几乎成了国内企业管理软件市场上争议最多的一款产品，不论是早先所说“ERP 过时”、“ERP 将被取代”，还是今天市面上随处可见低至几千块钱的成品 ERP，它一直都是受到多方关注的一个焦点。一直以来编者存在这样一个疑问：“为什么成品 ERP 可以如此便宜？”在经过对一些产品进行了解以及与众多业内人士沟通学习后，编者进一步证实了自己的答案：很多不上规模的“ERP 厂商”以次充好，把 OA 或是其他简单的软件系统重新包装，就成了吸引很多小企业的低价 ERP。这样做很显然为这些“ERP 厂商”打开了“生命之源”，可我们的企业却走进了“死亡之谷”！产品混淆是概念模糊的一个孪生产物。群众把这种做法叫作“拿门神当财神卖”。

“财务供销存”软件是信息化起步阶段的一种大路货产品。它是由单一的财务管理职能向供应、销售、库存等管理业务的延伸，其实质是财务电算化的扩展。这种软件进入市场以后，其便捷性和扩展性受到了企业的欢迎，显示了信息化的效果和初期优势。

但是，随着信息化向纵深发展，这种产品不足以满足企业深层次管理的需要。一些软件商家也感到，ERP 才是未来的大趋势，“财务供销存”只是小鱼小虾，于是纷纷转型。

由于转型期市场管理的真空，就出现了两种情况：一些负责任、商誉好的厂家认真转型；一些商誉差的企业开始玩概念游戏和“变脸高招”。于是，真假包公出现了。相当多的企业不能识别变脸后的身价和真假。这样就使一些企业花了买电线杆的钱买了一根擀面杖。这种吃亏上当，企业当时并不觉得。只有当多系统并行运行，集成的问题凸现出来的时候，问题才暴露，企业才开始叫苦。大量的基础数据不仅无法集成，而且无法共享和转移。

其实，这两者有着本质的区别：

（1）管理理念不同。ERP 财务管理系统是以管理会计为核心，采用标准成本体系，强调“事前计划、事中控制、事后分析”的管理理念；而“财务供销存”仅仅是以财务核算为中心，而且这种核算往往是一种事后核算，没有做到对成本的有效管理和控制。

（2）核算方式不同。ERP的成本核算是紧跟市场需求的资源规划、沿工艺路线精确归集成本而动态展开的。控制了成本产生的过程和变化的原因，能起到降低成本的作用。为整个供应链管理奠定了坚实基础，才能精确地、及时地把销售信息反馈到生产环节，使企业具有及时、快速响应市场的能力，而“财务供销存”根本无此功能。

（3）控制对象不同。ERP系统集成了物料和资金两个方面，实现物流、资金流、信息流的动态控制；而“财务供销存”只集成了资金流，仅实现了资金流的局部控制。

（4）功能集成度不同。实现物流信息与资金流信息的动态集成是ERP最重要的标志，而“财务供销存”只是财务管理模块加上进、销、存或人力资源等功能模块所构成，未能与生产系统紧密结合，更没有实现物流与资金流的有效集成。

（5）成本数据源不同。ERP是以生产的工艺过程控制为核心，通过供、产、销等环节，将业务数据及时、准确地转化为财务信息，自动生成凭证等方式实现对企业现金流和产品成本的控制；而财务供销存软件是通过总、分类账，将企业运作数据资金化，去计算成本。财务数据是“结果”而非“原因”。由于源头控制不好，所以不可能产生准确的“结果”。

（6）事务处理自动化的程度不同。ERP财务管理系统的财务凭证完全由业务数据自动生成；而“财务供销存”的很多财务凭证仍需手工录入。

由于两者存在上述差距，用户千万不要轻信了说客的甜言而上当。

［摘自新华网北京频道（由北京频道合作伙伴网站一大把网提供）］

第五章　ERP的应用和企业信息化

学习提示

- 企业信息化和 ERP 的关系
- 我国企业信息化存在的问题
- 企业选择 ERP 应注意的问题

导读

企业信息化是指用信息技术重构企业的核心业务，利用计算机技术、网络技术、数据库技术控制、集成管理企业生产和经营活动中的所有信息，建立企业信息管理系统，以加强企业运作控制，提高企业核心竞争力。ERP 是建立在信息技术基础上的系统化管理思想，同时也是为企业决策层及员工提供决策运行手段的管理平台。现代的 ERP 基本上已经包含了企业信息化的主要内容，已经成为企业信息化建设的必然选择。

ERP 是实现企业跨越式发展、促进工业社会向信息社会转变的重要手段。实施 ERP 已经不是一个经济问题，而是关系到社会转型时期国家生存和发展的关键问题。企业信息化和 ERP 的发展在信息时代将决定一个国家和地区的地位和今后发展的命运，企业是 ERP 应用的主体，企业信息化建设是 ERP 发展的基础，ERP 是企业信息化中的重点。企业作为经济的基本单元，其信息化应用水平是国家信息化建设的关键，也是企业提高核心竞争力并与国际接轨的重要途径。

国外许多企业实施信息化是从 20 世纪 80 年代开始的，各方面的应用都比较成熟，它们依靠信息技术对生产经营和企业信息流进行管理。在许多跨国企业，信息技术已经渗透到了日常工作及管理的各个方面，为企业的发展作出了显著的贡献。然而，我国企业的信息化水平比较低，据有关统计表明，我国实行信息化管理的企业占全国企业总数的 10% 以下，我国企业要想在激烈的国际竞争中处于有利地位，必须实行企业信息化管理，而 ERP 是实行企业信息化管理的发展趋势。企业信息化是指凭借现代电子信息技术手段，通过提高自身开发和利用信息资源的能力，推动经济发展、社会进步以及人们自身生活方式变革的过程。企业信息化就是要挖掘先进的管理理念，应用先进的计算机网络技术去整合现有的生产、质量、设计、供应、人力资源管理等，实现企业生产过程和管理过程的自动化，并及时地为企业的决策提供准确、有效的数据信息，市场信息化必将导致企业的管理思想、管理模式、管理方法等方面的深刻变革。企业信息化的过程就是引进先进的管理思想、管理理念的过程。企业信息化中的软件系统 ERP 不仅是先进的管理秩序和手段，而且也体现了当代的管理思想和管理理念，是众多企业管理经验的结晶。

《中国中小企业信息化发展报告（2007）》显示，目前中小企业信息化存在的主要问题是，仍有相当数量的中小企业对信息化促进企业发展的作用、效果以及政府支持信息化建设的政策措施了解不够。虽然有高达调研数量 80% 的中小企业具有接入互联网的能力，但用于业务应用的只占 44.2%，只有 9% 的中小企业实施了电子商务，4.8% 的企业应用了 ERP。我国中小企业信息化的社会服务体系还不健全，覆盖面积较小，服务内容还不完善，除信息服务、技术支持外，还有很多领域没有形成服务网络。

一、企业信息化与 ERP 系统的关系

（一）企业信息化是实施 ERP 的基础

要实施 ERP 就必须以企业的信息化为基础。ERP 是一种管理信息系统，管理信息系统的依托就是信息技术，即以计算机为主体的技术，离开了计算机技术实施 ERP 就是空谈。ERP 是利用信息科学的最新成果，根据市场的需求，对企业内部和其供应链上各环节的资源进行全面规划、统筹安排、严格控制，以保证人、财、物等各类资源得到充分合理的应用，进而达到提高生产效率、降低成本、满足顾客需求、增强企业竞争力的目的。现代企业增强竞争力的两大手段就是实施 ERP 和电子商务。电子商务和 ERP 是今后企业管理信息系统的发展方向。企业要在激烈的国际竞争中处于有利地位，有一个好的管理系统是至关重要的。现代企业的竞争是信息技术的竞争，更是管理系统的竞争，处于信息时代的企业要想处于当今时代的前端，就必须顺应时代的潮流，努力搞好自己的电子商务和 ERP 系统。

（二）ERP 是企业信息化发展的必然结果

企业实行计算机管理发展到一定程度，必然有一个集成的系统对企业的各个环节进行管理，以提高企业的效益，从而达到提高企业竞争力的目的。从 20 世纪 80 年代以来，企业的管理信息系统不断得到发展，从开始的简单系统发展到今天覆盖整个企业的不同部门，无疑是一个质的飞跃，是信息日益成为企业生存发展的关键的结果；是数代企业家和各行各业人员共同的结晶；是当今企业发展的一个至关重要的武器。实施 ERP 取得的成果是明显的，ERP 与电子商务的结合是一个企业战胜其他企业的一个有力武器。但是，在实施 ERP 的过程中要付出的代价也是不可低估的，要想使企业真正达到这一完美的效果，各个实施 ERP 的企业是非下大力气不可的。企业在实施 ERP 的过程中，自然而然地就提升了企业的信息化水平，企业的信息化水平一旦提高了，也就使企业的管理信息系统工程得到了长远的发展。

当前，国内大力推进国民经济信息化，实行现代化建设的战略举措，以信息化带动工业化，发挥后发优势，实现社会生产力的踊跃发展。企业信息化需要各方共同参与和关注，包括各级政府、企业自身、信息行业的厂商以及第三方提供专业服务的企业。ERP 从 20 世纪 80 年代产生至今，已经遍及世界各地。ERP 作为一种新的经营方式影响着各行各业，但像任何一个新技术出现之初一样，ERP 不可能在短期内就能发挥巨大的潜力，解决企业的所有问题。ERP 虽然被人们认为是一个企业战胜其他企业的一个有力武器，但并非只要运行 ERP 就能让企业起死回生，各个企业还是要充分考虑自身的情况，切勿急于求成，以致背道而驰，使企业蒙受不必要的损失。

实施 ERP 是现代企业一个重要的竞争手段，但对于中国来讲，成功运用 ERP 的例子还不是很多。即使实行了 ERP 也存在许多问题，所以企业必须认真总结各方的经验教训，为提升企业的竞争力实施切实可行的、符合本企业的 ERP 系统。

（三）ERP 应用是企业信息化的机遇

为了解决企业在信息化过程中所面临的各种问题，ERP 为企业提供了一个比较完善的解决方案。ERP 不仅可以促进企业信息化的发展，为企业提供一体化的信息系统，解决企业信息化过程中出现的“信息孤岛”问题，而且还可以解决像生产周期长、不能保证按期交货、预测能力差等生产管理水平低下的问题。具体来说，ERP 可以在以下三个方面给企业带来机遇：

1. 彻底消除企业“信息孤岛”问题

如前所述，企业在信息化的过程中，通常会出现“信息孤岛”的问题。而 ERP 作为一种集成的管理信息系统，可以很好地实现数据共享。企业各部门都依据同一数据信息进行管理，任何一种数据变动都能实时地反映给所有部门，做到数据共享。在统一数据库支持下按照规范化的处理程序进行管理和决策，改变过去那种信息不通、情况不明、盲目决策的现象。

2. 实现企业系统化管理

ERP 是一种系统工程，它把企业所有与经营生产直接相关的部门的工作连成一个整体，每个部门都从系统总体出发做好本岗位工作，每个人员都清楚自己的工作质量同其他职能的关系。ERP 系统以供需链管理为其核心管理思想。它除了具备传统 MRP Ⅱ 系统的制造、财务、销售等功能外，还增加了分销管理、人力资源管理、运输管理、仓库管理、质量管理、设备管理、决策支持等功能；支持集团化、跨地区、跨国界运行。其主要宗旨就是将企业各方面的资源充分调配和平衡，使企业在激烈的市场竞争中全方位地充分发挥能力，从而提高企业的核心竞争力，取得更好的经济效益。

ERP 的实施可以实现计划的一贯性与可行性。ERP 是一种计划主导型的管理模式，计划层次从宏观到微观，从战略到战术，由粗到细逐层细化，但始终保证与企业经营战略目标一致。“一个计划”是 ERP 的原则精神，它把通常的三级计划管理统一起来，编制计划集中在厂级职能部门，车间班组只是执行计划、调度和反馈信息。计划下达前反复验证负荷与能力平衡，根据及时反馈的信息，调整处理好供需矛盾，保证计划的一贯性、有效性与可执行性。企业全体人员都以实现企业的经营战略目标作为基本的行为准则。

ERP 的实施还可以实现物流和资金流的统一。ERP 包括成本会计和财务功能，可以由生产活动直接产生财务数字，把实物形态的物料流动直接转换为价值形态的资金流动，保证生产和财会数据一致。财会部门及时得到资金流动状况、反映物流和经营生产情况，随时分析企业的经济效益，参与决策、指导和控制经营以及生产活动。同时，也要求全体员工牢牢树立成本意识，把消除浪费和降低成本作为经常性的任务。这些特点表明 ERP 是一个完整的企业管理信息系统，能实现事前计划、事中控制的思想，还可以将设计、制造、销售、运输通过集成来并行地进行各种相关的作业，为企业提供了对质量、适应变化、客户满意等关键问题的实时分析能力，是实现制造企业整体效益的有效模式。

3. 提高企业对市场的应变能力

ERP 的实施可以提高企业对市场的动态应变能力。ERP 把客户需求、企业内部的制造活动以及供应商的制造资源整合在一起，体现了完全按用户需求制造的思想。这使得企业适应市场与客户需求快速变化的能力增强。它要求跟踪、控制和反映瞬息万变的实际情况。管理人员可随时根据企业内外环境条件的变化迅速作出反应、及时调整决策，保证生产计划正常进行；它可以及时掌握各种动态信息，保持较短的生产周期，因而有较强的应变能力。为了做到这点，必须树立全员的信息意识，及时准确地把变动了的情况输入系统。

ERP还可以预测市场需求，进一步提高应变能力。ERP是经营生产管理规律的反映，按照规律建立的信息逻辑必然具有模拟功能。它可以解决“如果怎样—将会怎样”的问题，可以预见相当长远的计划期内可能发生的问题，事先采取措施消除隐患，而不是等问题已经发生了再花几倍的精力去处理。这将使管理人员从忙碌的事务堆里解脱出来，致力于实质性的分析研究，提供多个可行方案供领导决策。

总之，企业信息化是企业生存和发展的必由之路，ERP作为集信息技术与先进的管理思想于一身的管理平台，已经成为企业实施信息化的最佳选择。我国企业在信息化的过程中存在着这样或者那样的问题，都可以通过实施ERP得到逐步解决。企业在ERP的实施过程中，本着统一规划、分步实施、领导参与的原则，应同时做好软件的选型和基础数据的准备，相信企业一定会最大限度地发挥ERP的作用，真正实现企业的信息化，进而提高企业的核心竞争力。

二、我国企业信息化与ERP应用存在的问题

我国企业的信息化水平存在差异，在信息化建设上的状况也存在相同的问题，如企业特别是中小企业信息化程度普遍较低；企业领导对企业信息化缺乏统一的认识和理解；企业信息化人才匮乏等。具体来说，我国企业信息化建设过程中所面临的问题主要表现在：

1. 缺乏一体化、集成化的信息系统，“信息孤岛”相对比较严重

由于企业在信息化建设早期缺乏总体的信息化规划，虽然国内很多企业围绕某一项业务工作开发或引进一个个独立的应用系统，但一般不会考虑统一数据标准或信息共享问题，进而导致“信息孤岛”的不断产生。“信息孤岛”的产生，导致各个应用系统数据的一致性无法保证，各个应用系统间的信息无法及时共享；还使企业数据中存在很大的冗余、大量的垃圾信息；同时信息重复多次的输入需要额外的劳动，而且还会导致失真。

2. 管理基础信息获得不及时、不准确

由于我国企业的信息化水平比较低，大部分企业尚缺少统一的物资、物流、生产等管理系统，因而在对企业的各种基础管理信息的获取上不及时、不准确。通常无法将正确的零部件产品在准确的时间，按照正确的数量、正确的质量和正确的状态送到正确的地点——即“6R”，导致对物资采购、仓储配送和生产运输等在时间、位置及数量上难以有效控制。

3. 企业各类资源无法实现共享和优化

现代企业竞争的核心竞争力可以概括为TQCS，即短时间、高质量、低成本和好服务。企业为了提高竞争力除了需要不断更新自己的技术力量外，更重要的是优化并合理配置企业内部资源，进而缩短产品上市的时间，提高产品质量和降低产品的成本。由于企业的各类资源无法共享，公司的经营、采购、生产、质量、成本等管理就难以作出较为科学的优化决策，也不能对企业有限的资源进行优化配置，以致企业的各项生产经营活动达不到各生产要素精确配置的目的，从而降低企业竞争力。

4. 企业生产与计划和市场信息滞后

在市场经济情况下，市场对产品的需求不断变化，企业不仅要对不断变化的市场需求作出反应，变更企业配套的生产计划，更重要的是要能够对市场的变化作出预测，进而正确地组织生产。目前国内很多企业还没有一个功能完善的市场预测和生产计划系统，因此不仅不

能预测市场需求，不能对企业的生产、场地、设备及物资等方面作预先安排，就是订单来了也很难迅速地安排生产；在生产过程中难以实现与生产中心模式相匹配的计划管理与工作流程控制；难以模拟、分析计划进程，对人力、设施进行资源平衡。

三、企业选择 ERP 时应注意的问题

目前市场上的 ERP 系统种类繁多。有针对大型企业的，也有针对小型企业的；有针对流程型企业的，也有针对离散型企业的；有国外的品牌，也有国内的品牌。企业应根据自身所处行业的特点、生产组织方式、生产类型、资源情况等选择合适的 ERP 系统。ERP 的实施是一个系统的复杂工程，企业在实施 ERP 时一定要注意以下四个方面的问题：

1. 加强对企业员工的知识培训

对企业员工培训的内容包括：ERP 中的先进管理思想和标准功能、应用的计算机技术、企业如何正确地提出需求等。通过培训，企业员工可以了解 ERP 系统选型和实施的准备工作、方法、步骤、硬件和人员配置要求等，从而树立正确的选型思想。企业最好能聘请专业咨询公司或实施经验丰富的 ERP 厂商对企业员工进行系统的培训。

2. 充分认识企业自身的现状

企业应详细、准确地评估企业的管理现状。一是基础管理的规范化程度，如企业是否建立了较为合理的组织结构、可行的规章制度、合理的业务流程等；二是基础数据的完整性和准确性，如产品数据、设计图纸、工艺文件等；三是企业的资源配置情况，如人员配备及素质、目前的计算机硬件等。

3. 企业内部的需求分析

企业要想选择合适的 ERP 系统，就必须清楚地认识企业自身的需求。因此，在正式选型前应进行一次内部的需求分析。首先在弄清楚各个部门管理现状的基础上，分析目前存在的问题，明确改进的方向和目标；其次从总体上考虑企业当前业务流程的合理性、ERP 系统应有的功能需求、要求达到的人员及计算机硬件的配置、资金的总体预算等。明确的需求是企业 ERP 选型的依据。

4. 要总体规划分步实施

要实现全公司、全企业的网络化、集成化，必须制定好每一个职工的定量工作标准。实施中涉及的人员比较多，工作量十分繁重。在项目实施中，各公司要根据自身的特点，分步骤地实施，完成整个工程。整个工程分若干个步骤，每个步骤又有若干个流程，每个流程又有若干个时间点，随着时间的推移、项目的深入，也随着项目的不断完善，整个工程的效果会越来越明显。

本章思考

结合阅读扩展材料，思考 ERP 软件和企业信息化的关系。

阅读扩展

上个 ERP 差点让企业破产

有的企业正处于高速成长期，由于成长速度与管理发展的速度不协调导致“管理落伍”，

于是利用 ERP 补齐管理中的“短板”；有的企业原有基础并不差，实施 ERP 是为了追求管理的“精益求精”。但是，国内许多企业对 ERP 又爱又恨。爱的是 ERP 代表着一种先进的工具，能为企业的发展提供动力，但与此同时，企业不得不面临失败率居高不下的风险，甚至更可怕的是，上个 ERP 居然差点让企业破了产。

一、“良方”变“毒药”

博科资讯实施顾问经理吴清华讲述了他曾经服务过的一家企业客户实施某厂商 ERP 产品的悲惨遭遇，并咨询他是否有什么好方法帮他的 ERP 项目重新起航。

该客户告诉吴清华，他们是一家服装企业，公司规模不大。2008 年初，公司上了 ERP 系统，一开始感觉挺好，可是当他们往系统里输入数据的时候，才发现有太多和他们业务不一样的地方。

刚开始他认为这些问题业务部门应该可以解决，可是不到一个星期，各个部门都开始抱怨系统太烂，无法使用，要是强行用的话业务就没办法运转，甚至瘫痪，整个企业将会面临库存积压、资金周转不灵等问题。如果长此以往的话，企业很有可能就此破产。

ERP 在他们眼里简直就是“毒药”。

二、“食之无味，弃之可惜”

中国 ERP 案例成功的有很多，但失败的案例也比比皆是。河南许继的失败案例就是这么多年来 ERP 失败案例中较为知名的一个。

1998 年初，河南许继集团采用 Symix 公司（现更名 Frontstep 公司）的产品来实施 ERP。从 1998 年初签单，到同年 7 月份，许继实施 ERP 的进展都很顺利。包括数据整理、业务流程重组以及物料清单的建立都很顺利。厂商的售后服务工作也还算到位，基本完成了产品的知识转移。另外，在培养许继自己的二次开发队伍方面也做了一定的工作。如果这样发展下去，或许许继会成为国内成功实施 ERP 企业的典范。

然而，计划赶不上变化。1998 年 8 月，许继内部为了适应市场变化，开始发动重大的机构调整。但是许继在调整的过程中，更多的是关注企业的生存、企业经营的合理化和利润最大化，显然没有认真考虑结构调整对 ERP 项目的影响。企业经营结构变了，而当时所用的 ERP 软件流程却已经定死了，Symix 厂商也无能为力，想不出很好的解决方案。于是许继不得不与 Symix 公司友好协商，暂停项目，虽然已经运行了 5 个月，但是继续运行显然已经失去了意义。Symix 的 ERP 现在只是在许继一些分公司的某一些功能上还在运行。

许继集团的 ERP 颇有“食之无味，弃之可惜”的味道。

三、好软件更需要好平台

也许，是时候考虑一种全新的信息化选型方式了！

ERP 是信息化的集大成者，不少企业实例证明，应用 ERP 是企业走向现代化管理企业的必由之路。但是 ERP 软件不像硬件，ERP 涉及企业的管理变革和流程再造，如果不能满足企业个性化的管理需求，那么上 ERP 就会背道而驰，让企业的管理水平不升反降。

但是平台化的企业软件则可以稳妥地解决这一问题。“操作系统 + 基础件 + 业务基础件 + 应用软件”构成的新的应用体系的出现，为满足企业个性化需求打通了关键环节。由于平台提供了强大的流程配置功能，支持灵活多样的客户端，支持实施部署、流程重组和客户化开发，提供丰富的图形化配置工具，用户可以根据需求自由设计和配置，拼装出一个适合企业自身的管理信息化系统。这大大提高了软件的开发效率，使企业能完全脱离管理软件厂商，自主配置核心商业机密功能，真正实现了我的信息化我做主。同时可以根据企业业务发展的变化，功能的增加、调整、修改和删减，为企业随需而变、快速响应业务变化提供了可能。

事实上，作为国内最大的行业管理软件厂商，博科资讯多年前就开始摸索开发这样的平台软件。近日，其旗下的 MAP 管理自主平台正式推出上市。该平台基于最新的 SOA 架构，是全球首款管理自主平台。该平台革命性地提出“我的信息化，我做主”的产品理念，实现“可成长、自主配置、无须二次开发”的绿色 IT 技术创新，并引导客户走向“管理自主”的商业模式。据了解，MAP 平台已被成功应用于三一重机、大赛璐、美津浓、旗丰物流等知名企业的项目实施中，并经受住了复杂的考验。

随着信息化的不断深入，用户需求个性化已成为管理软件厂商无法回避的问题。因此，好软件更需要一个好平台无疑将成为管理软件行业发展的重要趋势。

（摘自 http：//www. cnetnews. com. cn/2009/1105/1507402. shtml）

第六章　ERP的实施过程

学习提示

- ERP 实施过程的阶段
- ERP 实施的过程模型

导读

在引入ERP系统的过程中，实施是一个极其关键也是最容易被忽视的环节。因为实施的成败最终决定着ERP效益的充分发挥。例如，据不完全统计，我国许多企业购买了MRP II/ERP软件，而在所有的ERP系统应用中，存在三种情况：按期、按预算成功实施、实现系统集成的只占10%～20%；没有实现系统集成或实现部分集成的只有30%～40%；而失败的却占50%。并且，在实施成功的10%～20%中大多为外资企业。如此令人沮丧的事实无疑向我们表明：ERP实施情况已经成为制约ERP效益发挥的一大瓶颈因素。可见，企业的ERP项目只有在一定科学方法的指导下，才能够成功实现企业的应用目标。

一、ERP 实施过程的阶段

一个典型的ERP实施过程主要包括以下五个阶段，如图6－1所示：

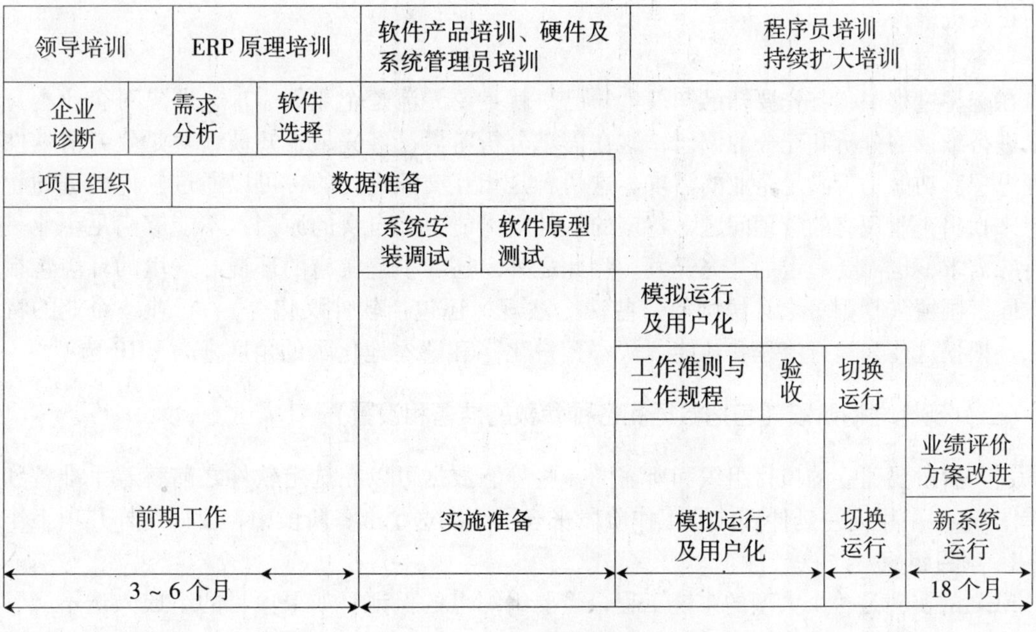

图6－1　ERP实施进程图

（一）项目的前期工作（软件安装之前的阶段）

这个阶段非常重要，关系到项目的成败，但往往为实际操作所忽视。这个阶段的工作主要包括：

1. 领导层培训及 ERP 原理的培训

主要的培训对象是企业高层领导及今后 ERP 项目组人员，使他们掌握 ERP 的基本原理和管理思想。这是 ERP 系统应用成功的思想基础。因为只有企业的各级管理者及员工才是真正的使用者，真正了解企业的需求，只有他们理解了 ERP，才能判断企业需要什么样的 ERP 软件，才能更有效率地运用 ERP。

2. 企业诊断

由企业的高层领导和今后各项目组人员用 ERP 的思想对企业现行管理的业务流程和存在的问题进行评议和诊断，找出问题，寻求解决方案，用书面形式明确预期目标，并规定评价实现目标的标准。这里会用到在下一部分将要介绍的业务流程重组方法。

3. 需求分析，确定目标

企业在准备应用 ERP 系统之前，还需要理智地进行立项分析：

（1）企业是不是到了该应用 ERP 系统的阶段？

（2）企业当前最迫切需要解决的问题是什么？ERP 系统是否能够解决？

（3）ERP 系统的投资回报率或投资效益如何？

（4）在财力上企业能不能支持 ERP 的实施？

（5）上 ERP 的目的到底是什么？系统到底能够解决哪些问题、达到哪些目标？

（6）基础管理工作有没有理顺或准备在上 ERP 之前让咨询公司帮助理顺、人员的素质够不够高？

然后将分析的结果写成需求分析和投资效益分析正式书面报告，从而作出是否上 ERP 项目的正确决策。

4. 软件选型

在选型过程中，首先要知己知彼。知己，就是要弄清楚企业的需求，即先对企业本身的需求进行细致的分析和充分的调研，这在需求分析阶段已经完成；知彼，就是要弄清软件的管理思想和功能是否满足企业的需求。这两者是相互交织进行的，可以通过软件先进的管理思想来找出企业现有的管理问题，特定的软件则可能由于自身的原因，不能够满足企业一定的特殊需求，也需要一定的补充开发。除此之外，还要了解实施的环境。这里的环境包括两个方面：国情（像财务会计法则等一些法令法规，还包括软件汉化等）、行业或企业的特殊要求。根据这些来运行流程和功能，从“用户化”和“本地化”的角度来为 ERP 选型。

（二）实施准备阶段（包括数据和各种参数的准备和设置）

这一阶段要建立的项目组织和所需的一些静态数据可以在选定软件之前就着手准备和设置，图 6 - 1 中用向左延伸到前期工作阶段来表示。在这个准备阶段中，要做这样几项工作：

1. 项目组织

ERP 的实施是一个大型的系统工程，需要组织上的保证。如果项目的组成人选不当、协调配合不好，将会直接影响项目的实施周期和成败。项目组织应该由三层组成，而每一层的组长都是上一层的成员。

（1）领导小组。由企业的一把手牵头，并与系统相关的副总一起组成领导小组。这里要注意的是人力资源的合理调配，如项目经理的任命、优秀人员的发现和启用等。

（2）项目实施小组。主要的、大量的 ERP 项目实施工作由他们来完成。一般是由项目经理来领导组织工作，其他的成员应当由企业主要业务部门的领导或业务骨干组成。

（3）业务组。这部分工作的好坏是 ERP 实施能不能贯彻到基层的关键所在。每个业务组必须有固定的人员，带着业务处理中的问题，通过对 ERP 系统的掌握，寻求一种新的解决方案和运作方法，并用新的业务流程来验证，最后协同实施小组一起制定新的工作规程和准则。此外，还包括基层单位的培训工作。

2. 数据准备

在运行 ERP 系统之前，要准备和录入一系列基础数据。这些数据是在运用系统之前没有或未明确规定的，故需要做大量分析研究的工作。它包括一些产品、工艺、库存等信息，还包括一些参数的设置，如系统安装调试所需的信息、财务信息、需求信息等。

3. 系统安装调试

在人员、基础数据已经准备好的基础上，就可以将系统安装到企业中来了，并进行一系列的调试活动。

4. 软件原型测试

这是对软件功能的原型测试（prototyping），也称计算机模拟（computer pilot）。由于 ERP 系统是信息集成系统，所以在测试时，应当是全系统的测试，各个部门的人员都应该同时参与，这样才能理解各个数据、功能和流程之间相互的集成关系，找出不足的方面，提出解决企业管理问题的方案，以便接下来进行用户化或二次开发。

（三）模拟运行及用户化

在基本掌握软件功能的基础上，选择代表产品，将各种必要的数据录入系统，带着企业日常工作中经常遇到的问题，组织项目小组进行实战性模拟，提出解决方案。模拟可集中在机房进行，也称为会议室模拟（conference room pilot）。

之后应制定工作准则与工作规程。进行了一段时间的测试和模拟运行之后，针对实施中出现的问题，项目小组会提出一些相应的解决方案。在这个阶段就要将与之对应的工作准则与工作规程初步制定出来，并在以后的实践中不断完善。

在完成必要的用户化的工作、进入现场运行之前还要经过企业最高领导的审批和验收通过，以确保 ERP 的实施质量。

（四）切换运行

根据企业的条件来决定应采取的步骤，可以各模块平行一次性实施，也可以先实施一两个模块。在这个阶段，所有最终用户必须在自己的工作岗位上使用终端或客户机操作，处于真正应用状态，而不是集中于机房。如果手工管理与系统还有短时并行，可作为一种应用模拟（live pilot），但时间不宜过长。

（五）新系统运行

一个新系统被应用到企业后，实施的工作其实并没有完全结束，而是将转入业绩评价和下一步的后期支持阶段。这是因为我们有必要对系统实施的结果作一个小结和自我评价，以判断是否达到了最初的目标，从而在此基础上制定下一步的工作方向。此外，由于市场竞争形势的发展，将不断会有新的需求提出。再加上系统的更新换代、主机技术的进步都会对原有系统构成新的挑战，所以，无论如何都必须在巩固的基础上，通过自我业绩评价，制定下一目标，再进行改进，不断地巩固和提高。

以上对 ERP 的实施过程作了简要的介绍。当然，这些阶段是密切相关的，一个阶段没有做好，决不可操之过急进入下一个阶段，否则，只能是事倍功半。值得注意的是，在整个实施进程中，培训工作是贯穿始终的。我们只是对第一个阶段的领导层培训和 ERP 原理培训作了详细的介绍，而那些贯穿于实施准备、模拟运行及用户化、切换运行、新系统运行过程中的有关培训，如软件产品培训、硬件及系统员培训、程序员培训和持续扩大培训也都是至关重要的。这个道理，应该说是显而易见的。因为只有员工才是系统的真正使用者，只有他们对相关的 ERP 软件产品及所要求的硬件环境有了一定的了解，才能够保证系统最终的顺利实施和应用。

二、ERP 实施的过程模型

ERP 是一套先进的管理思想、一套庞大的管理系统，同时也是一套高度集成的软件系统，已成为企业管理信息化建设的代名词。然而，ERP 系统实施涉及企业外部环境、内部管理、软件工程、IT 项目管理、人力资源等多领域知识，需要协调人、财、物、利益、时间进度、业务流程等因素，触及企业、ERP 软件公司、ERP 实施咨询公司、ERP 实施监理公司多方主体的不同利益，属于复杂系统工程。由于 ERP 系统实施过程存在严重的信息不对称，现行企业 ERP 系统实施过程往往是以 ERP 软件厂商和咨询公司为主，企业被动迎合，再加上商业利益因素存在及企业主动性不够，致使 ERP 系统实施失败率居高不下。因此，从企业角度出发，建立一个以企业为主、软件公司和咨询公司为辅的 ERP 实施过程模型显得十分重要。

从企业角度出发，ERP 的实施过程模型可分为包含 7 大逻辑过程、8 大保障措施、8 大辅助方法与工具的 ERP 实施过程模型，如图 6－2 所示。模型突出企业的主体地位，强调企业对实施全局的把握，强调保障措施、配套的方法与工具对 ERP 实施的重要作用，提出企业建模应由专业的管理咨询公司承担，与 ERP 软件公司分离。

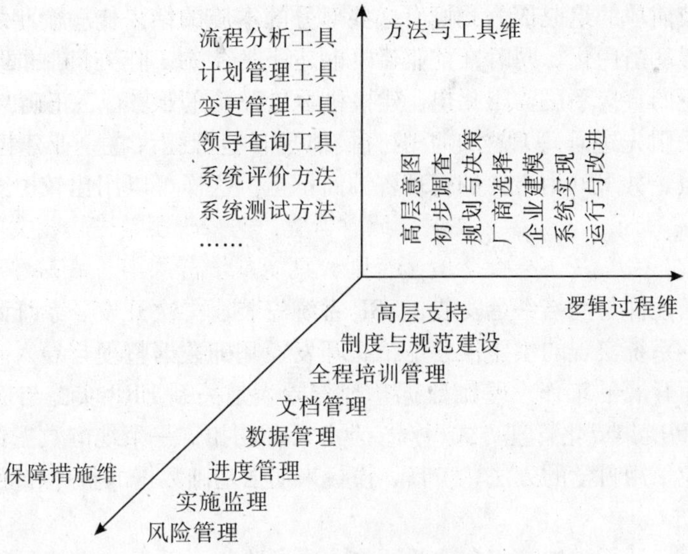

图 6－2　ERP 实施过程模型

各部分介绍如下：

（一）逻辑过程维

1. 高层意图

高层意图是企业对 ERP 产生需求的起始。高层产生 ERP 项目实施意图通常的来源途径有四个：高层自己提出管理需求、同行业标杆企业比较、公司内部有关部门建议及 ERP 厂商推荐。

2. 初步调查

初步调查通常是由公司成立的专门 ERP 实施小组或是信息中心来进行。主要包括公司内部管理现状调查、需求调查、同行业标杆企业 ERP 应用调查、ERP 供应商调查、ERP 实施咨询商调查、ERP 实施监理公司调查等，工作成果是为下一步系统规划与决策提供决策材料。

3. 规划与决策

规划与决策阶段主要由公司的中高层来实施。主要包括信息化战略制定、信息化目标制定、信息化内容确定、进度安排、制度建设、队伍建设等。规划与决策阶段是 ERP 实施初期的重要阶段，是后期工作安排、目标考核、效益评价的准则，同时也体现出高层领导的决心和管理能力。

4. 厂商选择

主要包括 ERP 软件供应商、ERP 实施咨询公司、ERP 实施监理公司选择。目前，在不同厂商的选择上，操作方法存在较大差异，企业可以根据自身情况作出决策。笔者认为，ERP 实施咨询公司与 ERP 软件供应商分离，可以更好地实现业务流程优化，而不至于出现企业被动迎合 ERP 软件供应商的状况。

5. 企业建模

企业建模主要包括业务流程分析、瓶颈分析、业务流程优化、构建业务蓝图等。企业建模是 ERP 系统实施的重要阶段，是将企业生产、销售、采购等众多复杂的事务、现象、概念、流程理解成较简单的组成部分，找出这些部分的本质属性，梳理彼此之间的关系，找出瓶颈资源，并进行适当优化。同时，企业建模也是管理诊断、业务诊断的重要方式，是采纳、贯彻先进管理思想的直接手段。因此企业建模科学与否、充分与否、正确与否，是 ERP 成功实施的关键，是采用先进管理理念与否的直接体现。笔者提议将企业建模列为一个独立的 ERP 实施过程部分，并最好由专业的管理咨询商承担，这样可以用比较中立的态度分析企业现行业务流程。

6. 系统实现

系统实现包括硬件与网络平台安装、ERP 系统安装、二次开发、系统测试、基础数据导入、系统切换等。系统实现的主要任务是二次开发、基础数据整理与导入。二次开发是根据企业个性化需求而开展的工作。基础数据整理与导入是关系 ERP 实施与应用效果的重要方面。由于 ERP 是高度集成化管理方式，众多业务环环相扣，一个地方数据错误可能导致一连串的问题，所以应采用科学的方法、工具、模板来加强基础数据的整理和导入工作。

7. 运行与改进

包括模拟运行、运行维护、实施效益评价、项目验收、后续改进等过程。运行维护旨在确保 ERP 系统正常运行，出现问题时及时予以解决。实施效益评价是采用一定的方法，结合系统规划中确定的目标，进行中肯评价。后续改进是指当企业以后取得更大发展，组织结构、业务流程、空间范围发生变化时，公司内部 ERP 专家能够改进现有 ERP 系统，满足企业发展需要。

（二）保障措施维

保障措施维主要包括高层支持、制度与规范建设、实施监理及规范的项目管理等。项目管理又包括全程培训管理、文档管理、数据管理、进度管理、风险管理等。高层支持即所谓的“一把手工程”，它是成功实施的绝对保证。实施监理由外聘监理公司承担。制度与规范建设是规范行为、加强考核、激励员工的必要保证。规范的项目管理也是成功实施的重要条件。

（三）方法与工具维

方法与工具维是指在 ERP 实施的每一个环节必须采用科学的方法和相应的工具去辅助执行。方法与工具维包括 ERP 实施中可以采用的一系列工具和方法，主要用于系统分析、进度安排、高层领导支持、科学评价、变更管理等，如 Project 2008、MS Visio、SharePoint、KnowledgeTree、DataLoad、ABC 法、模糊数学法、风险模板、甘特图、WBS 等。

本章思考

企业在 ERP 实施阶段应该注意哪些方面的工作？

阅读扩展

ERP 实施过程中的恐慌事件和解决方法

恐慌事件一：ERP 相关会议讨论激烈，但是没有效果

我们都知道，在 ERP 实施过程中，不可避免地要开很多会议，如流程讨论会议、项目启动会议、部门协调会议、培训会议等。但是，作为ERP实施顾问，最担心的就是开会没有效率。一个小问题讨论了好几天，都没有得出一个定论。

如有一家客户，在讨论流程时，非常低效。在商量供应商对账流程时，对于应该由谁主导对账过程，大家相持不下，采购说应该由财务部门负责对账，若让自己负责对账的话，就会有“偷腥”的嫌疑；而财务部门说，跟供应商对账应该由采购部门来主导比较合适，因为采购部门更加熟悉相关的情况，或者根据仓库部门的收货清单，让供应商根据我们的清单进行对账。总之是公说公有理，婆说婆有理，大家争论了两三天，还不能确定到底由谁做。

类似的情况，在很多企业都会发生。如此没有效率的会议，只会耽误ERP项目的计划。而ERP项目若没有按计划进行的话，最后倒霉的还是ERP实施顾问。无论是客户，还是实施顾问的上司，都会怪ERP顾问执行不力，都会把矛头指向ERP顾问。如果遇到这种情况，这无疑是实施顾问的恐慌时刻了。

其实，我在刚开始进行项目实施的时候，也经常会被这个问题所困扰。但是，很幸运的是，后来我在一家客户实施项目的时候，这家客户的老总给我上了一课，让我从此以后可以轻松面对这一问题。

记得那次是在讨论ERP项目计划。在会上，大家对于具体实施什么ERP项目的计划争持不下。有的说，应该一鼓作气，一下子上完全部项目模块；有的说应该“蚂蚁吃大象”，一块块地消化，一个个模块来；有的说应该先上财务模块，以财务模块来推动其他模块的实施。众说纷纭，半天会议下来，谁也说服不了谁。还好，这家客户的老总好像事先就有预感一样。在会议之前，就跟我进行了详细、细致的沟通，询问了ERP项目实施计划的相关问题，并且还跟我一起预先制订了一份ERP项目的相关计划。当ERP会议快接近尾声的时候，大家还没有达成统一的意见。企业老总就拿出我们预先做好的那一份项目计划书说道：“我们开会一定要有效率，每次开会一定要开出个结果来，既然现在大家无法达成统一的意见，那先按照我这份计划书做。”

这堂课，可以说是我人生中最重要的课之一。这些内容，在课堂上是永远学不到的。那次以后，每次开ERP会议的时候，我都会预先准备好一份决议。若在开会的过程中，他们能达成统一的意见最好，万一不能达成一致的意见，我就使出最后一招，拿出我预先制作好的决议，然后，让他们先按我这一套做。

不过，在使用这个方法前，要注意一些问题：

(1) 在作决定前，一定要先对企业的情况进行充分的了解，跟用户进行细致沟通后，才能作决定。你作出的决定，至少要符合企业的实际情况，不能纸上谈兵。同时，这份决议至少应该先经过客户的总经理批准，以增强决议的“法律”效力。

(2) 因为实施顾问在实施过程中，一般是不能代替企业管理者作出相关决议的。所以，实施顾问也最好不好去当这个“出头鸟”。把做好的决议给ERP项目负责人，把这个出人头地的机会留给项目负责人，在迫不得已的时候，让ERP项目负责人宣布这个决议。

恐慌事件二：项目负责人或者关键用户跳槽

若实施顾问辛辛苦苦地帮助企业培养出一些关键用户、锻炼出一位优秀的项目管理员，眼看着培养出的这些用户即将发挥作用时，他们却纷纷跳槽了，这种失落感就可想而知了。而且，最重要的是，这对ERP项目来说是一个致命的打击。因为在ERP项目的实施过程中，实施顾问只是一个教练的角色，最后项目是否能够顺利实施，效果好不好，还要看企业的项目团队。若企业项目团队的骨干都走光了，那这个团队还能称为项目团队吗？最后ERP项目的实施成果也就可想而知了。而且，问题还在于，如果培养新的骨干用户，由于 ERP 软件的复杂性，要花费一定的时间和精力。在本来项目时间就相对紧张的时刻，这就更是一个致命的打击。那实施顾问该如何面对这种情况呢？

我在项目实施过程中，也遇到过这种情况。临阵换将，是军事管理中的大忌。但是，有些东西也不是企业自己可以控制的。实施顾问能做的就是，通过一些措施，把这个损失降至最低。

（1）预防为主。在帮助企业组建项目团队的时候，就要跟企业总经理说明这种情况。让其在挑选项目团队成员的时候，尽量考虑员工的稳定性。同时，如果条件允许的话，项目团队最好设立两个负责人，有正、副组长。如此，即使项目负责人离开了，副组长也能够马上顶替，来负责整个项目的进度。

（2）一般来说，人员的流动也会根据行业、企业情况的不同，有个波动的规律。如对有些企业来说，年初可能是人员流动最大的时候，因为大家拿完了年终奖，就可能会走人。但是，有些企业又不同，他们可能没有年终奖，所以，年底可能反而是走人的高峰。总之，要根据企业的不同情况，调整相应的 ERP 项目实施计划。尽量把 ERP 项目计划安排在人员相对稳定的时刻进行，以减少人员流动对 ERP 项目的影响。

恐慌事件三：用户任意更改需求

一个装修设计师，辛辛苦苦熬了几个通宵，根据客户的需求做好了装修设计图，突然，客户的口味变了，从欧式改为中式了，那你说装修设计师头痛不头痛？ERP 顾问也是如此。当实施顾问跟企业项目负责人通过努力，确立了相关需求，规范了相关工作流程，系统配置也完成了，正准备按部就班进行系统上线时，企业用户突然改变了需求，提出了新的需求。这个需求，对实施顾问来说，正如晴天惊雷，让实施顾问心惊肉跳。

确实，在 ERP 实施过程中，ERP 顾问最感到恐慌的就是在实施过程中，用户不断地更改需求，特别是当系统配置完成后、准备上线的过程中。有时候，用户只是简单的一句话，但是，对于系统的调整来说，工作量是非常大的。

那如何才能减少临阵改变需求的情况呢？如何才能把这个影响减至最低呢？

（1）要做好系统模拟运行的工作。其实，导致客户临阵变更需求，很大一部分原因是因为前期用户对于系统还不是很熟悉，而此后用户实际操作系统时，才发现系统离自己想的还有一定的距离。所以，当系统真正使用时，他们就提出了疑问，需要变更需求。因此，要做好前期的系统模拟运行工作。模拟运行工作，一是要结合用户的实际作业来做，最大限度地反映企业平时操作的相关情况，而不要不顾现实，从理论的角度来跑系统；二是在模拟运行时，要考虑企业平时管理中的意外情况，如考虑若生产过程中发现不良品应如何处理，采购不能及时到料该如何处理等。其实，根据我的经验，一些常规的需求不会成为系统运行的障碍，相反，这些意外情况能否处理好，却是关系到系统能否顺利运行的关键。

（2）为了不影响大局，考虑把新的需求延后。若用户在系统准备上线时，还提出一些新的需求或者提出变更需求的请求，我们最好能够跟用户沟通，看能否把这个需求暂时延后，让他们先按原来的做。等到系统上线后，我们再着手实现他们的需求。特别是一些需要二次开发才能实现的需求，更要如此。否则，项目的计划就会受非常大的影响。

其实，这些让实施顾问感到恐怖的事件，若处理得好，完全是可以避免的。即使不能避免，也可以最大限度地减少影响，挽回损失。

（摘自 http：//www. sina. com. cn，2008 - 07 - 07）

第七章　企业成功实施 ERP 的关键

学习提示

- ERP 成功实施的前提
- ERP 成功实施的关键因素
- 联想 ERP 成功案例分享

导读

ERP 是借用一种新的管理模式来改造原企业旧的管理模式，是先进的、行之有效的管理思想和方法。但 ERP 软件在实际的推广应用中，其应用深度和广度都不到位，多数企业的效果不显著，引起企业决策者的震动和人们的广泛关注。“上 ERP 找死，不上 ERP 等死”等类似的坊间流行语成为 ERP 实施的真实写照，其中体现了几多无奈，几多辛酸。本章内容简要揭示 ERP 成功实施的基本前提和成功实施 ERP 的关键因素。

一、ERP 成功实施的前提

1. 统一认识：实施 ERP 是企业管理全方位的变革

企业领导层应该首先是受教育者，其次才是现代管理理论的贯彻者和实施者，规范企业管理及其有关环节，使之成为领导者、管理层及员工的自觉行动，使现代管理意识扎根于企业，成为企业文化的一部分。国外企业实施 ERP 似乎没有讨论的余地，自觉性很强。其实，办企业这样做是天经地义的，而我们还要等待思想提高，观念更新，有时还会避开锋芒，迁就陈腐，互相推诿。如果我们不坚决向这些陋习告别，这场全方位的变革就会反复、甚至夭折。

2. 企业管理班子要取得共识

要眼睛向内，练好内功，做好管理的基础工作，这是任何再好的应用软件和软件供应商都无法提供的，只能靠自己勤勤恳恳地耕耘。把 ERP 的实施称为“第一把手工程”，这说明了企业的决策者在 ERP 实施过程中的特殊作用。ERP 是一个管理系统，牵动全局，没有第一把手的参与和授权，很难调动全局。

3. 认识到 ERP 的投入是一个系统工程

ERP 的投入和产出与其他固定资产设备的投入和产出比较，并不那么直观和明了，投入不可能马上得到回报、见到效益。ERP 的投入是一个系统工程，并不能立竿见影，它所贯彻的主要是管理思想，这是企业管理中的一条红线。它长期起作用、创效益，在不断深化中向管理要效益。

此外，实施 ERP 还要因地制宜，因企业而别，具体问题具体分析。首先，要根据企业的具体需求上相应的软件系统。企业选择 ERP 软件时，应根据自身的实际情况，制定好目标与计划，重点比较性能、价格、服务三个方面。既不能笼统地都上小型机，也不能不顾企业的规模上 Windows NT，这样长期运作，对企业危害性极大。其次，这种投入不是一劳永逸的，由于技术发展很快，随着工作的深入，企业会越来越感到资源的紧缺，因此，每年应有相应的投入，才能保证系统健康地运转。

4. 强调实施过程中的教育培训

ERP 项目是一个管理工程，需要一批既懂管理又了解业务知识的骨干参与项目的实施工作，这样才能保证采用正确的管理手段达到项目目的。

ERP 实施中最大的难点往往是人的问题。从某种意义上说，我们可以从实施项目有没有培养出一支 ERP 队伍来判断项目成功与否。因此，在实施过程中需要持续的培训，参与 ERP 实施的企业相关人员，包括高层人员、业务经理和业务骨干，都需要持续的教育培训。不同人员所需的培训各不相同，比如，对企业高层领导来说，需要了解业务问题和 ERP 的解决方案有何关联；对普通用户来说，则需要关注具体的操作。

5. 重视数据的规范与准确性

ERP 软件是企业管理非常有效的工具，它运行的基础数据来自企业。真实可靠的基础数据，将运算出科学的结果；不准确的基础数据，将运算出不准确的结果。如果企业为了一时的“高效率”，提供不准确的基础数据，往往会造成整个项目的失败。

规范化是准确性的前提，没有规范化就谈不上准确。数据的及时性、准确性和完整性是计算机辅助企业管理的基本要求。这里，“及时”指必须在规定的时间内进行和完成数据的采集和处理；“准确”就必须去伪存真、符合实际；“完整”是指要满足系统对数据项规定的要求，没有疏忽遗漏。软件的功能再强，也难以分辨数据的真伪，人们常说：“对计算机讲假话，你得到的回答只能是废话。”数据不准是推行 ERP 失败的重要原因。

总之，具备条件的企业要不失时机地上 ERP 管理系统，不能只搞纯理论研究、再研究，要长时间地考察。首先要整理好内部管理基本数据，选定或开发适合自己企业的 ERP 软件，条件成熟了就上。

二、ERP 应用实施的关键因素

大量的应用实例表明，ERP 工程实施是 ERP 应用取得成功的重要方面。然而，要使 ERP 系统真正运行在企业中，而不仅仅运行在计算机上，就需要一套行之有效的系统工程实施方法。与 ERP 应用实施联系密切的关键因素，包括观念、管理、组织、数据、技术、服务等方面。其中，正确认识 ERP 的作用十分重要，既不能对 ERP 期望过高，也不能认为 ERP 应用实施只是信息系统工作和交钥匙工程。ERP 应用实施过程实际上是企业的重组优化和管理现代化的过程。

有关学者在对我国 MRP Ⅱ/ERP 应用实践进行调查后发现，在中国应用 ERP 的主要经验如下：

1. 企业领导重视和支持

所有 ERP 实施效果好的企业，其主要高层领导尤其是“一把手”都十分重视企业管理体制改革与 ERP 工程的实施，并有具体的举措。

2. 结合企业实际，目标明确，计划合理，政策到位

实施 ERP 工程应结合企业具体情况，明确目标与方向，制订切实可行的实施计划，稳步推进，循序渐进，少走弯路。企业诊断和需求分析十分重要，要做到对症下药。

3. 变革企业组织结构与管理模式

按照 ERP 的现代管理思想调整企业结构、改革生产经营管理模式和更新企业文化。应当充分认识改革企业管理模式的重要性与艰难性。

4. 组织落实，队伍稳定

采用多级项目组织结构，实施组的专业人员配套，班子过硬；要通过有针对性的政策保证实施人员的稳定，使技术队伍有保证。

5. 明确职责和考核，共同参与和合作

通过建立职责和考核制度，将引导与强制相结合，使企业各层管理与业务部门人员积极参与 ERP 实施工作。坚持定期例会制度。

6. 做好数据准备与编码标准化

数据的准确性与完整性是 ERP 最重要的技术因素之一，编码标准化也是 ERP 系统的基础。

7. 加强人员培训，深入宣传 ERP 管理模式

对企业各层次人员的培训工作应贯穿 ERP 工程工作的始终，使 ERP 管理思想能为企业的人员所接受。

8. 选准软件和厂商，消化吸收，二次开发

根据企业需求分析选择合适的 ERP 软件，充分利用软件厂商和技术依托单位的技术支持与服务；但最重要的是企业人员要消化吸收，并负责或参与 ERP 软件的二次开发，使软件能本地化或企业化。

9. 资金落实

资金是工程实施的基本保证，必须按照实施计划及时到位，否则将引起工程拖期或停顿。

本章思考

你认为企业成功实施 ERP 需要注意哪些方面的问题?

阅读扩展

联想集团成功实施 ERP

从 1998 年 11 月 9 日 ERP 项目正式启动到 2000 年 1 月 5 日成功上线，400 多个日日夜夜，联想经历了一次深刻的磨炼，逐步掌握了 ERP 的实施规律，胜利地拿下了这场“攻坚战”。

一、真正的“一把手工程”

在联想 ERP 推进的过程中，前期高层领导并没有真正意识到自己与项目推进的关系，以为工作由下面一个部门推进就行了，对下面反映的问题，按他们的意见说几句，甚至“发发火”也就够了。而事实上，对于联想这样一个以业务为导向的公司，单一考核指标体系推行多年，当业务与管理项目发生冲突时，靠轻描淡写或是“发火”是不能从根本上解决问题的，高层必须从根本上重视项目。这种重视并不是要求最高层事事处处都亲力而为，而是要求他们从内心深处关心项目，往往通过主持例会，参与并直接决策等形式，就可以提升全公司对 ERP 项目的重视和投入，保证项目推进的顺利进行。

“一把手工程”的落实取决于认识过程。ERP 项目前期，高层领导就表示出积极的支持态度，“要人给人，要钱给钱”。直至项目后期，高层领导的作用随着对项目目标、实施难度、谁是实施主体、需要什么资源等认识的逐步清晰化、具体化，落实了从何角度、怎样入手、如何组织等一系列可操作的措施。

一把手要在关键时刻起到关键作用。一把手是项目的主人，但这并不意味着一把手要像项目具体的负责人那样平均使用投入精力，而是要在项目的不同阶段确定不同的介入程度。如果在项目早期就要求高层领导深入项目的细节，这既不现实也不科学。领导的深度介入应选择在项目进入阶段性转折时期或是问题和矛盾集中暴露的关键时期，以利用绝对权威来调动和协调公司各方面力量推动项目的实施。ERP 项目进入集成测试阶段，上线的最后期限是硬指标，测试的巨大工作量必须完成，只有调动全公司的资源全力投入，才能确保项目的顺利完成。在这个非常关键的阶段，联想公司召开了由集团执委会所有成员及子公司主要领导参加的执委会扩大会议，形成了一系列重要的决议，保证各部分资源全力以赴地投入到项目中去。

一把手工程要有切实有效的落实机制。在 ERP 项目实施的前期和后期，推进力度截然不同，其中的原因除了对项目本身的认识加深外，切实有效的落实机制是其中最重要的一个原因。例如，每周一次的 ERP 项目核心领导小组例会，效果就特别明显。一把手主持例会的主要意义：一是使高层真正成为项目的拥有者，并落实到各级业务负责人的具体工作中；二是通过制度化的落实措施，也使一把手对项目的认识不断加深，便于更好地介入项目；三是通过一把手的绝对权威，监督各部门业务的投入，确保了业务的积极、有效参与以及协调和决策，从而解决了关键和棘手的实际问题。

“一把手工程”具体可以概括为三个方面：一是出了问题追究各级一把手的责任；二是项目组每一位负责人都有责任；三是领导主持实施的全过程。

二、业务部门主导

把 ERP 当作一个技术项目来实施是最大的误区。事实证明，信息系统的建设要结合公司业务发展需求作出前瞻性规划，应是企业发展战略和核心竞争力的重要组成部分。要进行业务流程重组，IT 是必要的手段，因为业务流程必须要用信息流来统一规划和传递；但是 IT 人员无法决策流程的规范和优化是否适合业务的需要，不是也不可能是项目推进的主导力量。而业务部门应成为项目推进的主导者，要有熟悉全局业务、有决策能力、且有权威性的业务骨干积极参与。

各方面对项目实施规律的认识程度不同，尤其是公司高层和业务人员对实施规律的认识需要一个过程，导致在 ERP 项目前期形成不得不以 IT 人员为主导、业务人员站在局外的艰难局面。因此，随后进行的以业务人员为主导的重大调整成为整个项目推进过程中关键的转折点，业务部门的积极投入形成了与 IT 部门的有机配合，才使项目真正走上正轨。

业务部门是信息系统的最终使用者，要与 IT 部门作为一个有机的整体来推进项目，而且业务部门更应成为项目的主导者。

三、培训、培训、再培训

知识转移和使用者全方位的培训，是信息化建设取得实效的保障。在 ERP 系统实施之前，很多人对培训的理解是，IT 部门给使用者讲讲系统如何操作，是怎么一回事就可以了。其实不然，大型信息系统首先要理解它的思想和观念，还有术语，比如 SAP 的 R/3 系统中的工厂概念，你就要理解什么是工厂，财务部门要理解利润中心与责任中心有什么差别。SAP 的工厂定义跟我们传统意义上的工厂是不一样的，不只是有生产、制造就叫工厂。SAP 的工厂定义要更复杂，只要有销售、存货这样的部门就叫工厂，是利润中心下面的一个模式，要有成本核算，就要有工厂。而这些术语如果不懂的话，那么系统的应用就很困难了。之所以SAP、SIEBEL 等公司的系统软件能支持这么多家企业的运作，就是因为它把很多企业运作的东西抽象出来，然后结合企业的具体情况再具体化、个性化。但如果不知道抽象的概念，怎么做到个性化？光依靠顾问是不行的。顾问是非常了解系统，但他不懂业务，联想必须将系统的语言转化过来，讲给业务人员听，才能把握什么样的系统配置才是最合理的。另外系统大了，涉及人与人之间的合作，光让一个人操作，他也不清楚如何操作、什么时候操作、用什么权限操作，这是不行的。

四、“有话好好说”

ERP 项目组曾有这样一副对联：不见不散项目组，没完没了 ERP。横批是：有话好好说。联想 ERP 实施是对项目组成员的精神、意志乃至体力的考验，有效的项目管理和激励方法，是 ERP 项目能否成功的基本保障。

这里的项目管理方法不能完全照搬顾问公司所提供的方法，必须要适合联想的文化和管理思想。为此我们在顾问公司提供的项目管理方法基础上，加入联想的“管理三要素”的核心思想，形成了联想特色的 ERP 项目管理方法。

（1）搭班子。主要是确定项目组关键岗位的人选。首先是项目总监。他必须是项目实施各方都能接受的权威领导，能有效推动各方面力量；能够做到对项目意义有深刻的认识；能主动把握项目进展、关键问题和重大转折；能主动投入足够的精力。项目总监不一定非要具备专业素质和相关知识，但一定要能制约项目实施的主体。其次是项目经理的人选。项目经理是项目班子的一把手，大型管理项目对班子一把手的德、才都有更高的要求。大型管理项目是需要跨部门推进的复杂项目，要处理管理与业务的冲突，必须有极强的大局观、奉献精神及责任感。一把手是否公正、是否具有大局意识及胸怀，是领导队伍推进此类大型项目的先决条件。三是大型管理项目还应有项目经理助理和各专业组组长。他们同项目经理组成项目实施队伍的领导班子，班子成员各有分工、侧重，但也是一个层次分明、功能互补的整体。班子确定了，就要有明确的议事决策程序和决策落实推进程序，这样通过机制有效规范和保障领导班子的做事方式。

（2）定战略。在制定 ERP 项目的战略目标时必须从公司的现实需要出发。现实需要是项目成功最重要的原动力。没有现实需要只有长远需要，项目的推进力度会大打折扣，当然也要同公司长远的目标相结合。联想实施 ERP 与公司未来的体制、进入 500 强的战略目标有直接关系。事业部体制要求业务上规范统一、决策及时高效，这就需要公司具有强大的管理基础和信息平台。联想 ERP 项目实施目标与公司的长远发展战略目标保持了一致。最为关键的是，ERP 项目目标与公司长远战略目标之间有操作层面的清晰联系。另外，制定战略目标必须坚持现实可能的原则。首先清楚公司有没有可能调集资源迅速组成一支可塑造的队伍；其次是公司已有的管理基础能否经受大型管理项目实施和管理变革的考验；再次是公司的业务在多大程度上能承受项目带来的冲击，在财务上能否支撑。在制定战略目标时最后要考虑的是制定目标要分层次、分阶段。

（3）带队伍。在班子成员确定、战略目标明确的基础上，关键是考虑如何带领这支实施队伍将 ERP 项目完成。这里主要考虑的是要明确每一个成员的角色，发挥每一个人的特长；注重培训和培养；激励是员工成长的加速器；形成良好的沟通方式和交流氛围。

五、"十二分"的数据

对信息系统一般有这样的描述：三分技术、七分管理、十二分数据。数据的规范化和标准化是应用系统成功上线的前提。ERP 系统是我们上的第一个大型系统，包含很多数据，有几十万种静态数据，几万种动态数据。静态数据是指在任何时间点都不变的，如客户信息。举个例子，北伟公司是我们的分销商，北伟公司的名字、联系方式、税务账号、交货地址、代理协议的编号等一大堆的信息都得梳理清楚。另外是供应商的信息、员工的信息等。否则财务如何报销？到库房你怎么能领东西？这些相对来讲还是容易的，我们还有一万多种物料，而每一种物料有 80 多个选项。联想以前这些物料也有编码，但物料的可选项很少，只有十几个，财务核算时要找数据、销售的时候要找数据，这就是 BOM，即物料清单。动态数据就是你的订单，在各个业务进程切换点，已被完成的订单有哪些，已被完成的采购订单有哪些，存货有哪些，应收账、应付账有哪些等。如果这些不在事前准确地处理好，即使你的系统再好，也不可能真正起到作用，所以数据工作非常关键。

六、梳理、优化、变革

联想通过 ERP 项目的实施认识到，业务流程重组是对管理基础的变革，是企业需要长期不懈进行的工作。要做好业务流程优化和重组，不经过几次变革是不可能的。当现有的内部管理基础与目标之间有较大差距时，我们要把现实性放到第一位，通过设定更多的阶段性目标来完成。

（摘自 www. topoint. com. cn）

中编　软件操作技能
（以金蝶 K3 系统为载体）

本编以企业应用操作为主线，结合企业案例数据，分别针对账套管理模块、财务会计模块、供应链管理模块、生产制造模块的基本业务操作设计了相应的实验，步骤清晰，为读者掌握 ERP 的基本操作提供了具体指导和帮助。

金蝶 K3 简介

金蝶 K3 系统是基于局域网、广域网范围的企业管理解决方案。它严格遵循微软 Windows DNA 框架结构，以三层结构技术为基石，结合先进的 Citrix 终端技术实现真正的分布式网络计算架构，从应用上将单一主体的会计核算转变成群体的财务管理，将分散的部门管理变为一体化的企业管理解决方案。

金蝶 K3 系统是在现代网络环境的改善和 WEB 技术迅猛发展的技术支持下，为满足企业集团控制、移动办公、电子商务等业务需求而推出的。其技术组成包括：

数据库技术：企业管理软件应关注的是数据存放系统，即用来存储和管理企业数据工具。解决如何存储数据才不会丢失；如何存储才是最高效、处理最快及意外事件的数据自动恢复等问题。金蝶 K3 系统采用大型网络数据库管理系统，支持大用户量的访问和海量的数据存储，支持主流大型数据库 MS SQL SERVER 2000。

三层结构技术：企业管理软件是典型的数据库应用，三层结构是一项先进且成熟的数据库应用结构。根据分布式计算原理，它将应用分为数据库端、中间层和客户端三个层次。数据库端即数据库服务器；中间层包含封装商业规则的计算组件；客户端为用户界面，可以是本地客户端 GUI ，也可以是远程的 Citrix 客户端。

Citrix 终端技术：金蝶软件（中国）有限公司是思杰系统亚太有限公司正式授权的 Citrix 独立软件开发商，被授权可在中国内地、香港和台湾地区与金蝶应用软件系统一起捆绑销售 Citrix Metaframe Presentation Server。K3 与 Citrix MPS 结合部署可以大大减少远程客户端的网络带宽占用、提高传输安全性，并且 K3 在 MPS 上部署的客户端还具有免维护、集中管理、易于扩充等特性，能有效降低企业的系统管理成本。

企业管理技术：包括企业管理软件的业务规则以及数据处理的手段。金蝶 K3 系统通过对企业物流、资金流、信息流的业务和财务管理，实现完善的“数据—信息—决策—控制”的企业管理解决方案。

第八章　账套管理模块实验

一、实验准备

账套是存放各种数据的载体，各种财务数据、业务数据、一些辅助信息等都存放在账套中。账套本身就是一个数据文件。

账套管理的基本功能包括系统管理、组织机构管理、数据库管理、用户管理、权限管理等，其使用的基本流程如下：

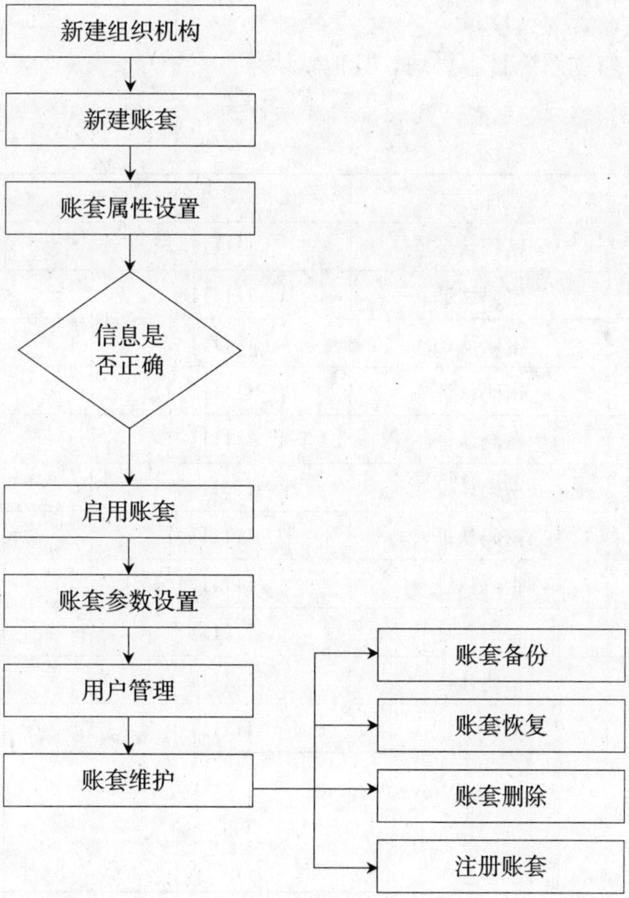

二、实验目的

通过账套管理实验熟悉账套管理的基本操作，学会备份、恢复账套。

三、实验要求

通过登录账套，熟悉账套管理的基本操作，完成账套基本资料的设置、权限分配等相关工作，并启用账套。

四、实验数据

账套名称：中远笔业有限责任公司
账套类型：标准供应链解决方案
修改账套密码，设置为：123456
设置系统参数，勾选系统日志管理，其他默认
用户信息：

用户名	认证方式	密码	用户组信息
Anki	密码认证	111111	Users
Kendy	密码认证	111111	Users
Sopi	密码认证	111111	Users
张工人	密码认证	111111	车间组
李计划	密码认证	111111	计划组
贺销售	密码认证	111111	销售组
吴工程	密码认证	111111	工程组
王出纳	密码认证	111111	出纳组
陈会计	密码认证	111111	会计组
梅采购	密码认证	111111	采购组
赵仓管	密码认证	111111	仓库组

用户组信息：

用户组名	说明	组员
Adm	Administrators	所有权限
出纳组	管理往来账务	基础资料、现金管理使用

（续上表）

用户组名	说明	组员
往来账组		基础资料、应收、应付账
财务组		
工程组		
计划组		
销售组		
采购组		
仓库组		
会计组		
车间组		

五、实验过程

1. 进入账套管理模块

点击电脑【开始】按钮，选择【程序】→【金蝶 K3】→【中间层服务部件】→【账套管理】，即可打开“账套管理登录”窗口。

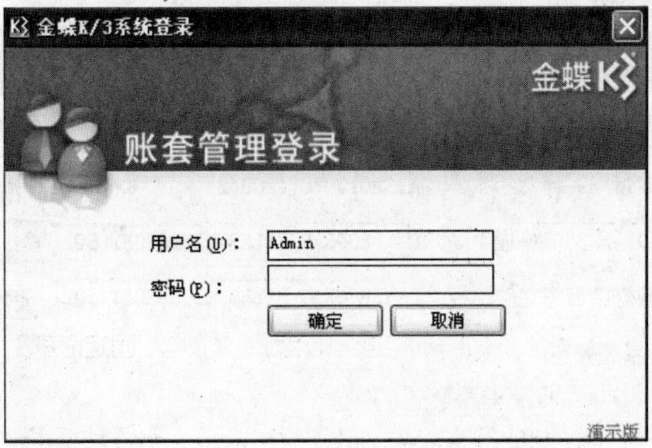

2. 输入用户名和密码

点击【确定】（原始用户名为 Admin，密码为空，因此直接点击【确定】按钮即可登录账套管理模块）。

3. 进入账套管理模块

看到的初始界面如下：

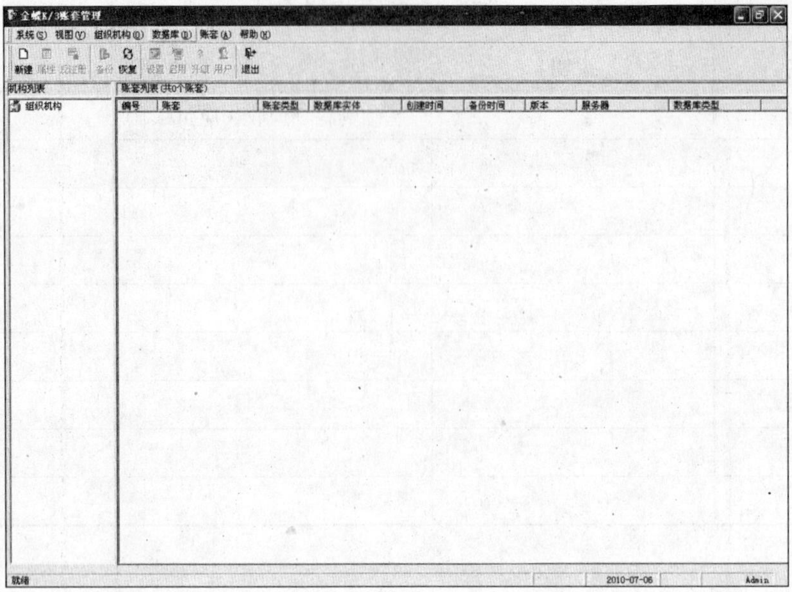

4. 新建账套

点击【新建】按钮，打开新建账套窗口，输入账套号和账套名称，其他选择默认。输入完毕后点击【确定】按钮，即可完成新建账套操作。

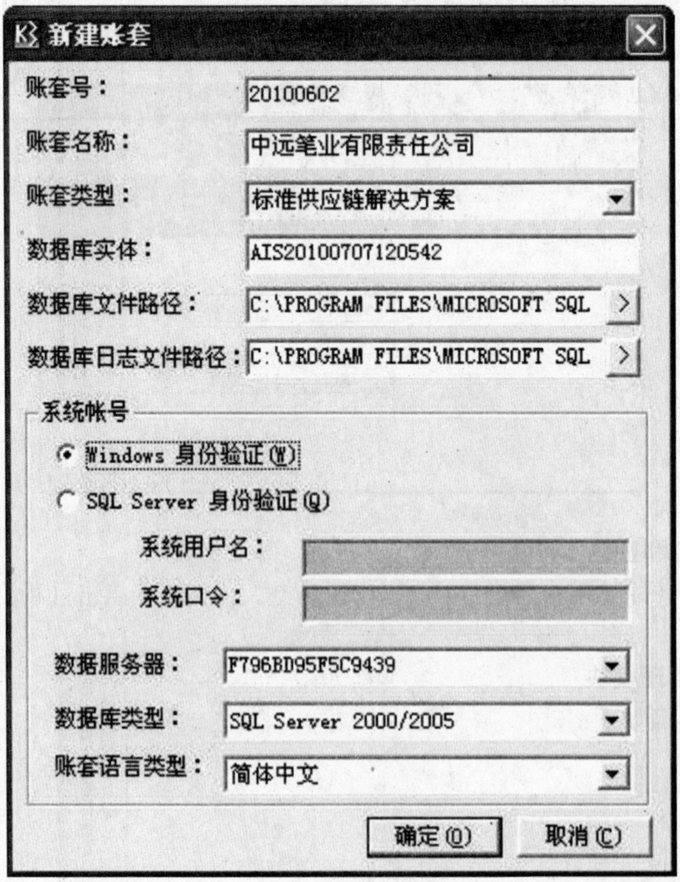

5. **设置账套属性并启用账套**

选择【账套】→【属性设置】，打开“属性设置”界面。

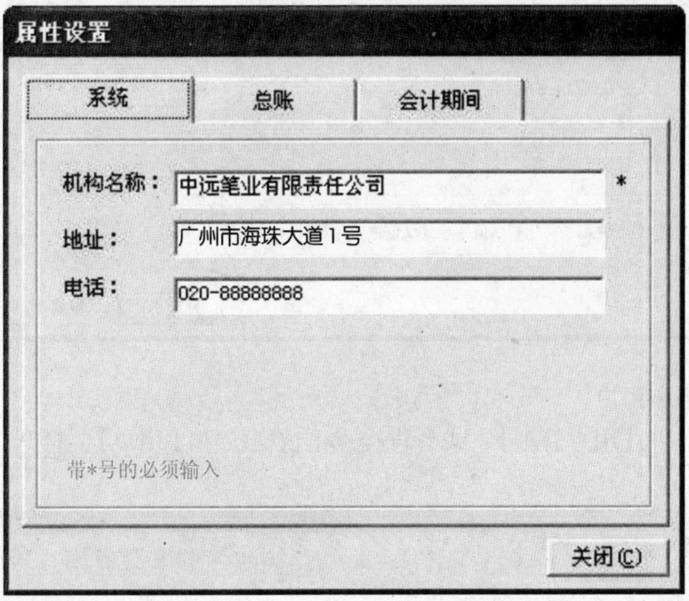

组织机构名称：中远笔业有限责任公司	记账本位币代码：RMB
地址：广州市海珠大道 1 号	名称：人民币
电话：020 - 88888888	小数点位数：2

点击【修改并保存】→【确定】后，直接按提示启用账套。

注意：账套启用后，账套属性不可再更改。

6. **启用账套**

如果在操作 5 中没有直接启用账套，可选择【账套】→【启用账套】来启用账套。当账套启用后，属性的各项设置不能修改，因此启用前务必检查各项设置是否正确。

7. **设置账套参数**

选择【账套】→【参数设置】，打开“参数设置”界面，默认各项内容，点击【确定】。

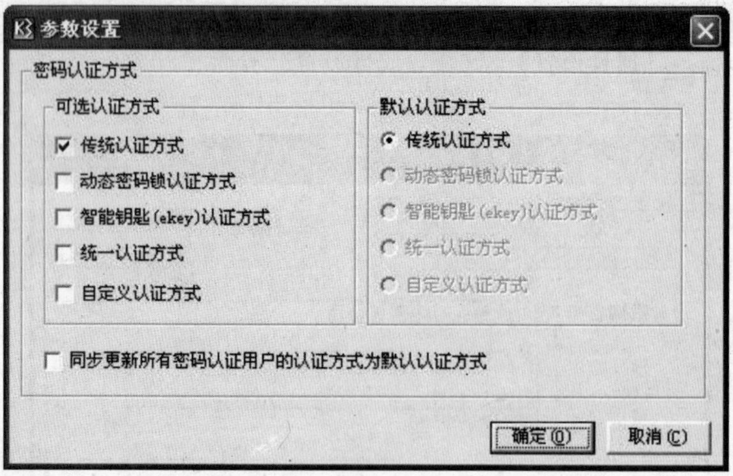

8. 增加用户组和用户

选择【账套】→【用户管理】，或者直接点击快捷按钮【用户】，打开用户管理界面。

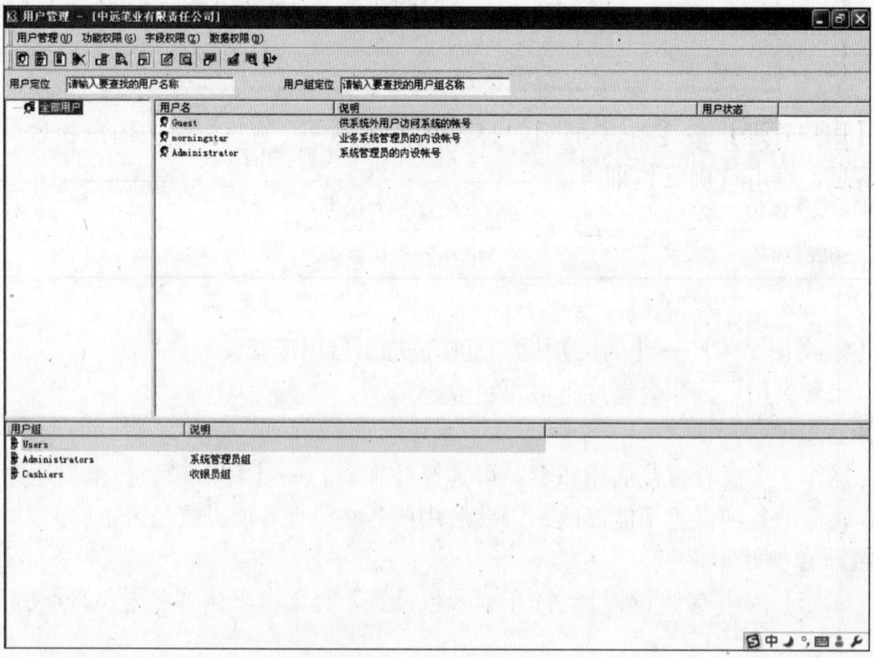

选择【用户管理】→【新建用户组】，打开“新增用户组”窗口，输入用户组名和说明，点击【确定】按钮。

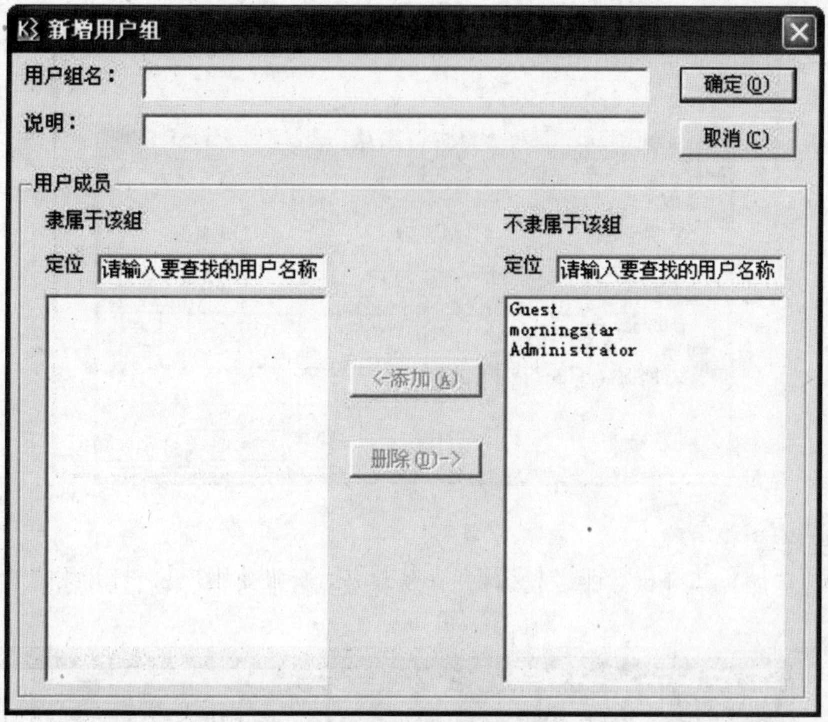

选择【用户管理】→【新建用户】，打开“新增用户”窗口，输入用户姓名、用户说明和用户组信息，点击【确定】即可。

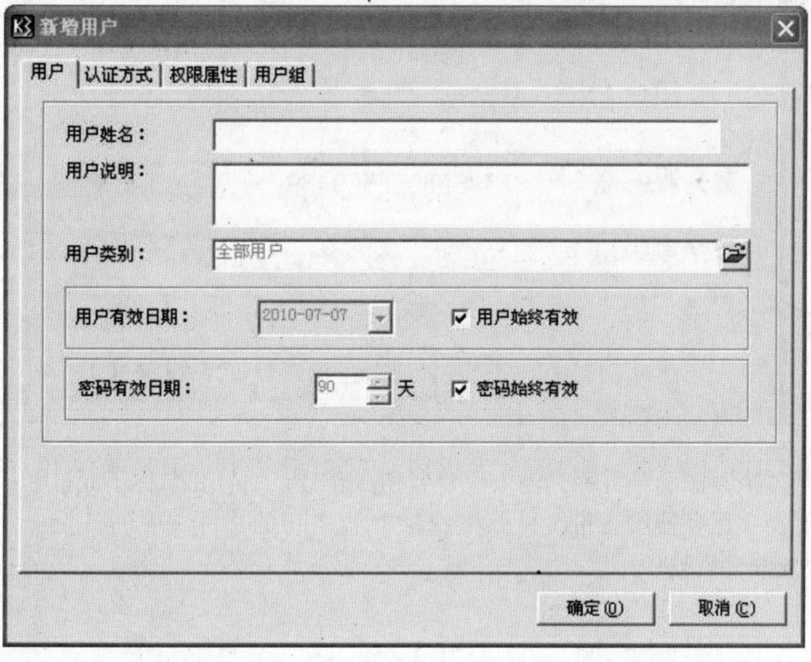

9. 备份账套

在D盘新建一个文件夹，并命名为“＊＊＊＊备份”；选择需要备份的账套，选择【数据库】→【账套备份】，打开“账套备份”界面；选择完全备份，备份路径选择 D 盘新建的文件夹“ **** 备份”，点击【确定】。

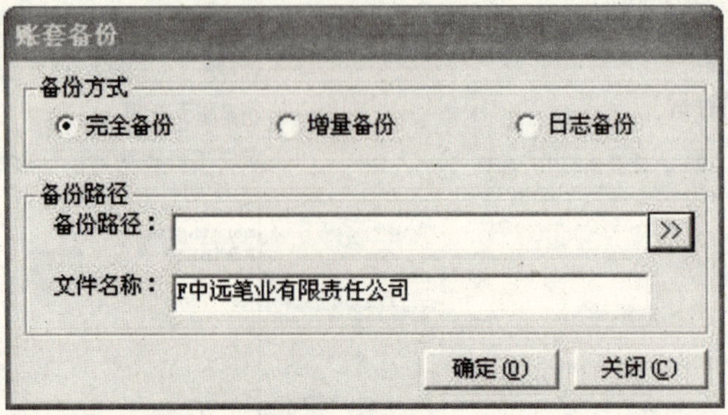

10. 恢复账套

选择【数据库】→【恢复账套】，打开“选择数据库服务器”窗口，点击【确定】。

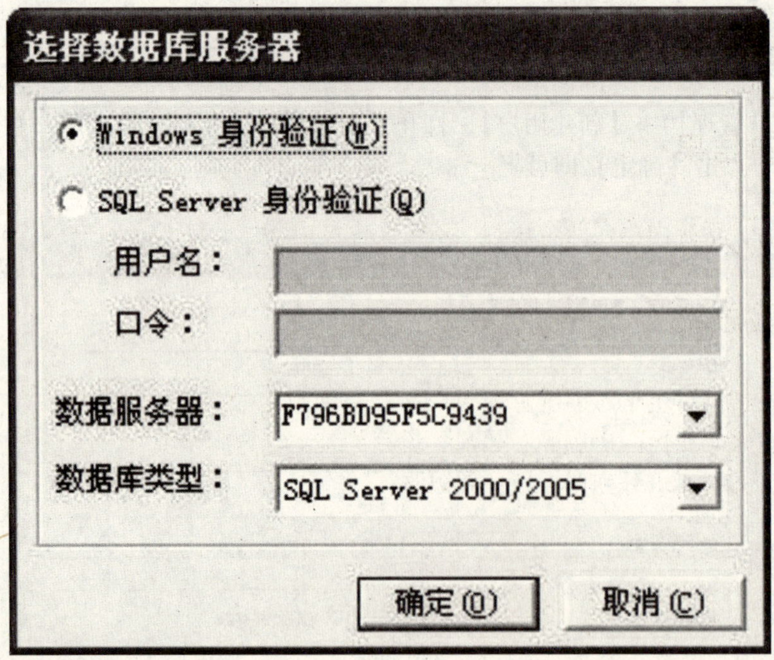

然后打开“恢复账套”界面，输入账套名和账套号，编号和名称不允许和系统内其他账套相同。然后在“服务器端备份文件”下选择 D 盘备份的文件夹中的备份文件，点击【确定】，即可完成账套恢复。

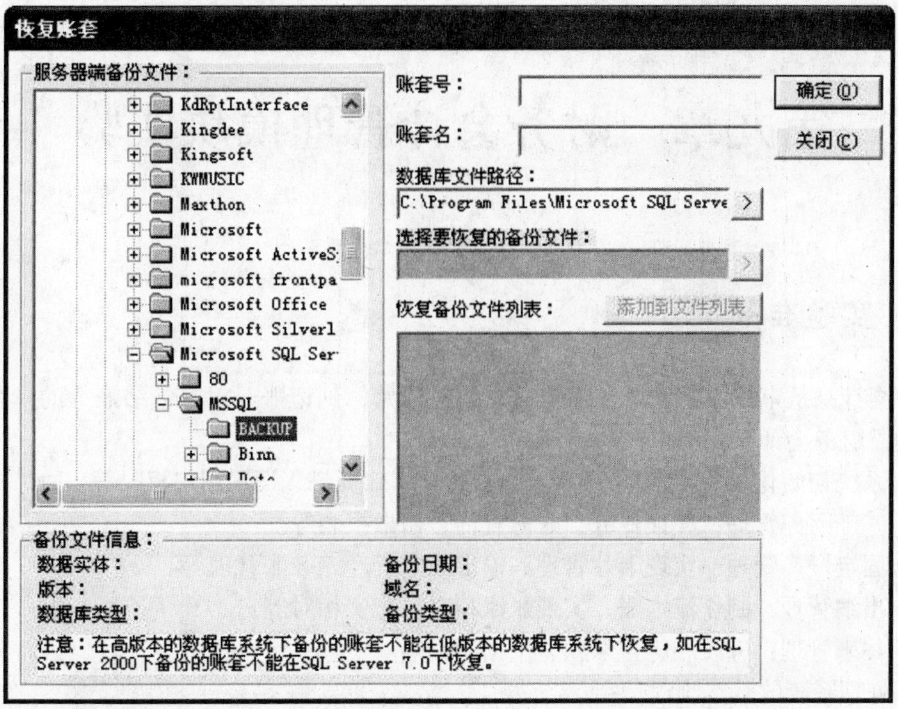

六、实验结果

实验完成后，系统内存在两个账套，备份文件夹中数据资料完整。

七、实验总结

本实验旨在帮助学生学习系统管理模块的账套管理基本操作，通过实验，学生应该掌握新建账套、设置账套属性、启用账套等基本流程的基本操作；学会在账套管理中新建用户和用户组的操作，并按要求分配用户组的权限。

第九章　财务会计管理模块实验

一、实验准备

财务会计是从审核原始凭证、编制记账凭证开始，到记账、对账、结账等的一系列会计处理过程。财务会计系统的主要功能包括：

（1）系统初始化设置：建立 ERP 账套、共享基础资料、设置用户权限等。

（2）基础财务管理：凭证业务、账簿查询、输出报表等。

（3）固定资产管理：实现卡片管理、输出固定资产三级账管理等。

（4）出纳管理：制作流水账、实现账账相对、账实相对等。

（5）往来管理：应收和应付账款、票据管理等。

财务处理系统的基本流程是：

建立账套并执行系统初始化→开始日常业务→各子系统把生成的凭证传递到总账系统→报表系统生成报表，如资产负债表、利润表、现金流量表等。

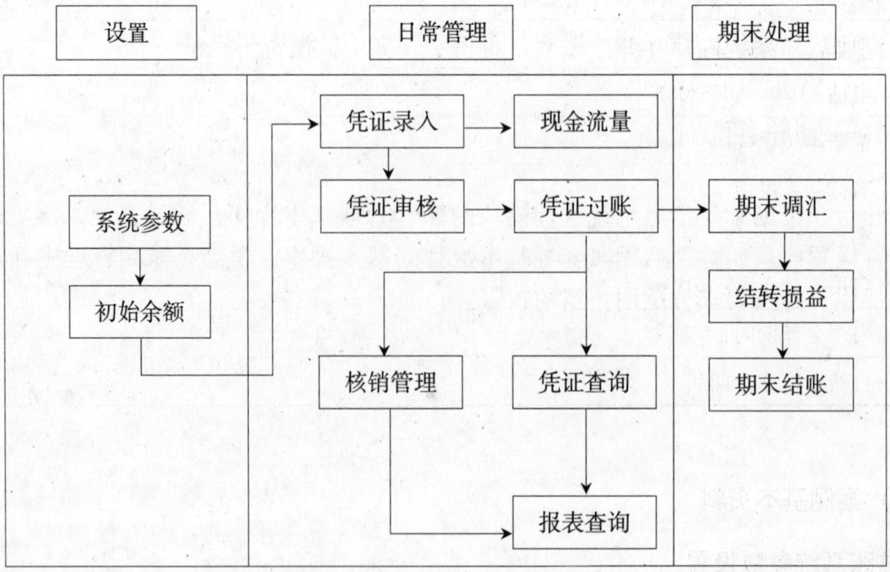

总账管理模块的实验基本流程如下：

新建账套→设置账套属性→设置系统参数→启用账套→总账模块系统设置→基础资料设置→初始数据录入→结束初始化→凭证业务的日常处理→期末调汇→自动转账→结转损益→账簿、报表→往来账核销、账龄→期末处理。

二、实验目的

通过本财务会计模块实验，了解财务会计模块的各项功能，熟悉基本操作，能够完成基础资料的设置和系统初始化，实现制作凭证、记账、结账、输出报表等。

三、实验要求

本实验要求完成的主要内容包括：

(1) 新建账套并启用账套。

(2) 总账模块的系统设置和基础资料设置、总账系统初始化。

(3) 凭证业务处理。

(4) 查询账簿、报表。

四、实验数据

(一) 新建账套基本数据

机构名称：中远笔业有限责任公司
地址：广州海珠大道 1 号
电话：020 - 88888888
记账本位币代码：RMB
名称：人民币
小数点位数：2
启用会计年度：2010 年
启用会计期间：5 期
自然年度会计期间

(二) 案例基本资料

1. 总账系统参数设置

(1) 科目设置：使用"新会计准则科目"。

(2) 启用往来业务核销功能且往来科目必须录入业务编号。

(3) 账簿余额方向和科目设置的余额方向相同。

(4) 财务采用结账法，结账要求损益科目余额为零。

(5) 凭证过账前必须审核。

(6) 现金银行存款采用赤字报警。

（7）新增凭证自动填补断号。
（8）银行存款科目必须录入结算方式和结算号。
2. 涉及外币包括

代码	名称	记账汇率	折算方式	汇率类型
UHD	港币	0.89	原币×汇率=本位币	浮动
USD	美元	6.95	原币×汇率=本位币	浮动

财务部采用“记”字凭证字，在科目范围方面没有限制。
3. 计量单位

计量单位组	默认计量单位（代码）	辅助计量单位（代码）	系数
数量组 1	支（010）	盒（011）	10
数量组 2	盒（020）	箱（021）	10
数量组 3	台（200）		
重量组 1	克（050）	千克（051）	1 000

4. 结算方式：转账

代码	名称
JF01	建行现金支票
JF03	建行转账支票
JF05	中行转账支票

5. 客户资料

客户分类代码	客户分类名称	客户代码	客户名称
01	华北区	01.01	华北百货
		01.02	河北文具公司
02	华南区	02.01	广州福井百货
		02.02	汕头巨斧文具
10	国外及港澳台地区	10.01	香港天天百货
		10.02	美国迈阿密文具公司

6. 部门

部门代码	部门名称	部门属性	成本核算类型
01	人事部	非车间	期间费用部门
03	财务部	非车间	期间费用部门
06	采购部	非车间	期间费用部门
07	办公室	非车间	期间费用部门
08	仓库	非车间	期间费用部门
09	生产车间		
09.01	笔套车间	车间	基本生产部门
09.02	笔芯车间	车间	基本生产部门
09.03	装配车间	车间	基本生产部门
10	质检部	非车间	期间费用部门
11	销售部	非车间	期间费用部门
11.01	国内销售部	非车间	期间费用部门
11.02	海外市场部	非车间	期间费用部门
13	售后服务中心	非车间	期间费用部门

7. 职员信息

职员编号	姓名	所属部门	性别
0001	杨人事	人事部	男
0002	李销售	国内销售部	女
0003	张内销	国内销售部	男
0004	王外销	海外市场部	女
0005	赵服务	售后服务中心	女
0006	张笔芯	笔芯车间	男
0007	侯笔套	笔套车间	男
0008	邓装配	装配车间	女
0009	姚质检	质检部	男
0010	周仓管	仓库	男

8. 供应商资料

供应商分类代码	供应商分类	供应商代码	供应商名称
01	华北区	01.01	北京笔具厂
		01.02	河北承德塑料厂
02	华南区	02.01	广州墨水厂
		02.02	珠海笔业附件厂
09	国外及港澳台地区	09.01	香港笔业器具公司
		09.02	美国洛杉矶笔业附件公司

9. 科目设置情况

科目代码	科目名称	外币核算	期末调汇	数量金额/往来/受控	核算项目
1002	银行存款	所有币别	√		
1002.01	建设银行	人民币			
1002.02	中国银行	美元	√		
1002.03	工商银行	港币	√		
1122	应收账款			受控：应收应付	客户
1221	其他应收账款			往来业务核算、计息 10%	职员
2202	应付账款			受控：应收应付	供应商
6602	管理费用				
6602.01	通信费				部门、职员

科目代码：1241	科目类别：流动资产	余额方向：借
科目名称：自制半成品	外币核算：不核算	核算项目：物料

10. 物料设置

科目代码	名称	物料属性	计量单位组	计价方法	存货科目代码	销售收入科目代码	销售成本科目代码
01	原材料						
01.001	PV 材料	外购	重量组 1	加权平均法	1403	6051	6402
01.002	墨汁	外购	重量组 1	加权平均法	1403	6051	6402
01.003	商标	外购	数量组 1	加权平均法	1403	6051	6402
02	半成品						

（续上表）

科目代码	名称	物料属性	计量单位组	计价方法	存货科目代码	销售收入科目代码	销售成本科目代码
02.001	笔套	自制	数量组1	加权平均法	1241	6001	6401
02.002	笔芯	自制	数量组1	加权平均法	1241	6001	6401
03	产成品						
03.001	精品笔	自制	数量组1	分批认定法	1405	6001	6401
03.002	纪念笔	自制	数量组1	分批认定法	1405	6001	6401

11. 初始数据录入

（1）科目期初初始数据。

科目代码	科目名称	原币×汇率/往来/数量×单价	本年累计借方	本年累计贷方	方向	期初余额	实际损益发生额
1001	库存现金		90 000	20 000	借	100 200	
1002	银行存款						
1002.01	建设银行		459 598	40 500	借	532 580	
1002.02	中国银行	5 300×6.95			借	36 835	
1002.03	工商银行	15 800×0.89			借	14 062	
1121	应收票据		98 000		借	98 000	
1122	应收账款						
	华北百货				借	60 000	
1403	原材料		56 000	56 000	借	55 230	
1405	库存商品				借	580 260	
1601	固定资产				借	9 508 900	
1602	累计折旧			53 000	贷	183 850	
2001	短期借款				贷	1 182 929	
2202	应付账款						
	北京笔具厂			1 402 098	贷	1 402 098	
2211	应付职工薪酬				贷	895 600	
2221	应交税费				贷	1 388 790	
4001	实收资本		900 000		贷	5 900 800	
4103	本年利润		168 000	200 000	贷	32 000	
6001	主营业务收入		300 000	300 000			300 000
6401	主营业务成本		120 110	120 110			120 110
	合计		2 191 708	2 191 708	借	10 986 067	
					贷	10 986 067	

（2）现金流量表初始数据。

项目	行次	金额
经营活动产生的现金流量		
销售商品、提供劳务收到的现金	1	102 300
购买商品、接受劳务支付的现金	5	62 000
支付给职工以及为职工支付的现金	6	32 000
经营活动产生的现金流量净额	10	8 300
现金及现金等价物的净增加额	35	8 300
补充资料		
将净利润调节为经营活动现金流量		
净利润	36	32 000
经营性应付项目增加	50	1 402 098
经营活动产生的现金流量净额	52	83 000
现金及现金等价物净增加情况		
现金的期末余额	56	206 654
减：现金的期初余额	57	123 654
现金及现金等价物的净增加额	60	83 000

12. 基本业务数据

业务类别	业务描述	日期	凭证号	摘要	科目
提现类	提现 10 000 备用，支票号 124	5. 1	记 1	提现	借：库存现金 10 000 贷：建设银行 10 000
核算项目类	杨人事还欠款 500，编码 0010	5. 9	记 2	收个人款	借：库存现金 500 贷：其他应收款 500
数量金额类	购入 PV 材料 200 元 × 100 千克，0223 转账支付	5. 12	记 3	购材料	借：原材料——PV 材料 20 000 贷：建设银行 20 000
外币业务类	收外商投资 5 000 美元，电汇 153	5. 15	记 4	接受投资	借：中国银行 34 750 贷：实收资本 34 750
多核算项目类	报销管理人员通信费 100	5. 16	记 5	报通信费	借：管理费用—通信—销售部—李销售 100 贷：库存现金 100
普通	为客户服务收入 2 500，结算号 0022	5. 17	记 6	其他业务收入	借：建设银行 2 500 贷：其他业务收入 2 500
普通	结转工资 3 000 建行结算号 005	5. 25	记 7	工资	借：管理费用 3 000 贷：应付职工薪酬 3 000
普通	修理设备，转账建行结算号 009	5. 27	记 8	修理设备	借：制造费用 5 000 贷：建设银行 5 000

五、实验步骤

1. **新建并启用账套**

录入用户资料等数据，具体步骤参阅实验一：账套管理实验。

2. **进入【系统设置】界面**

点击【程序】→【金蝶 K3】→【金蝶 K3 主控台】，用“administrator”身份登录系统，进入【系统设置】界面。

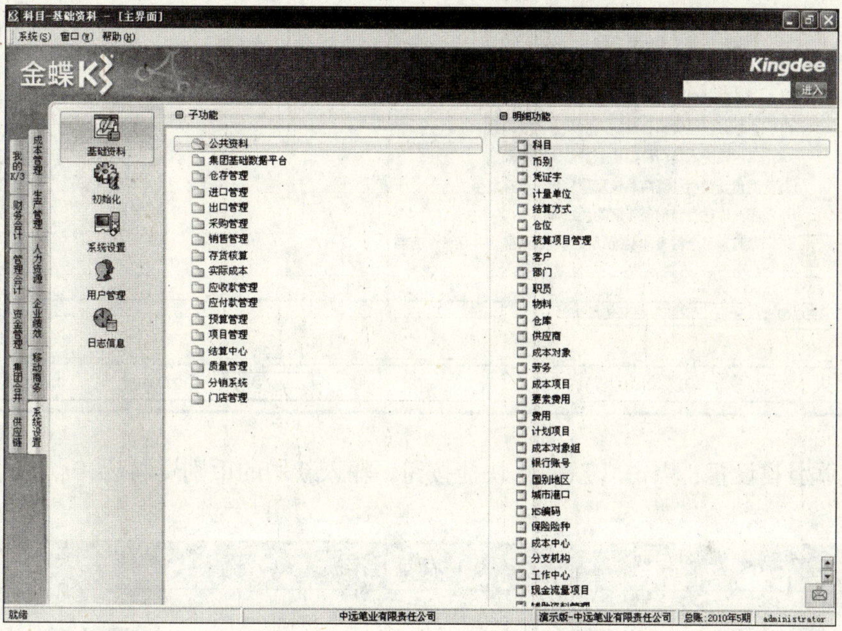

3. **点击【系统设置】→【公共基础资料】，开始设置公共资料**

（1）【科目】设置：打开【文件】菜单下【从模板引入科目】，按照向导默认要求，全选所有科目，完成科目资料。

点击【系统设置】→【总账】→【系统参数】，打开“系统参数”窗口，设置总账相关参数。

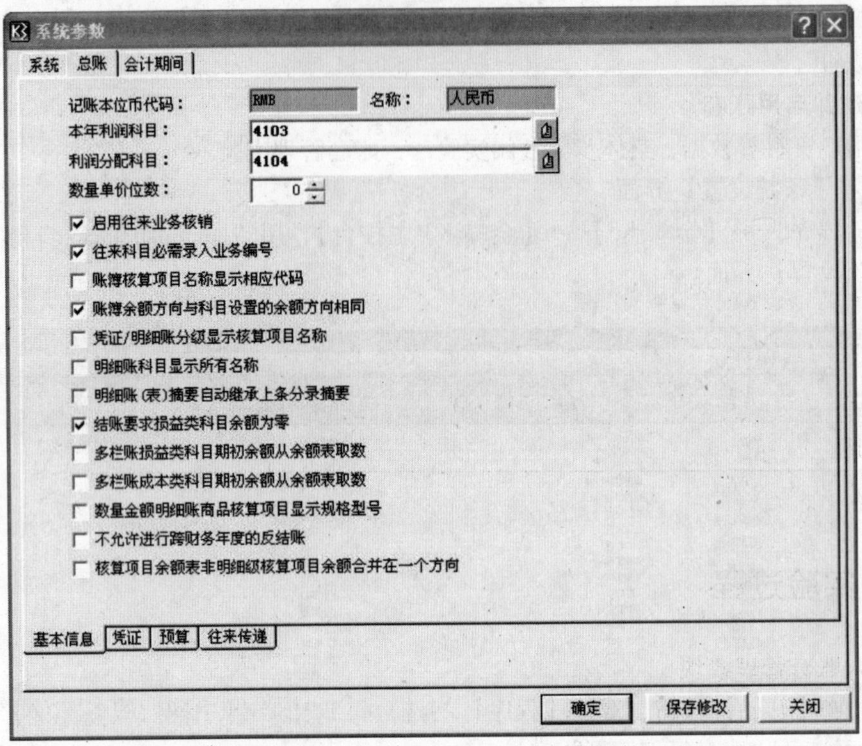

(2)【币别】设置：点击【新增】快捷按钮，输入新增的币别资料后，点击【确定】。

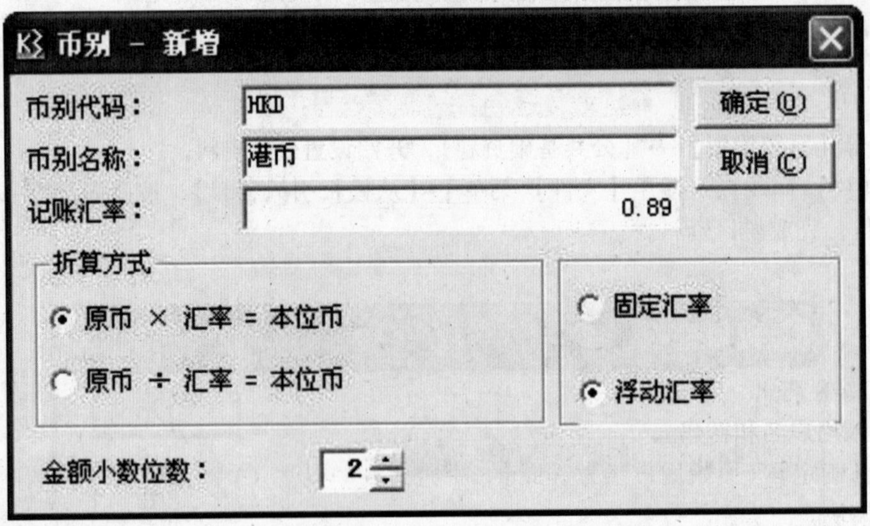

完成币别资料结果如下：

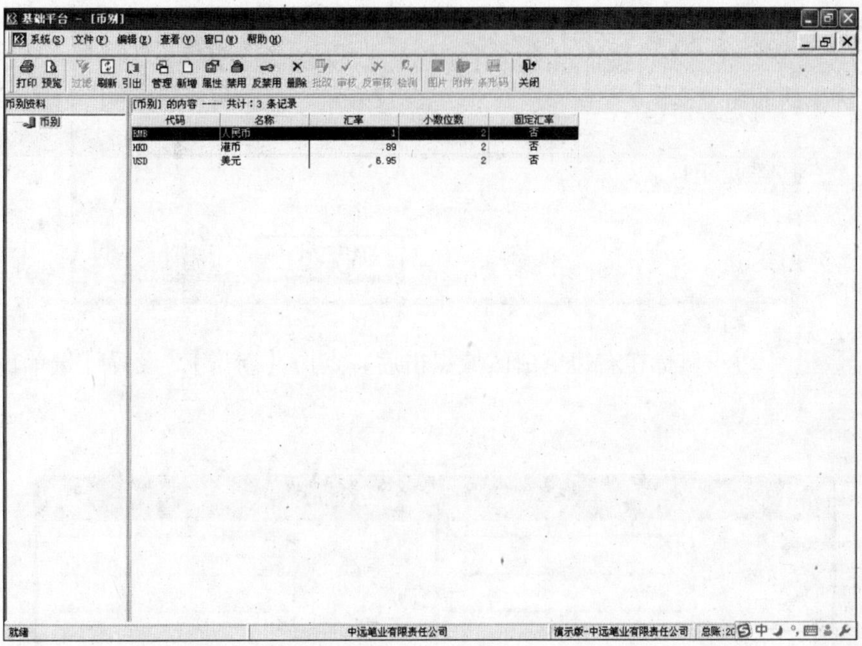

（3）选择【系统设置】→【基础资料】→【公共资料】→【凭证字】，点击【新增】，输入凭证字，完成后点击【确定】，再点击【关闭】，关闭凭证字设置窗口。

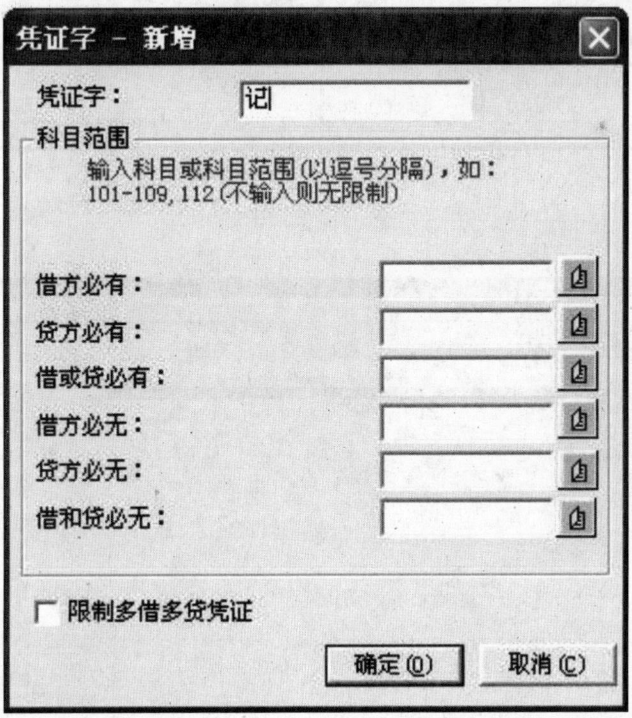

（4）选择【系统设置】→【基础资料】→【公共资料】→【计量单位】，点击【新增】，输入新增的“数量组1”。

选择【数量组1】，鼠标在右边空白区域点击后，点击【新增】，设置计量单位和辅助计量单位。

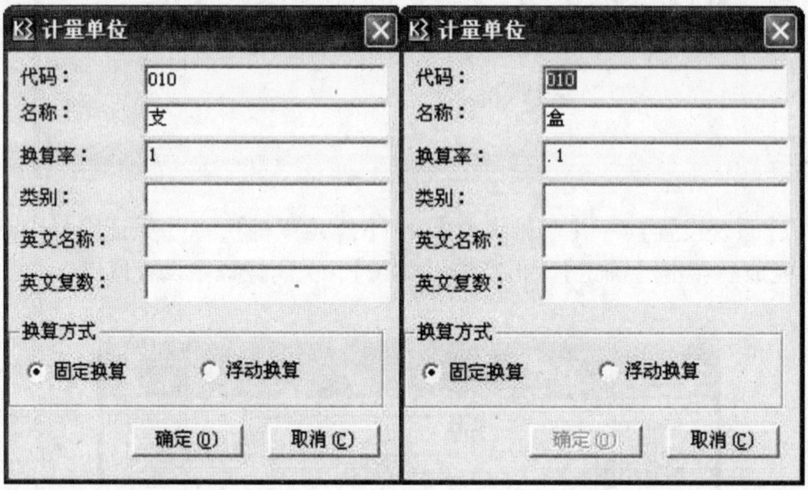

完成后，结果如下：

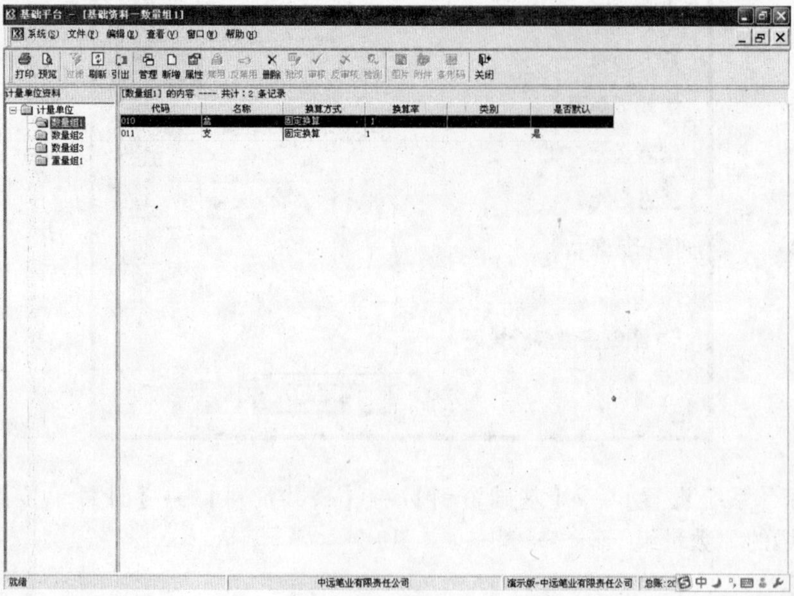

点击【关闭】，关闭计量单位设置窗口。

（5）选择【系统设置】→【基础资料】→【公共资料】→【结算方式】，点击【新增】，输入资料并点击【确定】。

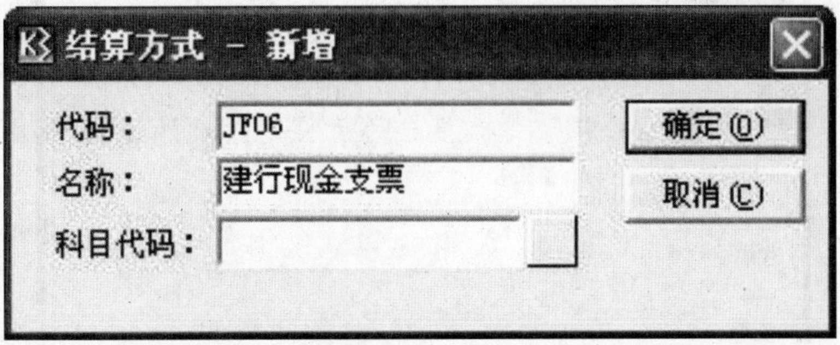

设置结果如下，点击【关闭】，关闭该窗口。

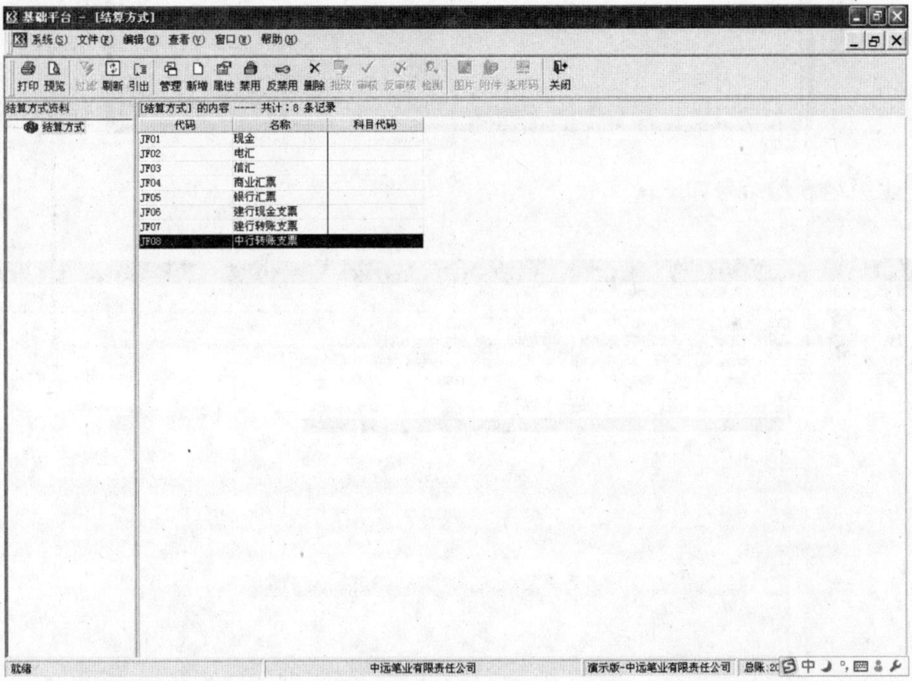

（6）选择【系统设置】→【基础资料】→【公共资料】→【客户】，点击工具栏【新增】按钮，打开“客户－新增”窗口，点击【上级组】，输入客户分类名称和代码，点击【保存】按钮后，单击【退出】。

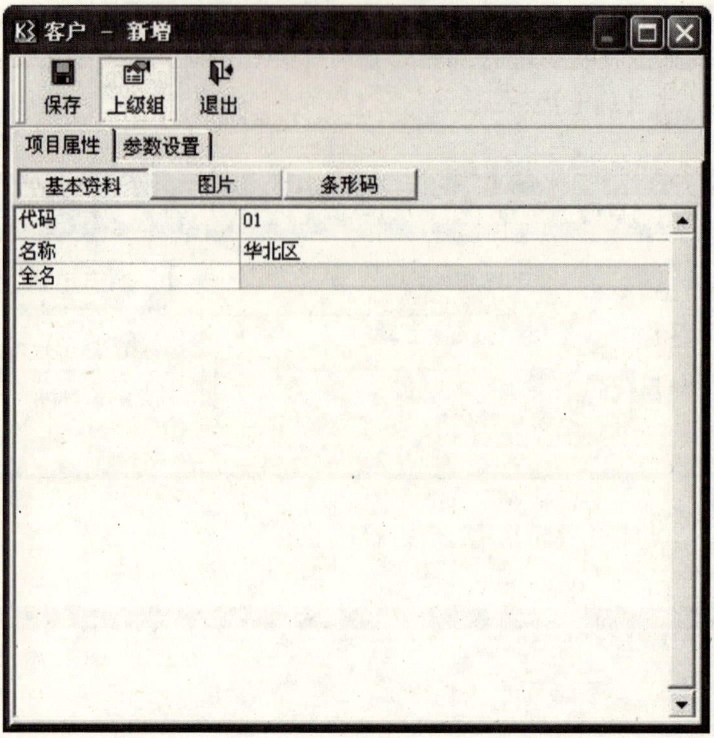

客户上级组新增结果如下：

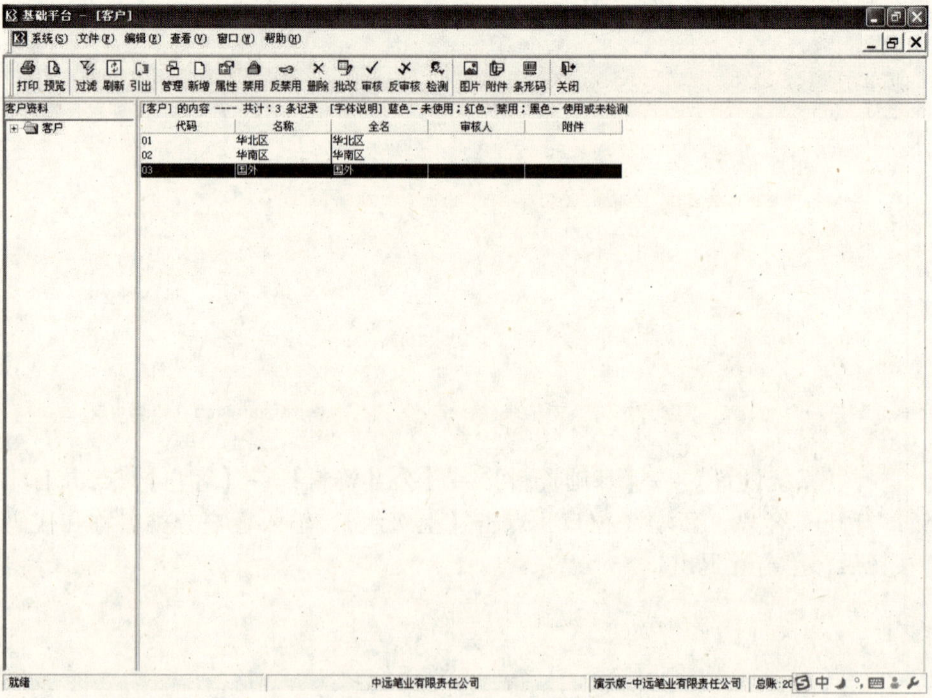

增加完毕上级组后，点击【新增】，增加客户资料。

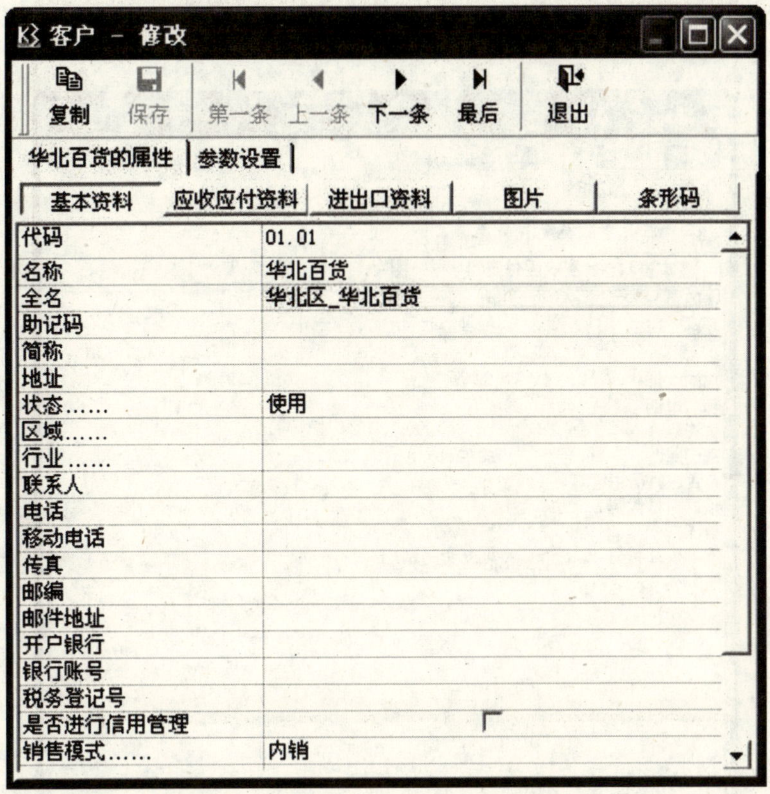

客户资料录入完毕后，界面如下，点击【关闭】，关闭该窗口。

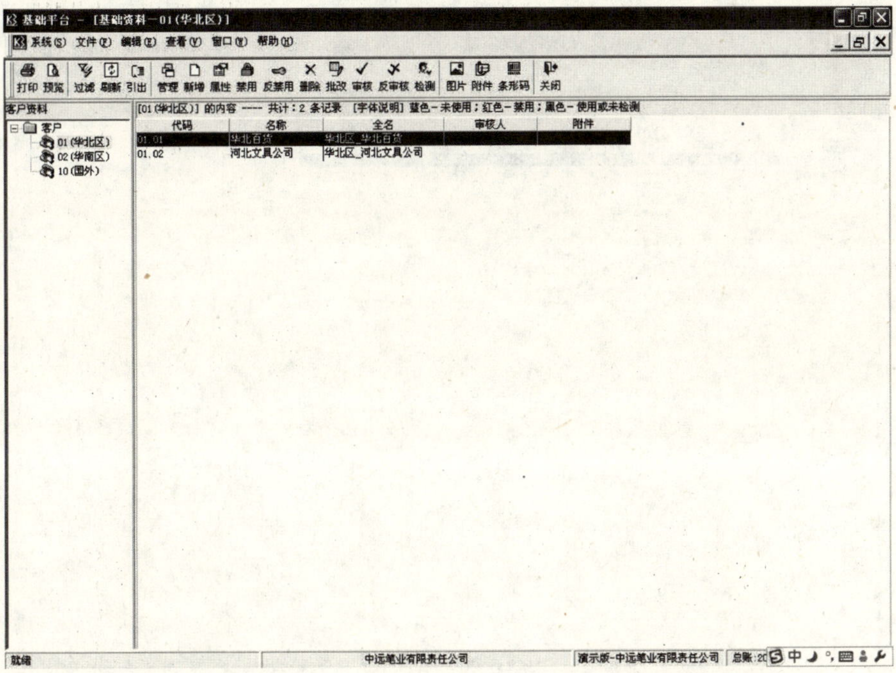

（7）选择【系统设置】→【基础资料】→【公共资料】→【部门】，点击【新增】，输

入部门相关资料，注意正确设置部门的属性和核算类型。

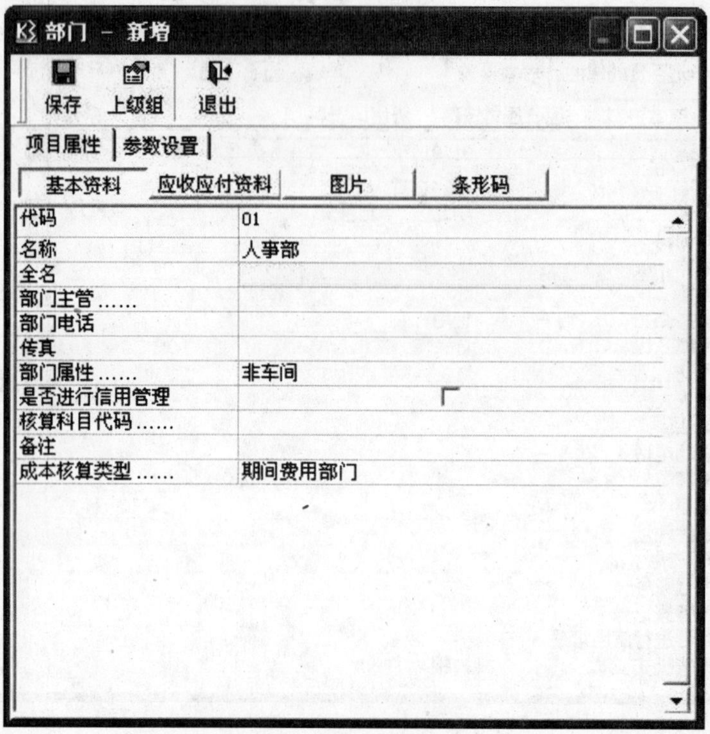

部门设置结果如下，点击【关闭】，退出部门设置界面。

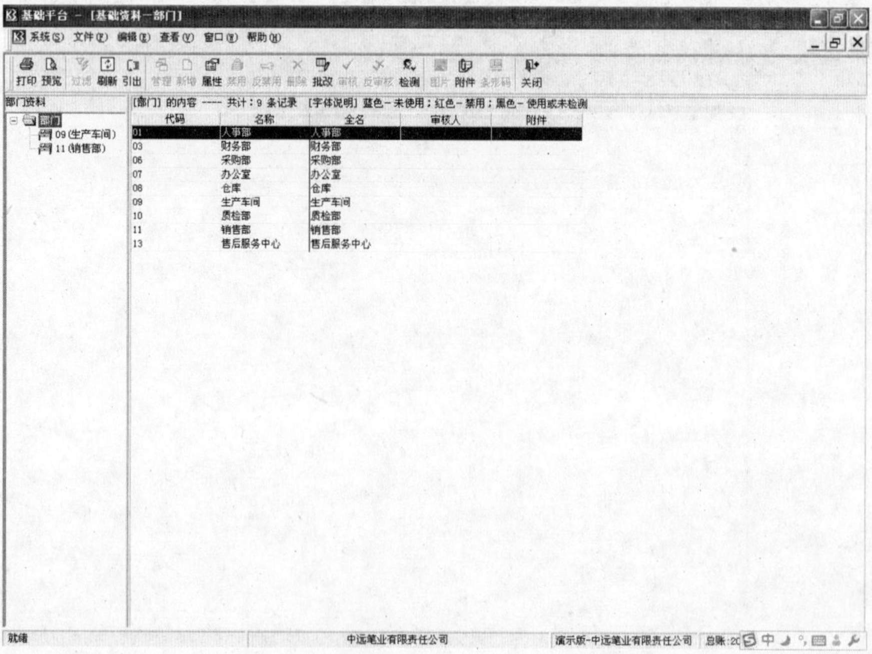

（8）选择【系统设置】→【基础资料】→【公共资料】→【职员】，点击【新增】，进

入职员新增窗口，正确设置职员信息后，单击【保存】。

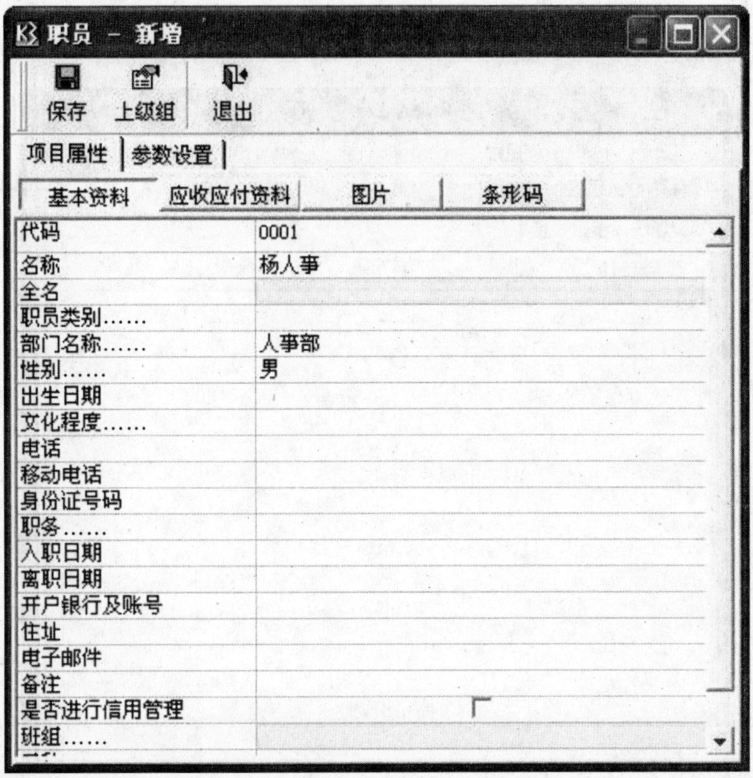

完成后的结果如下，点击【关闭】，退出该界面。

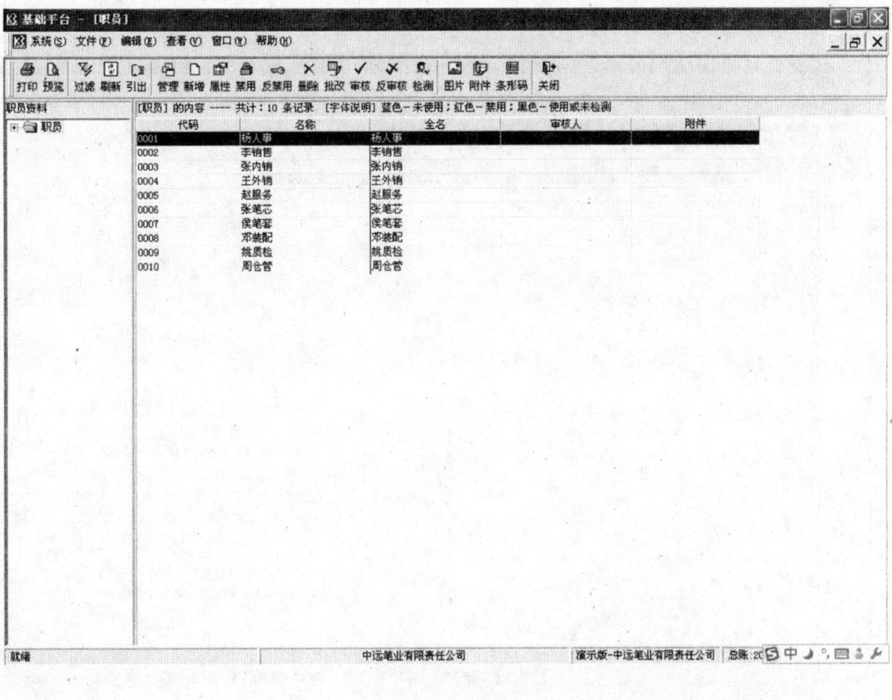

(9) 选择【系统设置】→【基础资料】→【公共资料】→【供应商】，点击【新增】，打开“供应商-新增”窗口，点击【上级组】，输入供应商分类资料后点击【保存】，输入完毕后点击【退出】。

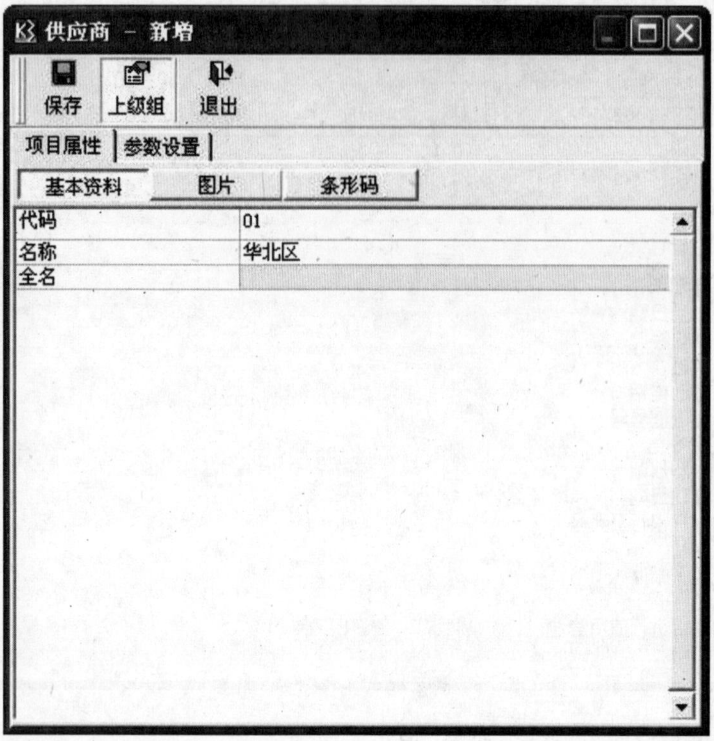

点击【新增】按钮，增加供应商资料，完成结果如下，点击【关闭】，退出该界面。

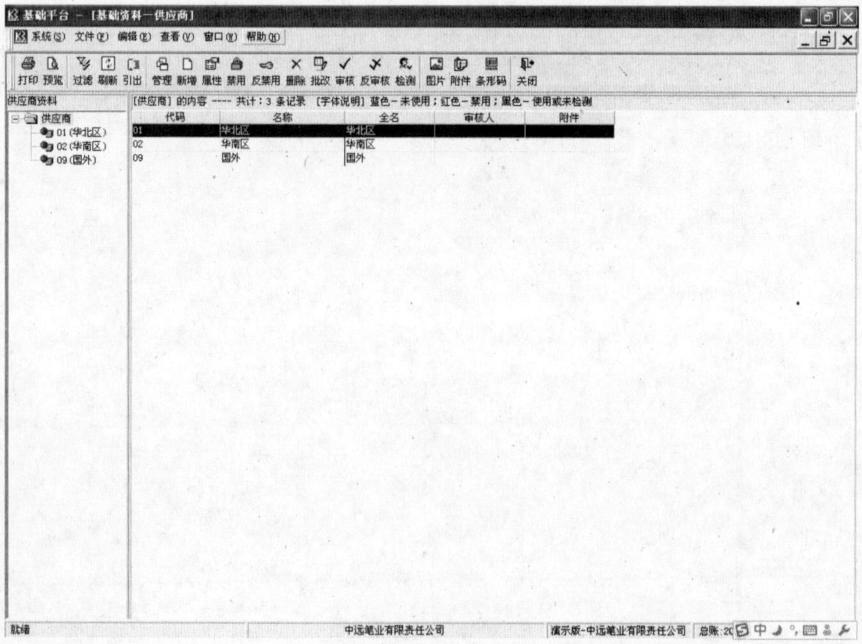

（10）选择【系统设置】→【基础资料】→【公共资料】→【科目】，双击某科目，进行属性设置。如双击【银行存款】，修改“外币核算”属性，勾选“期末调汇”选项，完成后点击【保存】及【退出】。

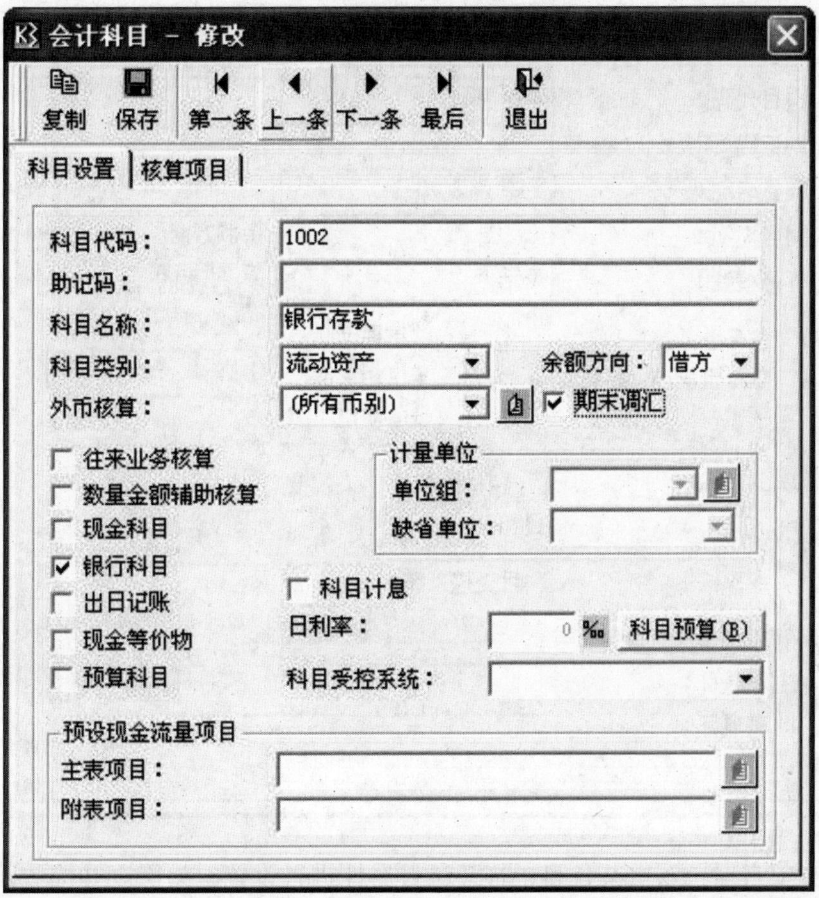

点击【新增】，打开“会计科目 - 新增”窗口，录入新增的科目代码及其属性设置后点击【保存】，再点击【退出】。

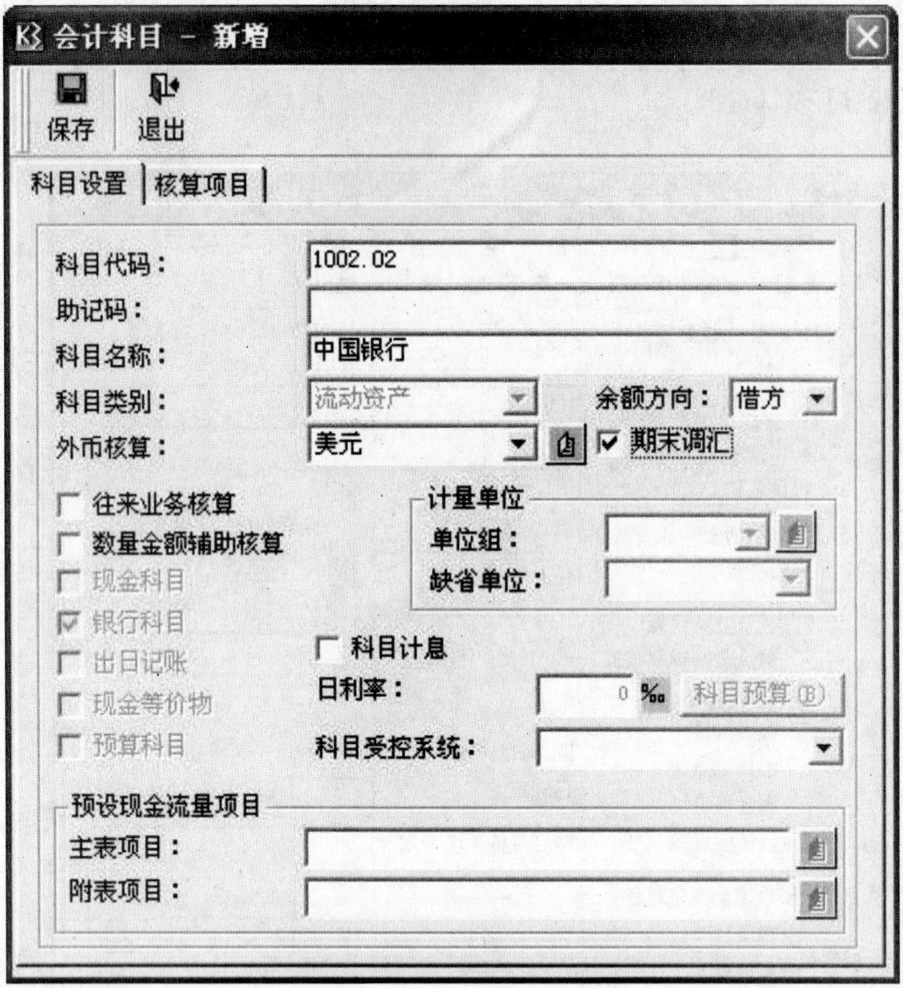

设置核算项目时，双击某科目，打开科目属性进行设置。如修改【应收账款】，双击【应收账款】科目，选择“科目受控系统”：应收应付；点击【核算项目】，选择【增加核算项目类别】，选择【客户】后点击【确定】、【保存】及【退出】。全部完成后，点击【关闭】退出科目界面。

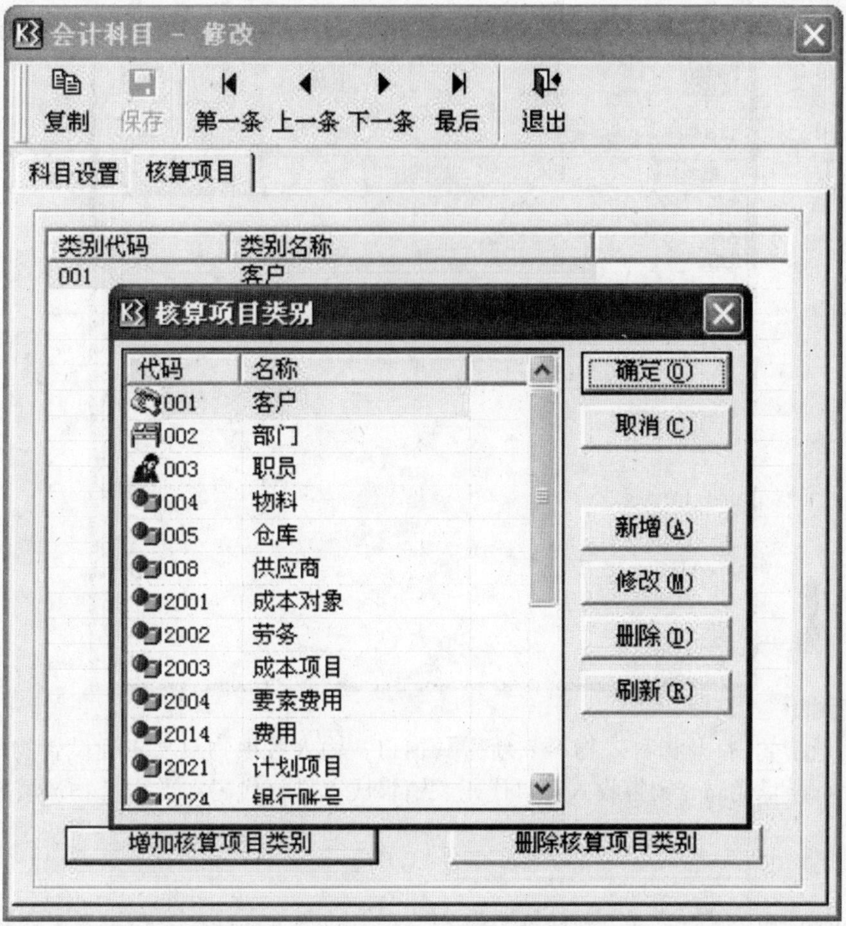

（11）选择【系统设置】→【基础资料】→【公共资料】→【物料】，点击【新增】，打开“物料－新增”窗口，点击【上级组】，输入原材料、半成品、产成品三大类别资料，完成后点击【保存】，再点击【退出】。

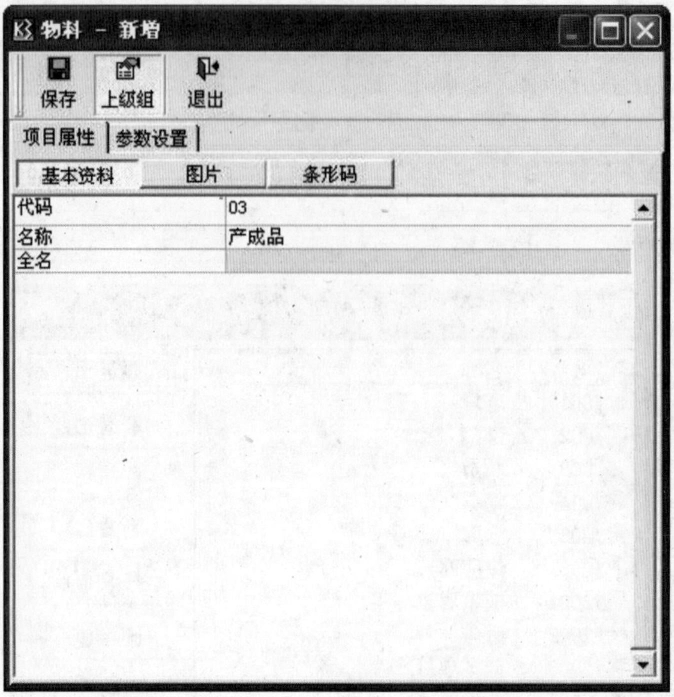

单击【新增】，打开物料“物料－新增”窗口，输入各项物料并正确设置物料属性，计价方法、存货科目代码、销售收入科目代码、销售成本科目代码在点击【物流资料】后录入即可。如：

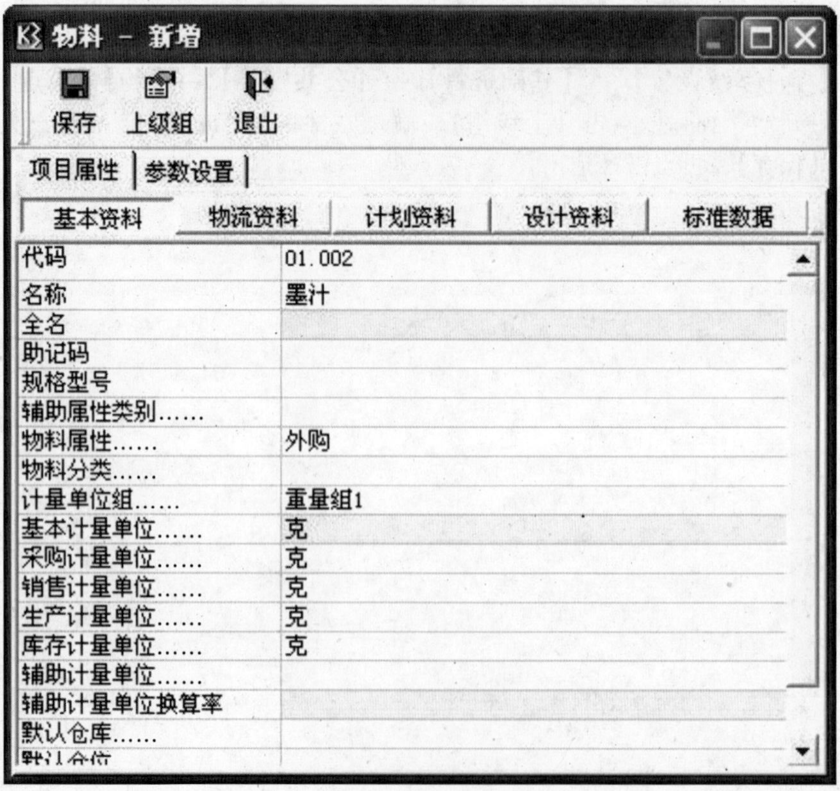

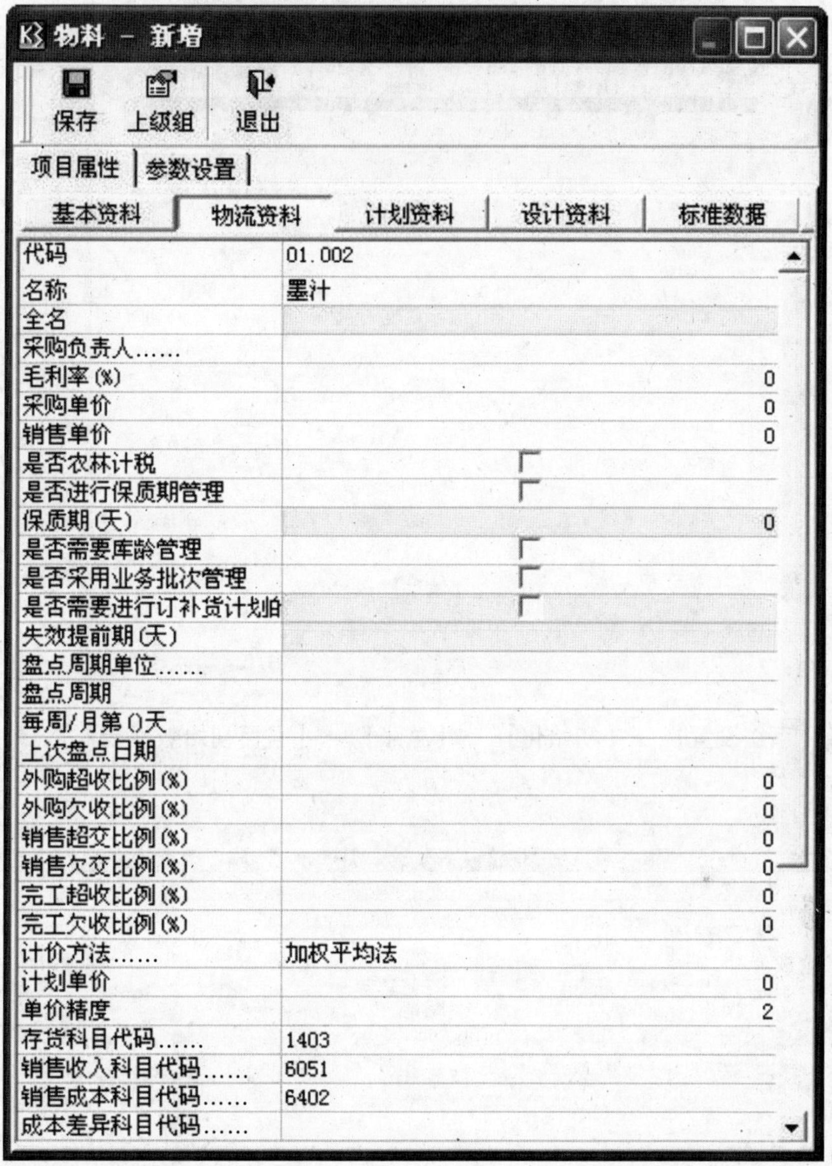

物料资料设置完成后，界面如下，点击【关闭】，退出“基础资料－01（原材料）”界面。

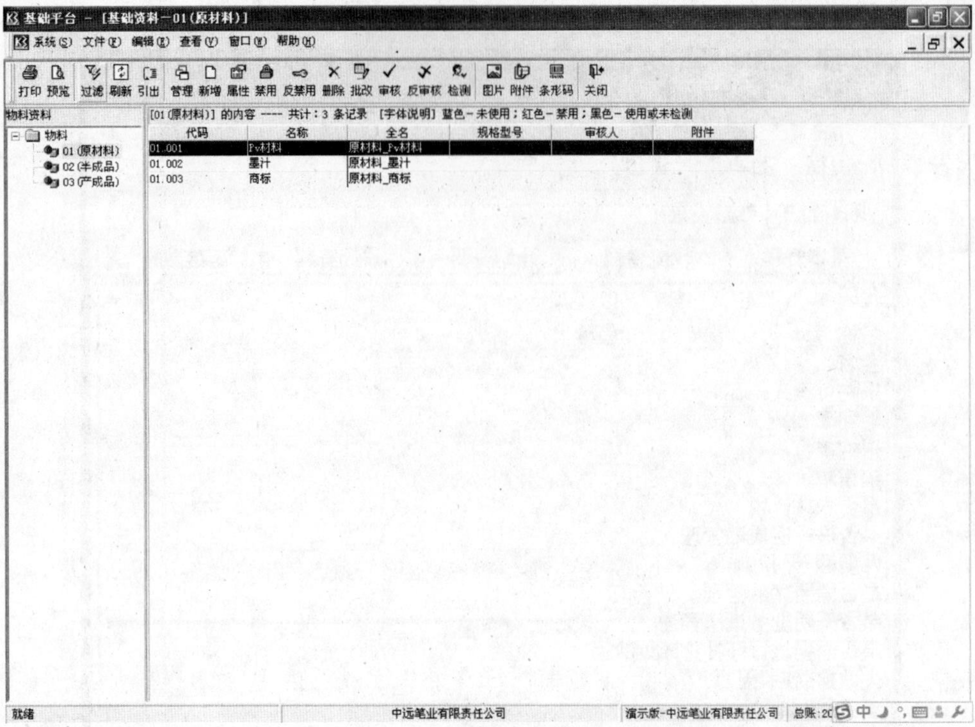

4. **选择【系统设置】→【初始化】→【总账】→【科目初始数据录入】，录入相关科目的余额**

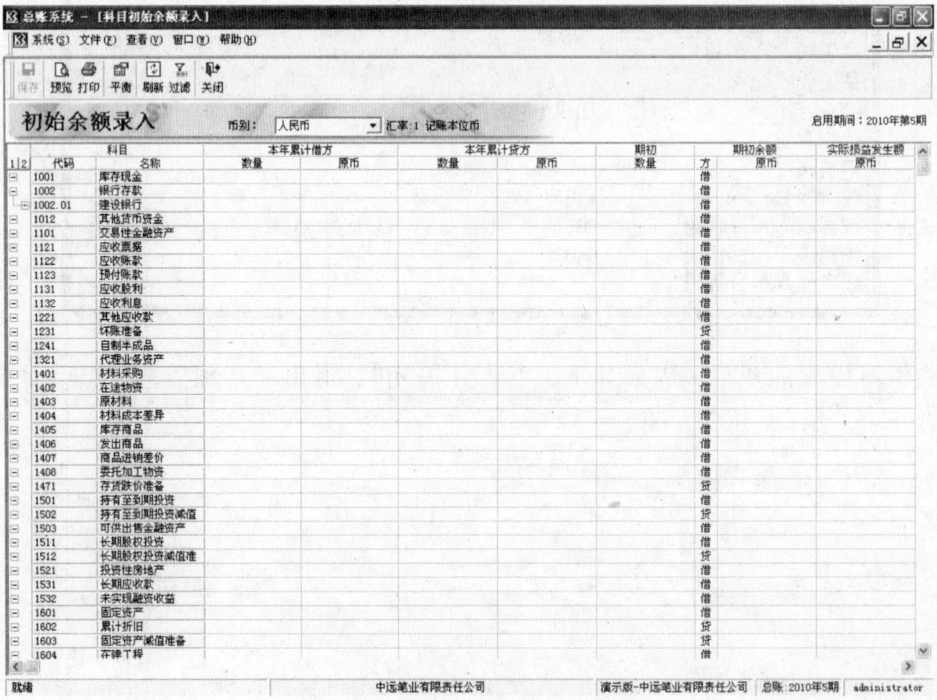

单击【币别】下拉框，选择不同的币别，录入相关数据。

如果科目设置了核算项目，点击核算项目栏的“√”，打出“核算项目初始余额录入”，录入相关科目余额，完成后点击【保存】并关闭窗口。如需继续录入，点击【插入】，完成录入后点击【保存】并关闭窗口。

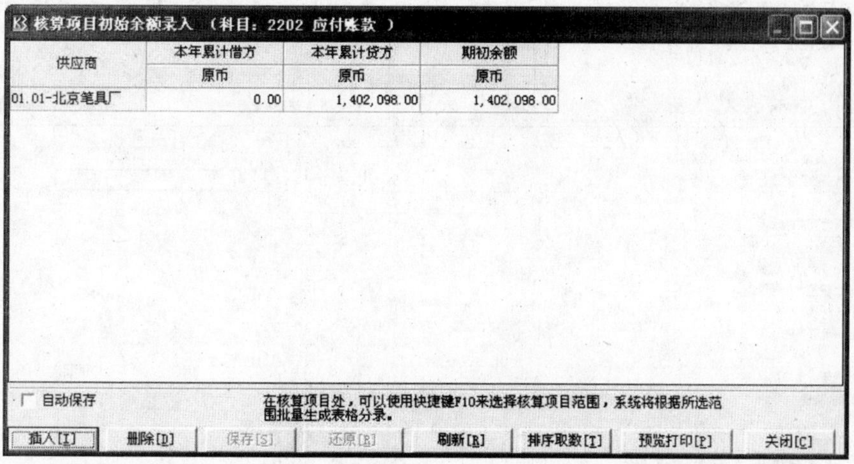

数据录入完成后，在【币别】下拉框选择【综合本位币】，汇总各币别数据，然后点击工具栏【平衡】按钮，试算平衡窗口的“差额”栏为零时说明试算平衡，此时，本年累计贷方和本年累计借方相等。

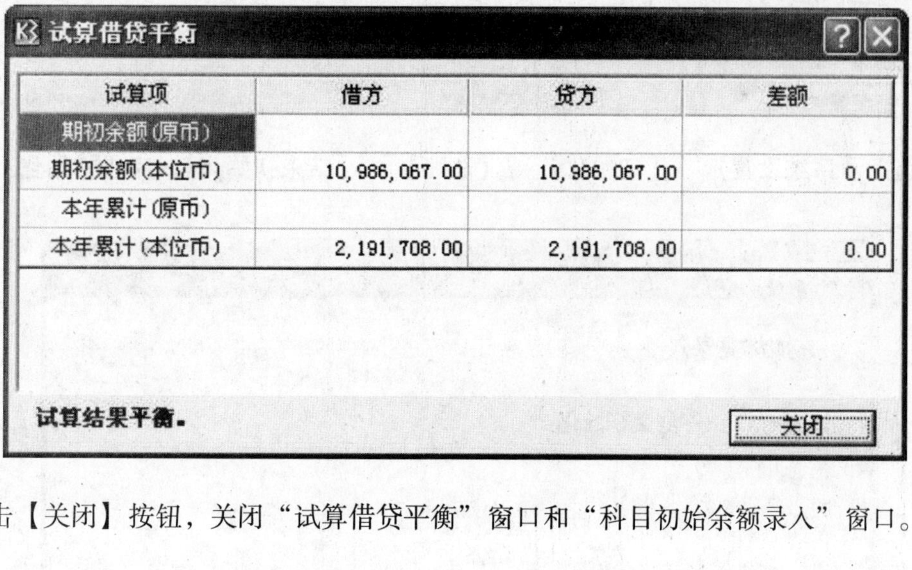

点击【关闭】按钮，关闭“试算借贷平衡”窗口和“科目初始余额录入”窗口。

5. 选择【系统设置】→【初始化】→【总账】→【现金流量初始数据录入】，打开“现金流量初始数据录入”窗口，选择相应的【币别】，录入相关余额

6. 选择【系统设置】→【初始化】→【总账】→【结束初始化】，完成初始化

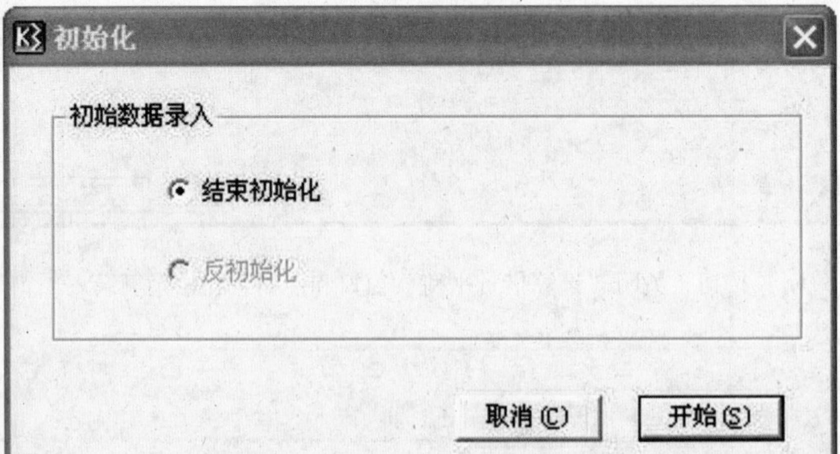

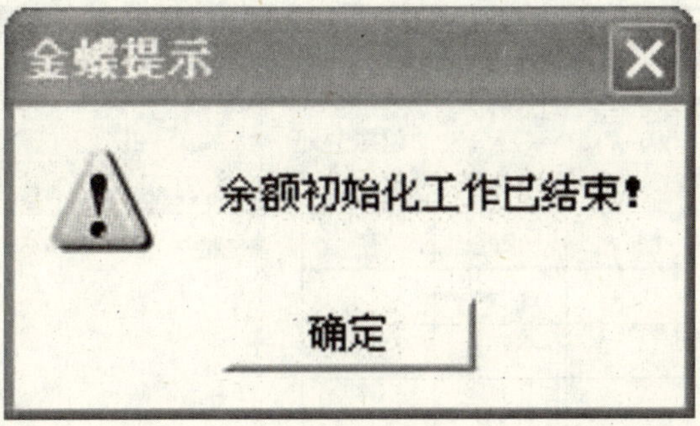

初始化完成后，数据将不可更改。如果检查录入数据有误，可以选择【系统设置】→【初始化】→【总账】→【反初始化】，取消初始化，修改数据后重新设置初始化状态。

7. 总账系统的日常业务处理

选择【财务会计】→【总账】→【凭证处理】→【凭证录入】，录入案例数据的相关业务内容。

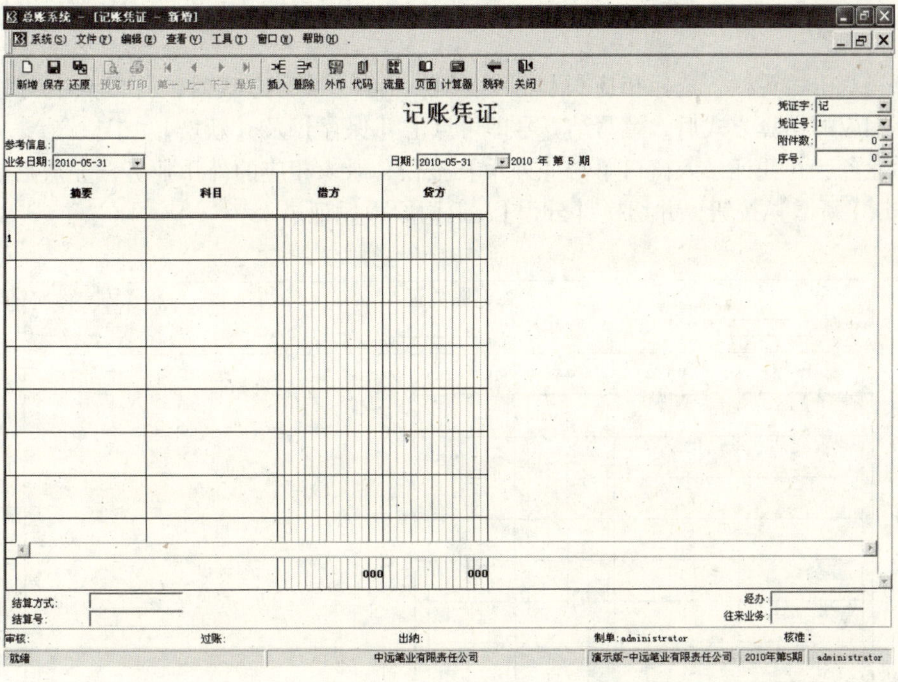

点击凭证【日期】的下拉菜单，选择日期，然后录入摘要、科目、金额等内容后点击【保存】。

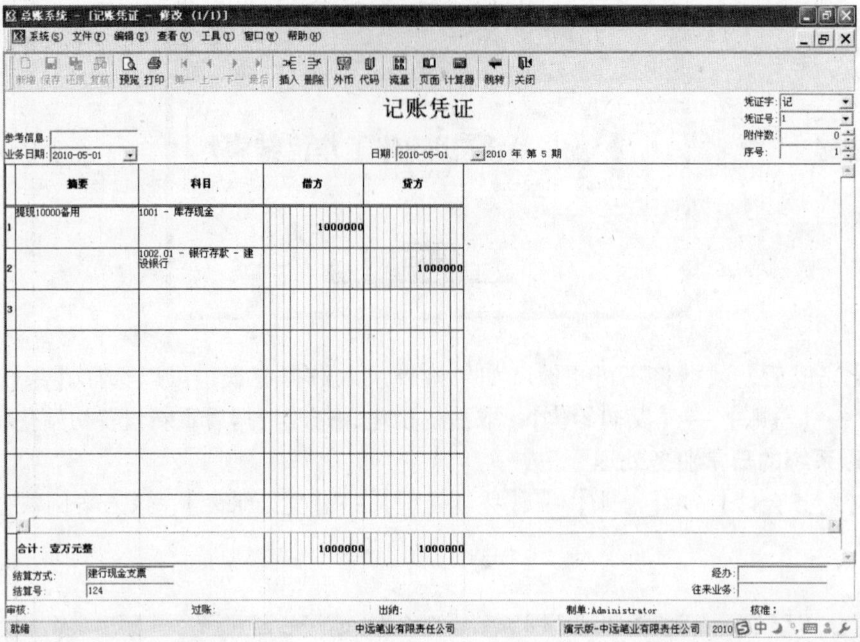

注意：双击科目栏，选择相应科目录入科目、输入结算方式时，可以点击【查询】按钮，选择相应的结算方式后，填写结算号即可点击【保存】及【新增】。

外币业务：在凭证录入窗口单击【外币】按钮，录入相应的外币业务，完成后点击【保存】，点击【新增】按钮，并切换【外币】，返回原币凭证录入。

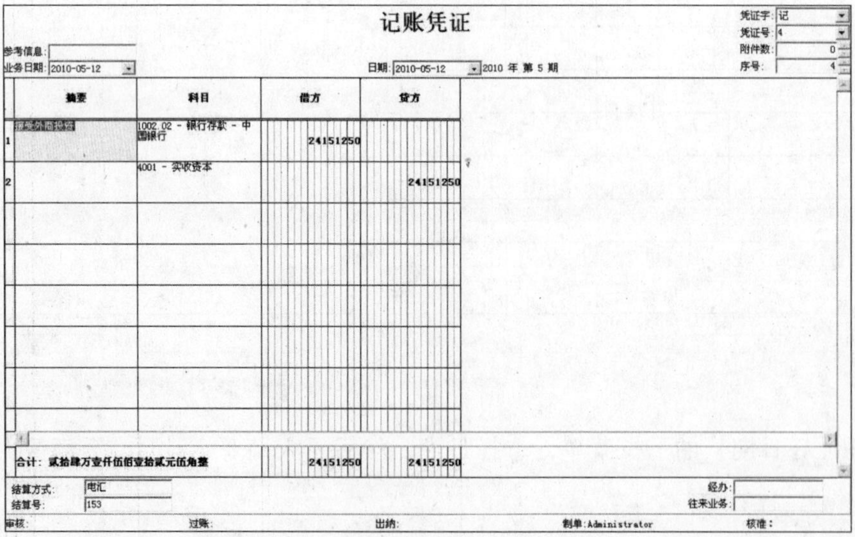

多核算项目类业务：选择相应的核算项目录入后点击【保存】，再点击【新增】，录入下一张凭证。

凭证录入完毕后，点击【财务会计】→【总账】→【凭证处理】→【凭证查询】，在弹出窗口点击【确定】，按照默认过滤条件进行查询，打开“凭证查询”窗口。

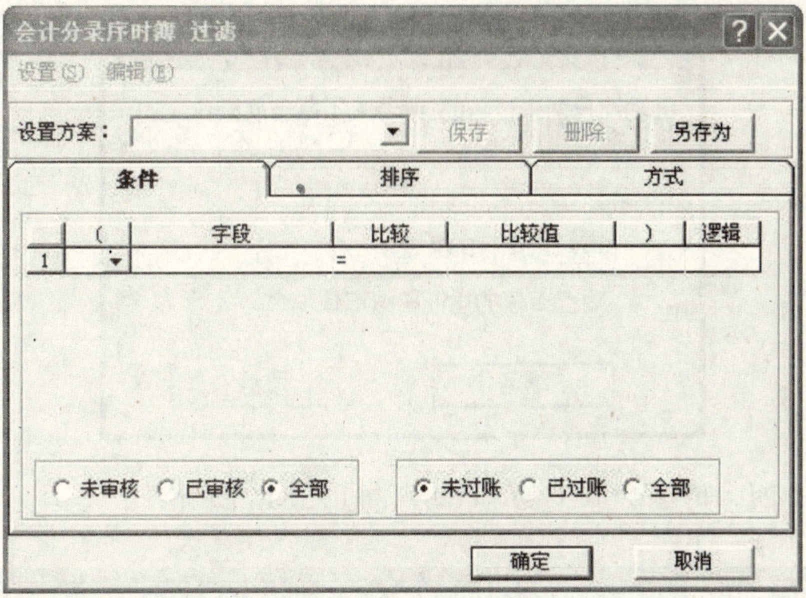

在“凭证查询”窗口可以查询、修改、删除凭证。

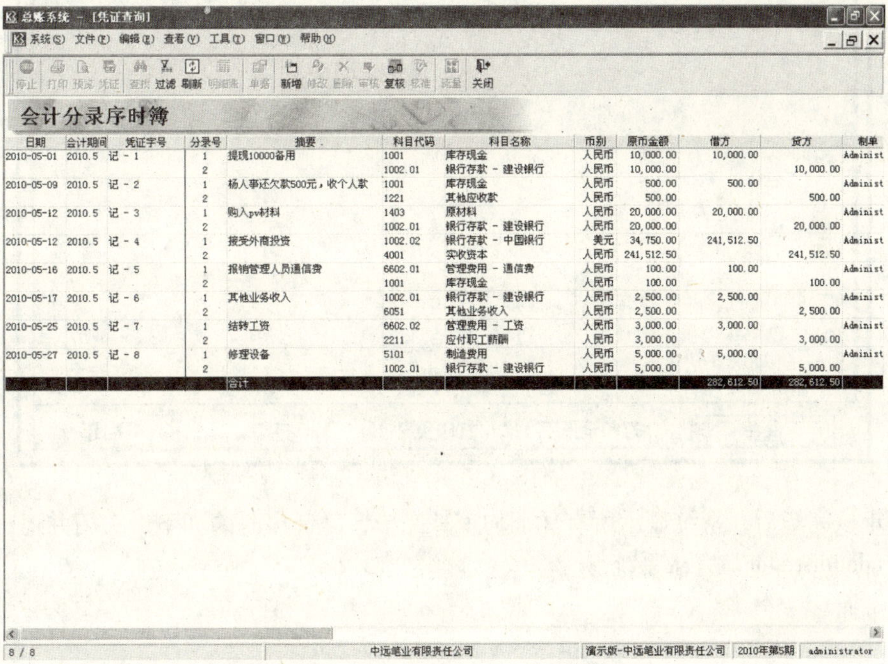

日期	会计期间	凭证字号	分录号	摘要	科目代码	科目名称	币别	原币金额	借方	贷方	制单
2010-05-01	2010.5	记 - 1	1	提现10000备用	1001	库存现金	人民币	10,000.00	10,000.00		Administ
			2		1002.01	银行存款 - 建设银行	人民币	10,000.00		10,000.00	
2010-05-09	2010.5	记 - 2	1	杨人事还欠款500元，收个人款	1001	库存现金	人民币	500.00	500.00		Administ
			2		1221	其他应收款	人民币	500.00		500.00	
2010-05-12	2010.5	记 - 3	1	购入pv材料	1403	原材料	人民币	20,000.00	20,000.00		Administ
			2		1002.01	银行存款 - 建设银行	人民币	20,000.00		20,000.00	
2010-05-12	2010.5	记 - 4	1	接受外商投资	1002.02	银行存款 - 中国银行	美元	34,750.00	241,512.50		Administ
			2		4001	实收资本	人民币	241,512.50		241,512.50	
2010-05-16	2010.5	记 - 5	1	报销管理人员通信费	6602.01	管理费用 - 通信费	人民币	100.00	100.00		Administ
			2		1001	库存现金	人民币	100.00		100.00	
2010-05-17	2010.5	记 - 6	1	其他业务收入	1002.01	银行存款 - 建设银行	人民币	2,500.00	2,500.00		Administ
			2		6051	其他业务收入	人民币	2,500.00		2,500.00	
2010-05-25	2010.5	记 - 7	1	结转工资	6602.02	管理费用 - 工资	人民币	3,000.00	3,000.00		Administ
			2		2211	应付职工薪酬	人民币	3,000.00		3,000.00	
2010-05-27	2010.5	记 - 8	1	修理设备	5101	制造费用	人民币	5,000.00	5,000.00		Administ
			2		1002.01	银行存款 - 建设银行	人民币	5,000.00		5,000.00	
				合计					282,612.50	282,612.50	

(1) 凭证审核：可以选择“审核”或者“成批审核”两种方式。

审核：更换操作员，选择财务主管“alank”登录系统，选择【财务会计】→【总账】→【凭证处理】→【凭证查询】，选择“会计分录序时簿”中需要审核的凭证，点击【审核】按钮，即可完成该凭证审核，然后【关闭】或者选择【下一个】进行审核。

成批审核：更换操作员，选择财务主管“alank”登录系统，选择【财务会计】→【总账】→【凭证处理】→【凭证查询】，选择【编辑】菜单中的【成批审核】。

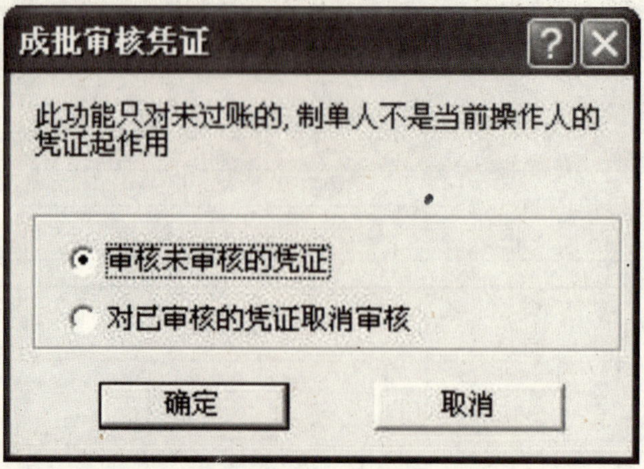

点击【确定】，审核结果即可显示如下，点击【关闭】完成审核。

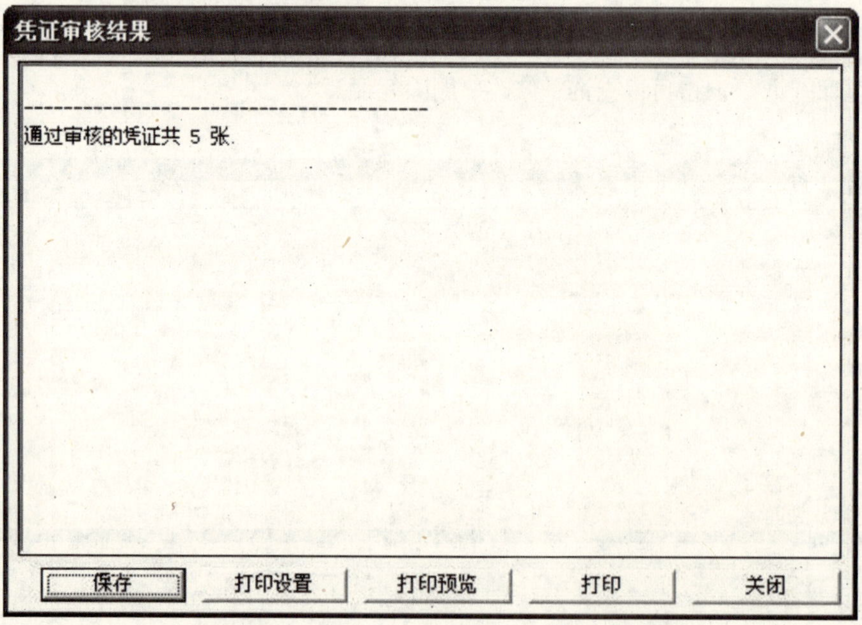

凭证审核完毕后，系统显示所有凭证均审核完毕，凭证序时簿如下，关闭并退出系统后，更换为“administrator”登录系统。

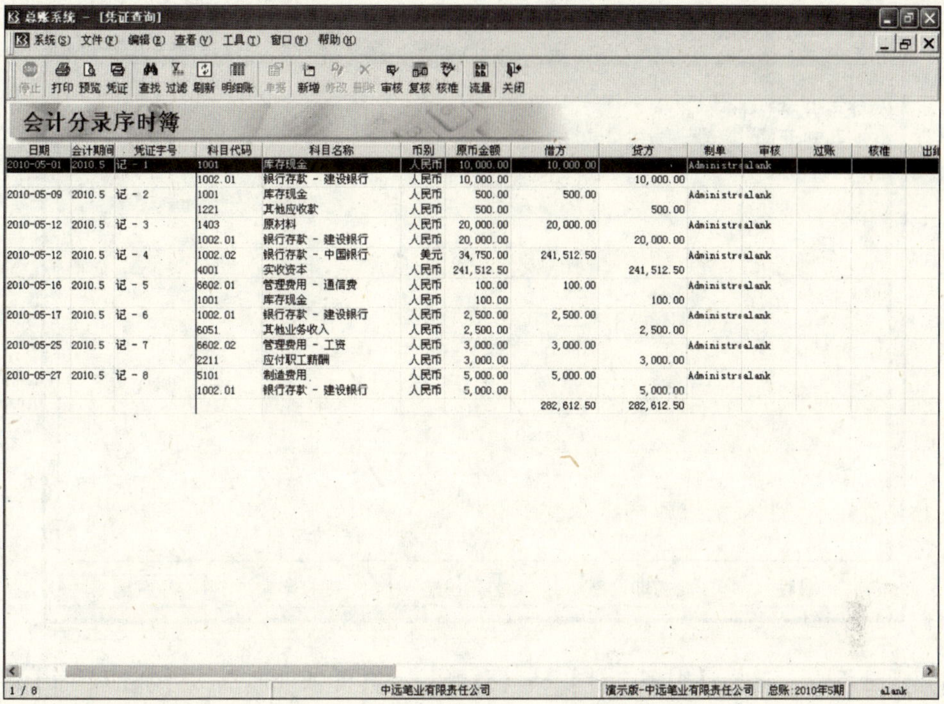

日期	会计期间	凭证字号	科目代码	科目名称	币别	原币金额	借方	贷方	制单	审核	过账	核准
2010-05-01	2010.5	记 - 1	1001	库存现金	人民币	10,000.00	10,000.00		Administr	alank		
			1002.01	银行存款 - 建设银行	人民币	10,000.00		10,000.00				
2010-05-09	2010.5	记 - 2	1001	库存现金	人民币	500.00	500.00		Administr	alank		
			1221	其他应收款	人民币	500.00		500.00				
2010-05-12	2010.5	记 - 3	1403	原材料	人民币	20,000.00	20,000.00		Administr	alank		
			1002.01	银行存款 - 建设银行	人民币	20,000.00		20,000.00				
2010-05-12	2010.5	记 - 4	1002.02	银行存款 - 中国银行	美元	34,750.00	241,512.50		Administr	alank		
			4001	实收资本	人民币	241,512.50		241,512.50				
2010-05-16	2010.5	记 - 5	6602.01	管理费用 - 通信费	人民币	100.00	100.00		Administr	alank		
			1001	库存现金	人民币	100.00		100.00				
2010-05-17	2010.5	记 - 6	1002.01	银行存款 - 建设银行	人民币	2,500.00	2,500.00		Administr	alank		
			6051	其他业务收入	人民币	2,500.00		2,500.00				
2010-05-25	2010.5	记 - 7	6602.02	管理费用 - 工资	人民币	3,000.00	3,000.00		Administr	alank		
			2211	应付职工薪酬	人民币	3,000.00		3,000.00				
2010-05-27	2010.5	记 - 8	5101	制造费用	人民币	5,000.00	5,000.00		Administr	alank		
			1002.01	银行存款 - 建设银行	人民币	5,000.00		5,000.00				
							282,612.50	282,612.50				

（2）凭证过账：选择【财务会计】→【总账】→【凭证过账】。

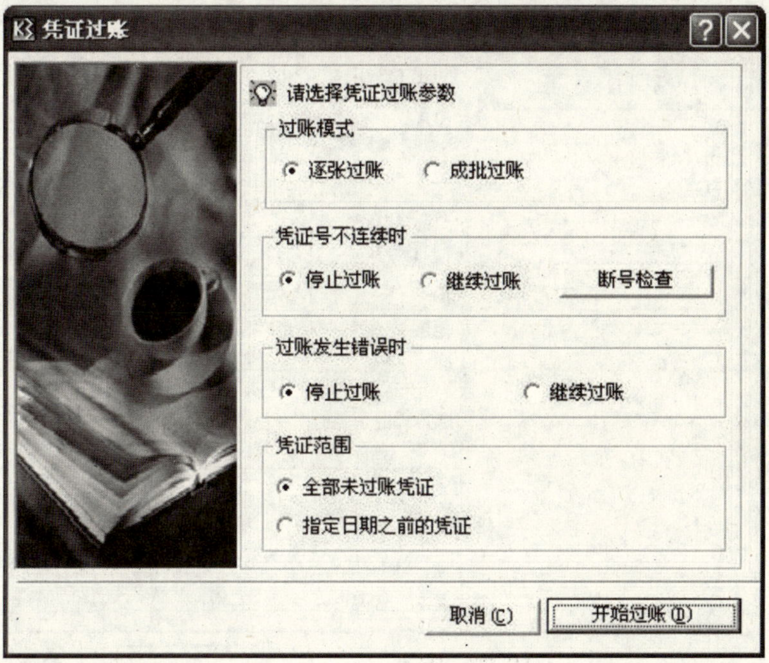

点击【开始过账】，开始过账，结果如下，点击【关闭】，完成凭证过账。

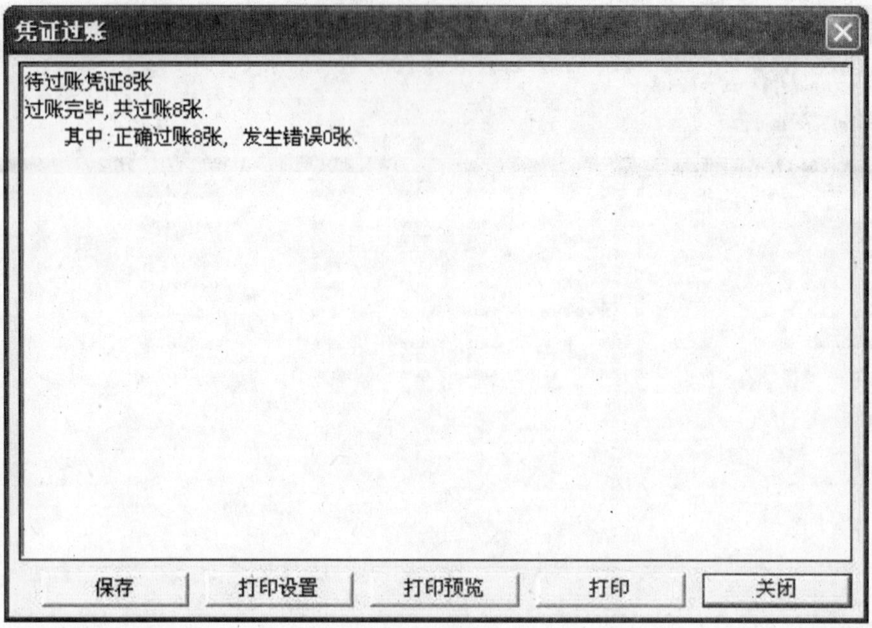

（3）凭证汇总：选择【财务会计】→【总账】→【凭证处理】→【凭证汇总】，按照默认的过滤条件汇总，因此直接点击【确定】即可。

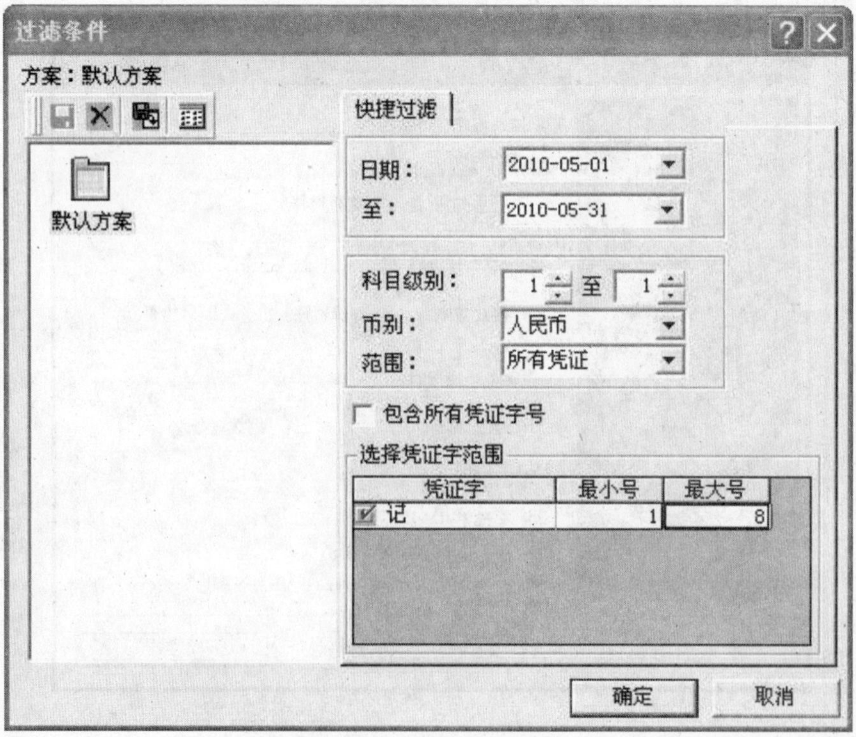

系统完成凭证汇总后，结果如下：

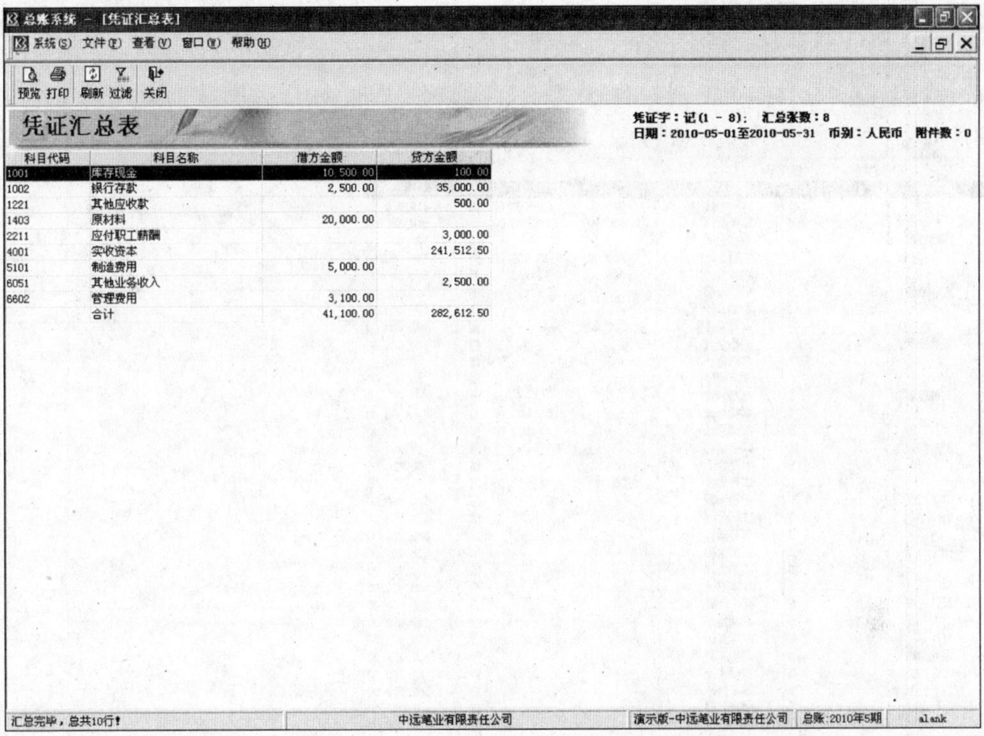

8. 常用账簿查询

（1）查询“总分类账簿”：选择【财务会计】→【总账】→【账簿】→【总分类账】，确定过滤条件后，即可得到总分类账结果。

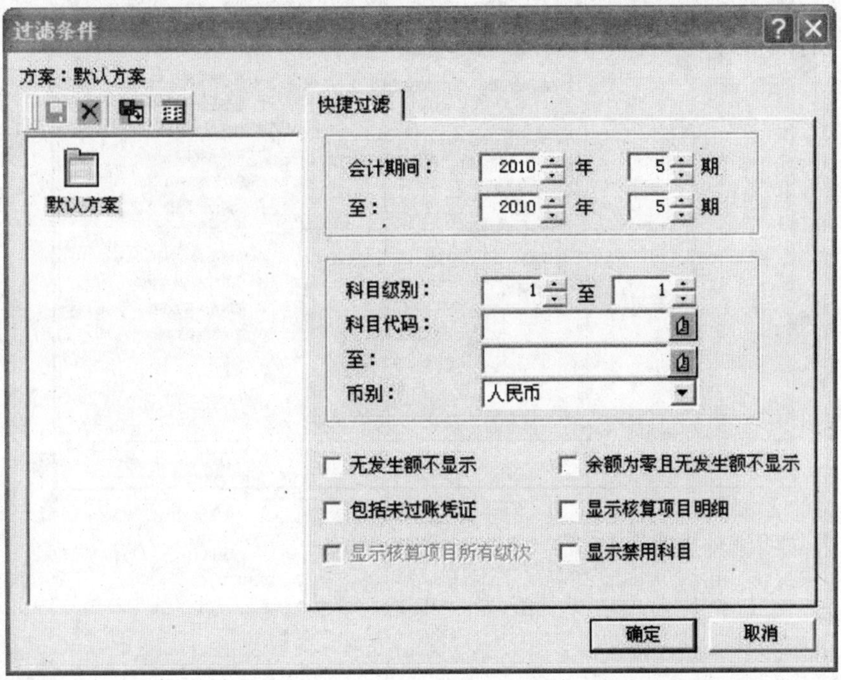

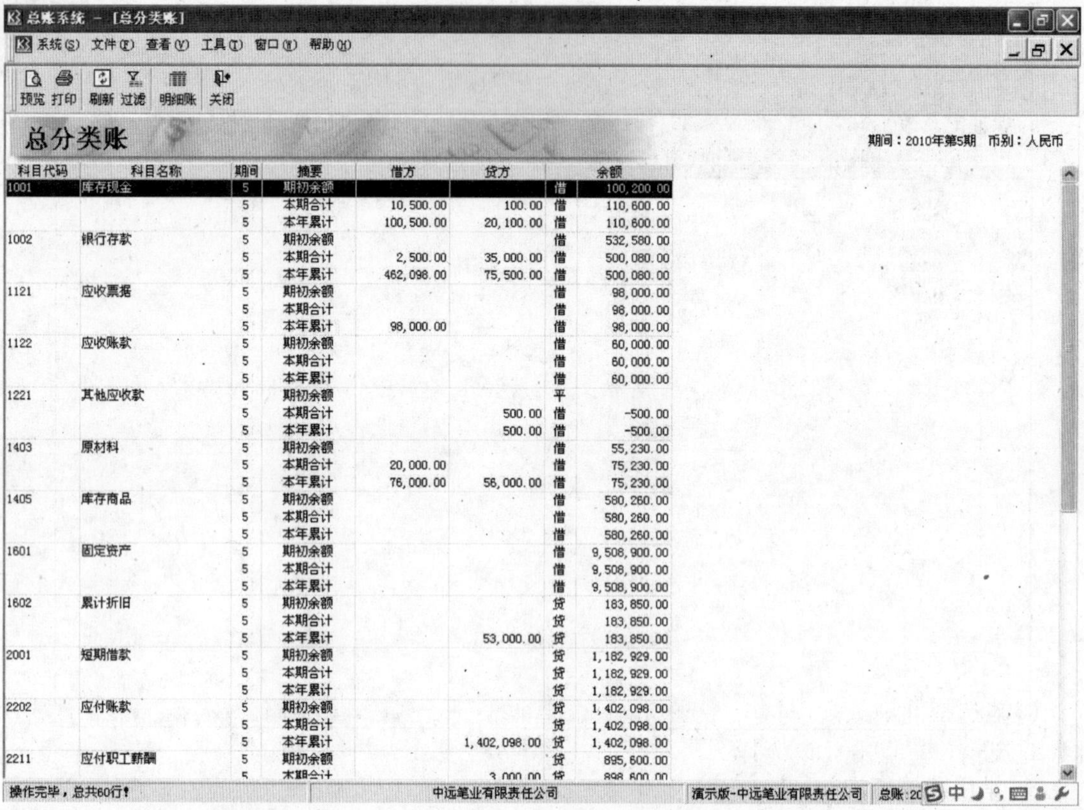

科目代码	科目名称	期间	摘要	借方	贷方		余额
1001	库存现金	5	期初余额			借	100,200.00
		5	本期合计	10,500.00	100.00	借	110,600.00
		5	本年累计	100,500.00	20,100.00	借	110,600.00
1002	银行存款	5	期初余额			借	532,580.00
		5	本期合计	2,500.00	35,000.00	借	500,080.00
		5	本年累计	462,098.00	75,500.00	借	500,080.00
1121	应收票据	5	期初余额			借	98,000.00
		5	本期合计			借	98,000.00
		5	本年累计	98,000.00		借	98,000.00
1122	应收账款	5	期初余额			借	60,000.00
		5	本期合计			借	60,000.00
		5	本年累计			借	60,000.00
1221	其他应收款	5	期初余额			平	
		5	本期合计		500.00	借	-500.00
		5	本年累计		500.00	借	-500.00
1403	原材料	5	期初余额			借	55,230.00
		5	本期合计	20,000.00		借	75,230.00
		5	本年累计	76,000.00	56,000.00	借	75,230.00
1405	库存商品	5	期初余额			借	580,260.00
		5	本期合计			借	580,260.00
		5	本年累计			借	580,260.00
1601	固定资产	5	期初余额			借	9,508,900.00
		5	本期合计			借	9,508,900.00
		5	本年累计			借	9,508,900.00
1602	累计折旧	5	期初余额			贷	183,850.00
		5	本期合计			贷	183,850.00
		5	本年累计		53,000.00	贷	183,850.00
2001	短期借款	5	期初余额			贷	1,182,929.00
		5	本期合计			贷	1,182,929.00
		5	本年累计			贷	1,182,929.00
2202	应付账款	5	期初余额			贷	1,402,098.00
		5	本期合计			贷	1,402,098.00
		5	本年累计		1,402,098.00	贷	1,402,098.00
2211	应付职工薪酬	5	期初余额			贷	895,600.00
		5	本期合计		3,000.00	贷	898,600.00

（2）选择【财务会计】→【总账】→【账簿】→【明细分类账】，确定过滤条件设定。

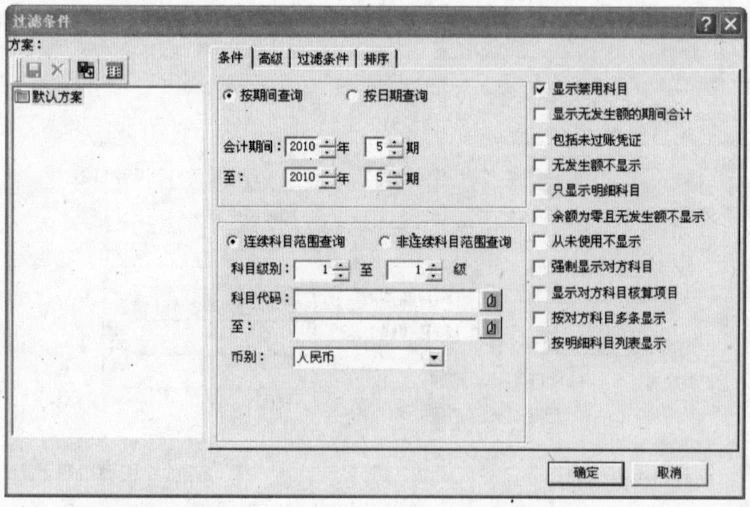

查询结果“明细分类账”如下：

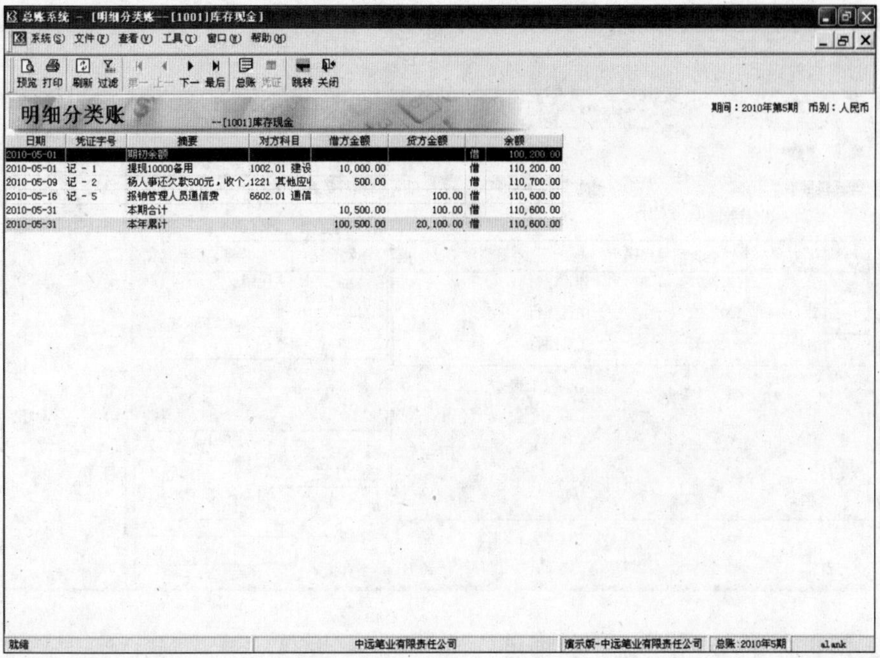

（3）选择【财务会计】→【总账】→【账簿】→【多栏式明细账】，打开“多栏式明细账”定义窗口，点击【设计】。

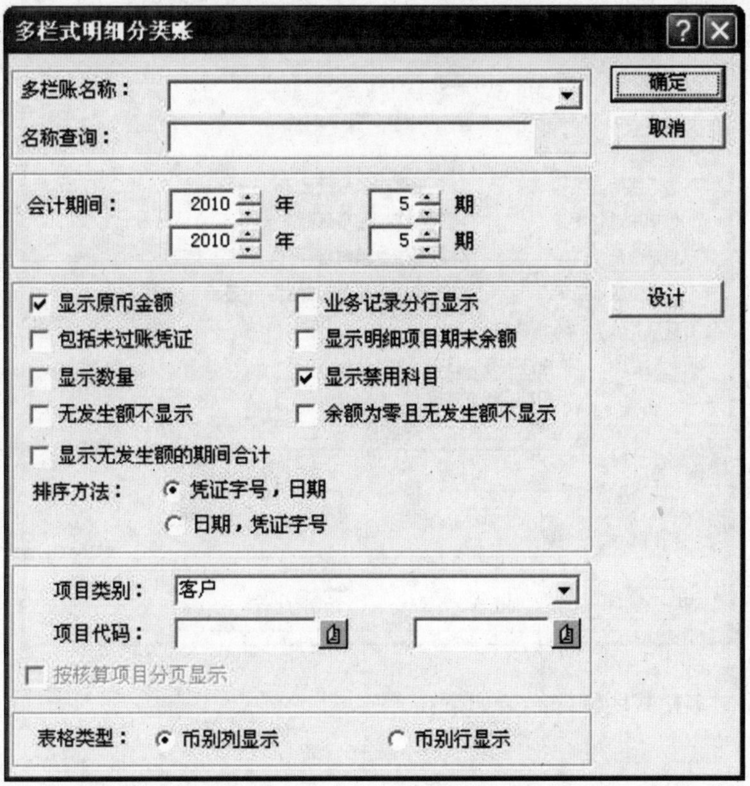

在“多栏式明细账定义”窗口，选择【编辑】，在“会计科目”中选择“银行存款”，

点击【自动编排】，点击【保存】后再点击【确定】。

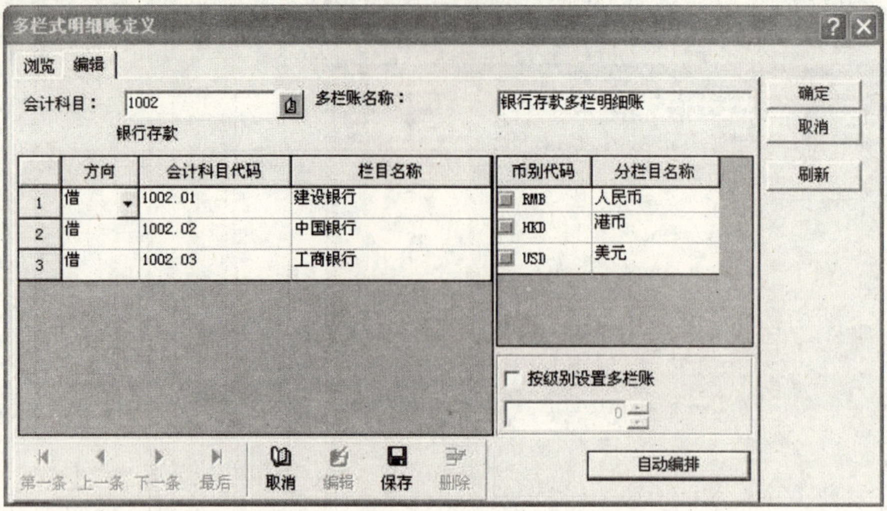

返回至如下窗口，点击【确定】即可。

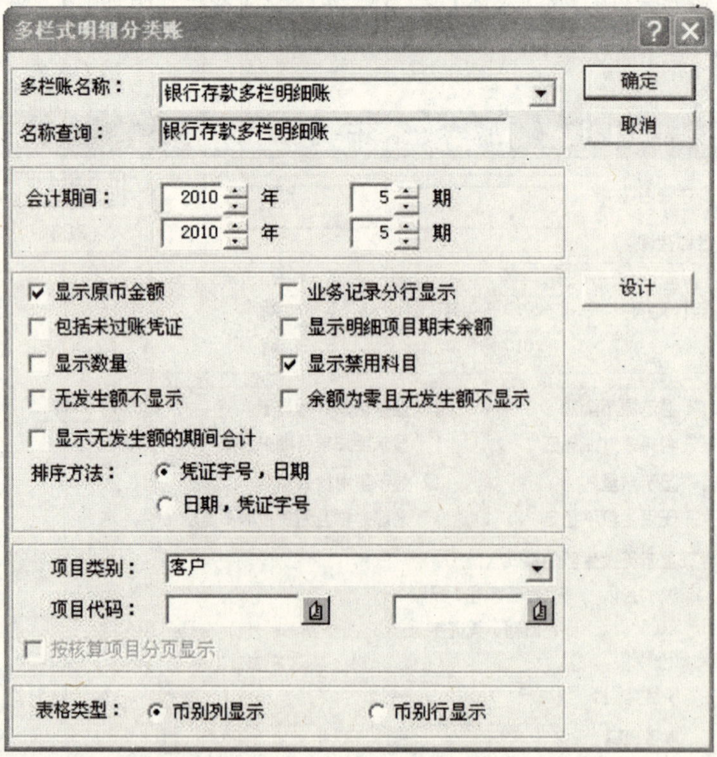

系统自动输出多栏式明细账结果如下：

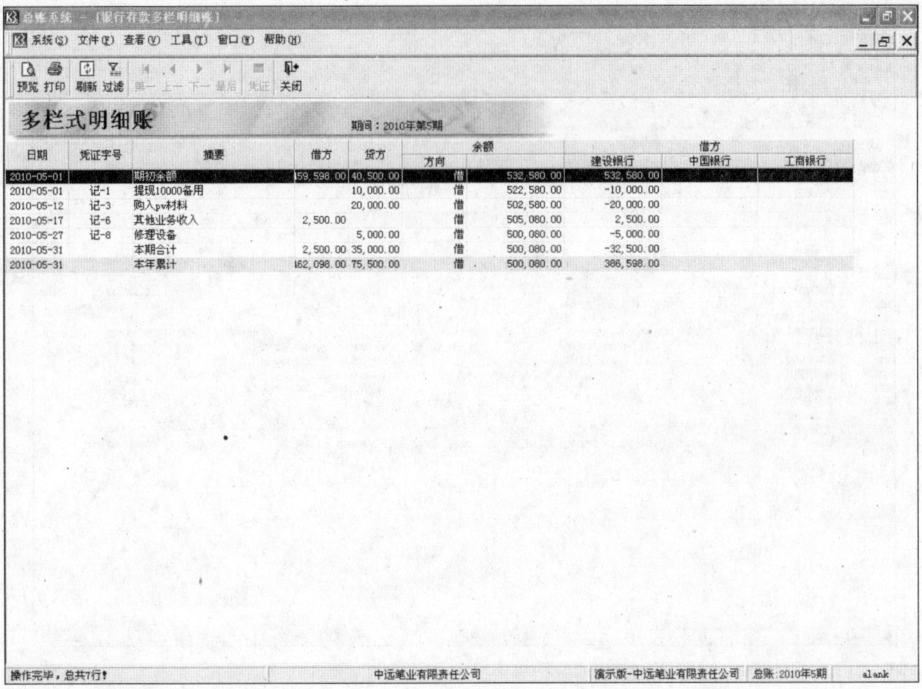

9. 财务报表操作：选择【财务会计】→【总账】→【财务报表】

（1）选择【财务会计】→【总账】→【财务报表】→【科目余额表】，确定过滤条件。

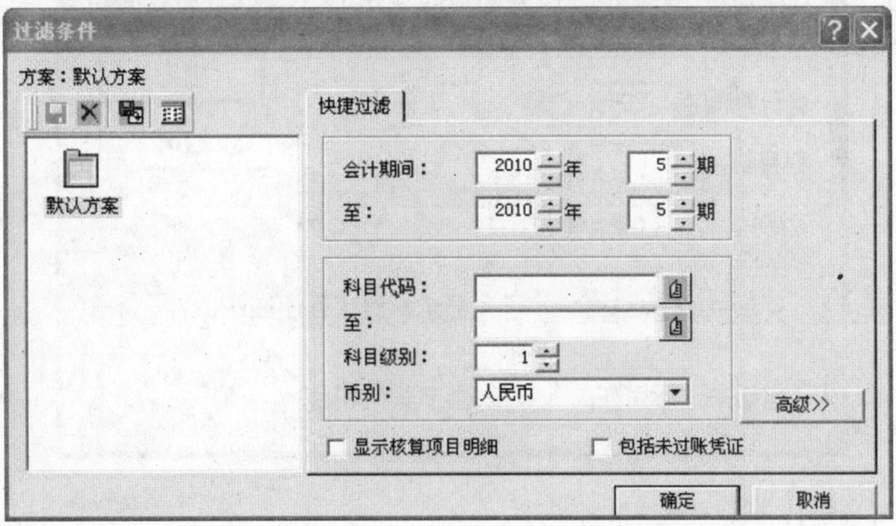

查询结果如下：

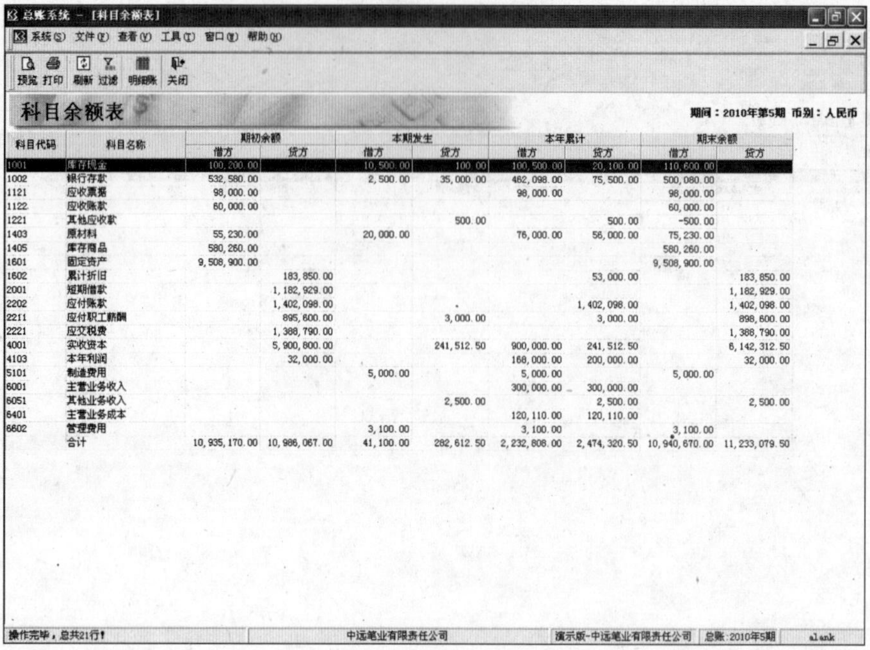

科目代码	科目名称	期初余额		本期发生		本年累计		期末余额	
		借方	贷方	借方	贷方	借方	贷方	借方	贷方
1001	库存现金	100,200.00		10,500.00	100.00	100,500.00	20,100.00	110,600.00	
1002	银行存款	532,580.00		2,500.00	35,000.00	462,098.00	75,500.00	500,080.00	
1121	应收票据	98,000.00				98,000.00		98,000.00	
1122	应收账款	60,000.00						60,000.00	
1221	其他应收款				500.00		500.00	-500.00	
1403	原材料	55,230.00		20,000.00		76,000.00	56,000.00	75,230.00	
1405	库存商品	580,260.00						580,260.00	
1601	固定资产	9,508,900.00						9,508,900.00	
1602	累计折旧		183,850.00				53,000.00		183,850.00
2001	短期借款		1,182,929.00						1,182,929.00
2202	应付账款		1,402,098.00				1,402,098.00		1,402,098.00
2211	应付职工薪酬		895,600.00		3,000.00		3,000.00		898,600.00
2221	应交税费		1,388,790.00						1,388,790.00
4001	实收资本		5,900,800.00		241,512.50	900,000.00	241,512.50		6,142,312.50
4103	本年利润		32,000.00			168,000.00	200,000.00		32,000.00
5101	制造费用			5,000.00		5,000.00		5,000.00	
6001	主营业务收入					300,000.00	300,000.00		
6051	其他业务收入				2,500.00		2,500.00		2,500.00
6401	主营业务成本					120,110.00	120,110.00		
6602	管理费用			3,100.00		3,100.00		3,100.00	
	合计	10,935,170.00	10,986,067.00	41,100.00	282,612.50	2,232,808.00	2,474,320.50	10,940,670.00	11,233,079.50

（2）选择【财务会计】→【总账】→【财务报表】→【试算平衡表】，选择币别“综合本位币”。

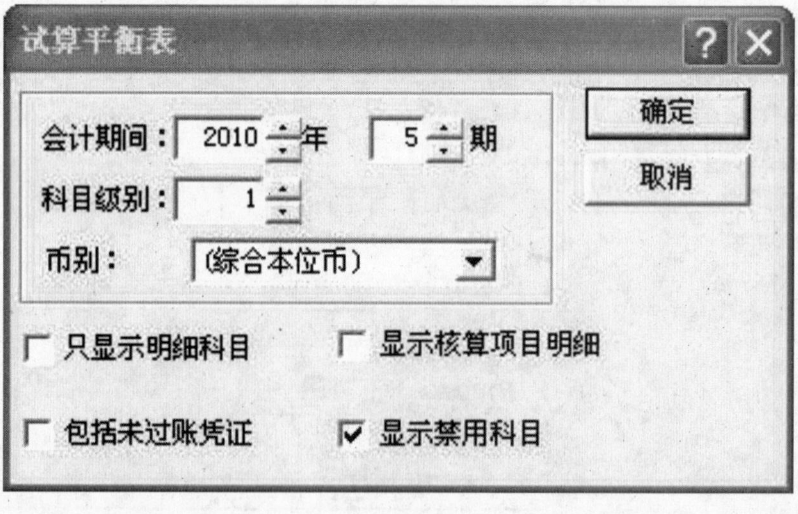

点击【确定】，试算平衡结果如下：

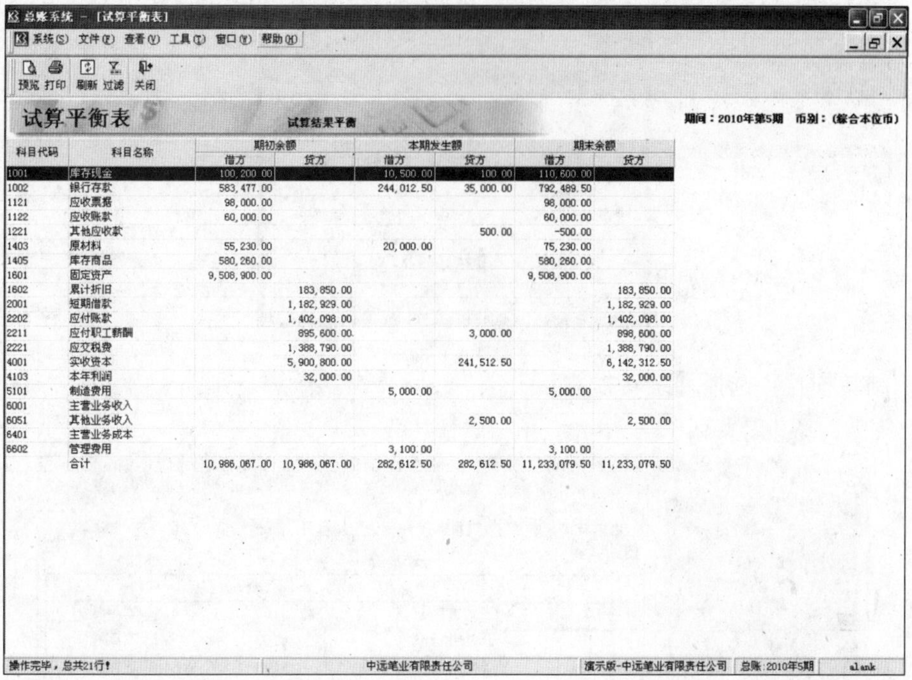

科目代码	科目名称	期初余额		本期发生额		期末余额	
		借方	贷方	借方	贷方	借方	贷方
1001	库存现金	100,200.00		10,500.00	100.00	110,600.00	
1002	银行存款	583,477.00		244,012.50	35,000.00	792,489.50	
1121	应收票据	98,000.00				98,000.00	
1122	应收账款	60,000.00				60,000.00	
1221	其他应收款				500.00	-500.00	
1403	原材料	55,230.00		20,000.00		75,230.00	
1405	库存商品	580,260.00				580,260.00	
1601	固定资产	9,508,900.00				9,508,900.00	
1602	累计折旧		183,850.00				183,850.00
2001	短期借款		1,182,929.00				1,182,929.00
2202	应付账款		1,402,098.00				1,402,098.00
2211	应付职工薪酬		895,600.00		3,000.00		898,600.00
2221	应交税费		1,388,790.00				1,388,790.00
4001	实收资本		5,900,800.00		241,512.50		6,142,312.50
4103	本年利润		32,000.00				32,000.00
5101	制造费用			5,000.00		5,000.00	
6001	主营业务收入						
6051	其他业务收入				2,500.00		2,500.00
6401	主营业务成本						
6602	管理费用			3,100.00		3,100.00	
	合计	10,986,067.00	10,986,067.00	282,612.50	282,612.50	11,233,079.50	11,233,079.50

10. **现金流量表查询**

选择【财务会计】→【总账】→【现金流量】→【现金流量表】，按默认条件点击【确定】，即可完成“现金流量表”查询。

11. **结账：选择【财务会计】→【总账】→【结账】**

（1）期末调汇：选择【期末调汇】，汇兑损益科目设为“6603”，点击【完成】。

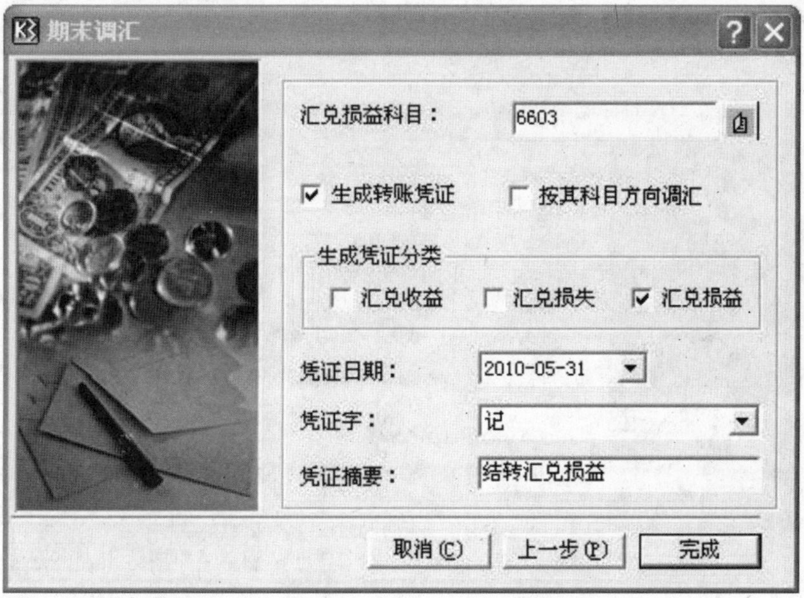

显示本期的调汇信息如下，点击【确定】，完成期末调汇。

（2）结转损益：选择【结转损益】。

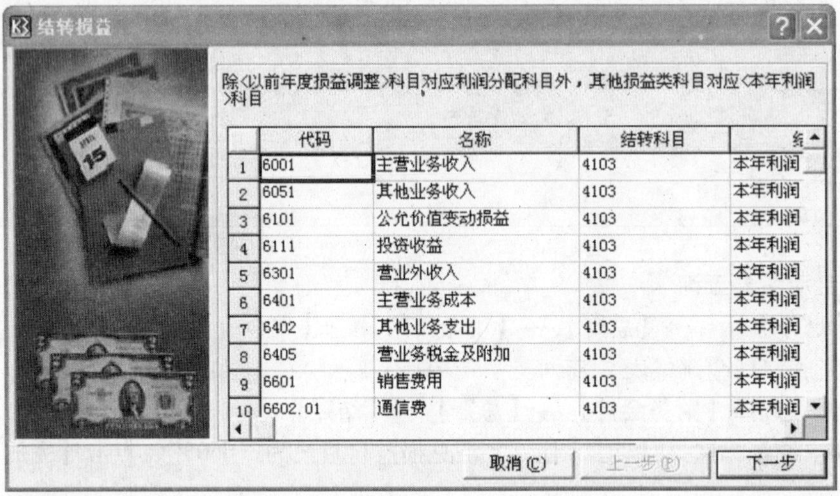

点击【下一步】。

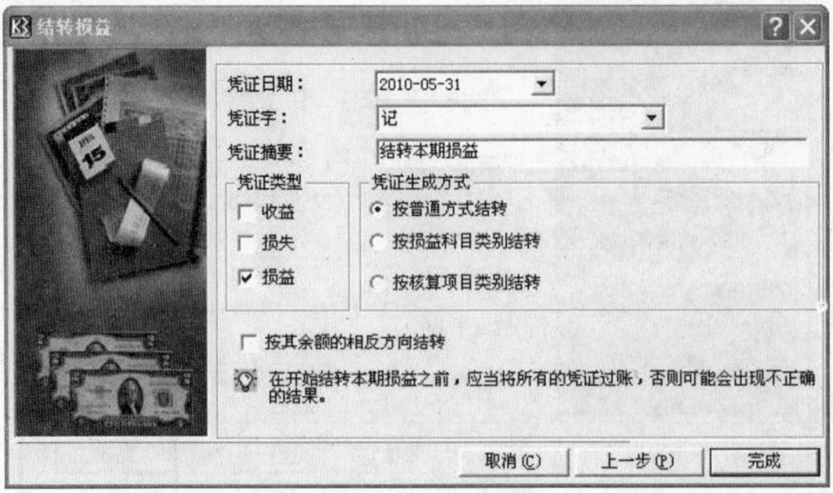

点击【完成】，得出结转损益提示信息。

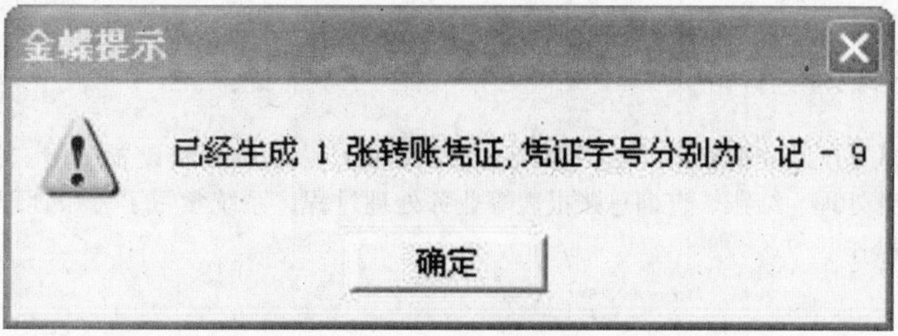

注意：此时，需更换操作员登录系统，将生成的新凭证审核。否则，不能完成结账。

（3）结账：选择【结账】，点击【开始】，系统自动完成期末结账。

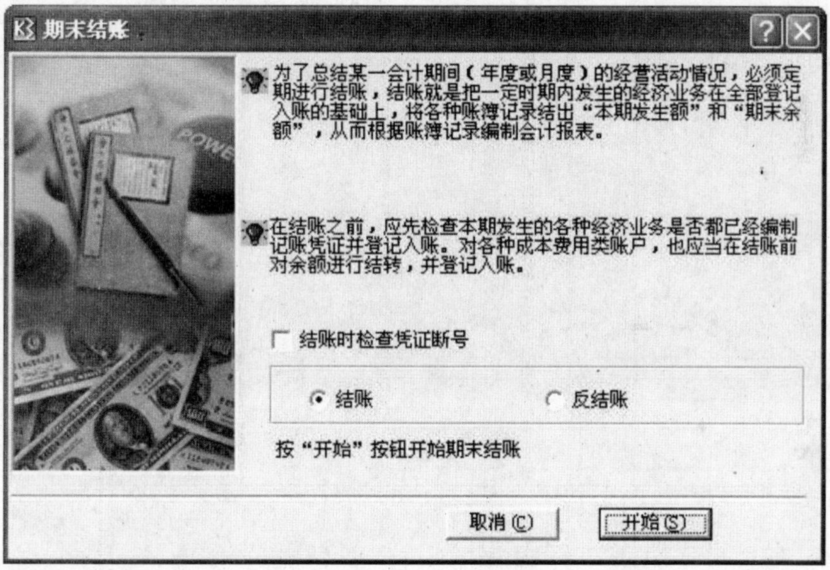

12. **备份账套，导出保存，准备上交**

这是最后的收尾工作。

六、实验结果

（1）完成案例企业的账套设置。

（2）完成案例企业的基础资料设置。

（3）完成案例企业的业务凭证编制。

（4）完成会计期间的结账。

（5）查询总账的各类报表。

（6）导出系统账套。

七、实验总结

本实验从系统新建账套开始，到系统完成账套操作、基础资料设置操作、系统初始化、总账日常业务处理、结账、查询总账报表等业务处理过程，系统学习了总账管理模块的操作流程和基本操作。

第十章　供应链管理模块实验

一、实验准备

供应链管理的特点是采购商和销售商之间的物流和信息流共存。金蝶 ERP 的供应链管理主要集成了四个方面的内容：客户资产管理、综合后勤管理、生产过程管理和财会管理。其主要模块包括采购管理、销售管理、仓存管理、进出口管理、质量管理和存货管理等。各模块的主要功能如下：

（1）采购管理：提供采购申请、订单、收货、入库、退货、付款等业务管理功能，帮助企业实现采购业务过程中的物流、资金流和信息流的有效控制。

（2）销售管理：实现销售订单、发货、出库、退货、发票、收款等业务功能，帮助企业实现销售过程中的物流、资金流和信息流的有效管理和控制。

（3）仓存管理：提供入库、出库、调拨、库存调整、虚仓等业务管理功能，旨在提高仓存运作效率。

（4）进出口管理：包括进口管理和出口管理两方面内容，提供进口采购订单、出口外销订单、进出口单证等业务管理功能，旨在提升进出口业务的效率。

（5）质量管理：提供供应商评估、采购检验、工序检验、产品检验、委外工序检验、委外入库检验、发货检验、退货检验等功能，帮助企业提高质量管理效率和生产效率。

（6）存货管理：提供多种核算方式，结合总分仓核算、凭证模板的灵活设置等业务功能，帮助企业准确核算库存，实时提供库存财务成本信息。

供应链管理模块的基本操作流程如下：

<table>
<tr><td>基本步骤</td><td>基本操作内容</td></tr>
<tr><td colspan="2">中间层→账套管理界面基本操作</td></tr>
<tr><td>新建账套</td><td>新建账套→设置账套属性→启用账套→用户管理（用户组和用户管理）</td></tr>
<tr><td colspan="2">登录主控台界面主要操作</td></tr>
<tr><td rowspan="2">系统设置</td><td>系统设置→公共资料（科目、客户等）；</td></tr>
<tr><td>系统设置→初始化→核算参数设置→工厂日历→启用业务系统</td></tr>
<tr><td>系统初始化</td><td>系统设置→（采购管理、仓存管理、销售管理、存货核算）→启用业务系统</td></tr>
<tr><td colspan="2">供应链管理界面</td></tr>
<tr><td>系统业务</td><td>采购管理、销售管理、仓存管理、进出口管理、存货核算等</td></tr>
</table>

二、实验目的

通过供应链管理实验，熟悉供应链管理模块的主要功能；通过案例数据处理，了解供应链管理模块的基本业务操作，进一步理解供应链管理对于企业的重要性和金蝶 K3 供应链管理模块的基本操作。

三、实验要求

（1）新建账套并完成基本资料设置。
（2）完成采购管理、销售管理、仓存管理、存货核算等基本业务操作。
（3）各业务实验结果和案例相符。

四、实验数据

1. 账套基本资料

机构名称：中远笔业
账套名称：中远笔业有限责任公司
地址：广州海珠大道 1 号
账套类型：标准供应链解决方案
设置系统参数，勾选系统日志管理
电话：020－88888888
记账本位币代码：RMB
名称：人民币
小数点位数：2
启用会计年度：2010 年
启用会计期间：5 期
自然年度会计期间

2. 用户信息

用户名	认证方式	密码	用户组信息
Anki	密码认证	111111	Users
Kendy	密码认证	111111	Users
Sopi	密码认证	111111	Users

（续上表）

用户名	认证方式	密码	用户组信息
Alank	密码认证		财务组
张工人	密码认证	111111	车间组
李计划	密码认证	111111	计划组
贺销售	密码认证	111111	销售组
吴工程	密码认证	111111	工程组
王出纳	密码认证	111111	出纳组
陈会计	密码认证	111111	会计组
梅采购	密码认证	111111	采购组
赵仓管	密码认证	111111	仓库组

3. 用户组信息

用户组名	说明	权限
Admi	Administrators	所有权限
出纳组	管理现金	基础资料、现金管理使用
往来账组	管理往来账务	基础资料、应收、应付账
财务组	财务业务管理	所有权限
工程组		基础资料、数据、质量管理
计划组		基础资料、数据
销售组		基础资料、数据
采购组		全选
仓库组		基础资料、数据
会计组		基础资料、数据
车间组		基础资料、数据

4. 科目设置

科目代码	科目名称	外币核算	期末调汇	数量金额/往来/受控	核算项目
1002	银行存款	所有币别	√		
1002.01	建设银行	人民币			
1122	应收账款			受控：应收应付	客户
2202	应付账款			受控：应收应付	供应商

（续上表）

科目代码	科目名称	外币核算	期末调汇	数量金额/往来/受控	核算项目
5101	制造费用				部门、要素费用
5001	生产成本				
5001.01	基本生产成本				部门、成本对象、成本项目
5001.02	辅助生产成本				部门、劳务
1241	自制半成品				物料

（凭证字：记）

5. 计量单位

计量单位组	默认计量单位（代码）	辅助计量单位（代码）	系数
数量组 1	支（010）	盒（011）	10
数量组 2	盒（020）	箱（021）	10
数量组 3	台（200）		
重量组 1	克（050）	千克（051）	1000

6. 客户资料

分类代码	分类名称	客户代码	客户名称	是否信用管理	备注
01	华北区	01.01	华北百货	是	内销； 销售部分管
02	华南区	02.01	广州福井百货	是	
03	华中区	03.01	汉口天天百货	是	

7. 物料设置

科目代码	名称	物料属性	计量单位组	计价方法	存货科目代码	销售收入科目代码	销售成本科目代码
01	原材料						
01.001	Pv 材料	外购	重量组 1	加权平均法	1403	6051	6402
01.002	墨汁	外购	重量组 1	加权平均法	1403	6051	6402
01.003	商标	外购	数量组 1	加权平均法	1403	6051	6402
02	半成品						

（续上表）

科目代码	名称	物料属性	计量单位组	计价方法	存货科目代码	销售收入科目代码	销售成本科目代码
02.001	笔套	自制	数量组1	加权平均法	1241	6001	6401
02.002	笔芯	自制	数量组1	加权平均法	1241	6001	6401
03	产成品						
03.001	精品笔	自制	数量组1	分批认定法	1405	6001	6401
03.002	纪念笔	自制	数量组1	分批认定法	1405	6001	6401

8. 部门

部门代码	部门名称	部门属性	成本核算类型
01	人事部	非车间	期间费用部门
03	财务部	非车间	期间费用部门
06	采购部	非车间	期间费用部门
07	办公室	非车间	期间费用部门
08	仓库	非车间	期间费用部门
09	生产车间		
09.01	笔套车间	车间	基本生产部门
09.02	笔芯车间	车间	基本生产部门
09.03	装配车间	车间	基本生产部门
10	质检部	非车间	期间费用部门
11	销售部	非车间	期间费用部门
13	售后服务中心	非车间	期间费用部门

9. 职员信息

职员编号	姓名	所属部门	性别
0001	杨人事	人事部	男
0002	李销售	销售部	女
0005	赵服务	售后服务中心	女
0006	张笔芯	笔芯车间	男
0007	侯笔套	笔套车间	男
0008	邓装配	装配车间	女
0009	姚质检	质检部	男
0010	周仓管	仓库	男

10. 供应商资料

代码	名称	供应商代码	供应商名称	增值税率（%）	备注
01	华北区	01.01	北京笔具厂	17	采购部主管，人民币结算
		01.02	河北承德塑料厂	17	
02	华南区	02.01	广州墨水厂	17	
		02.02	珠海笔业附件厂	17	

11. 仓库

代码	名称	仓库类型	MPS/MRP 用量	进行仓位管理
001	原材料仓	普通仓	是	否
002	半成品仓	普通仓	是	否
003	成品仓	普通仓	是	否
004	待检仓	待检仓	否	否

12. 系统参数

核算参数：数量、金额核算
库存结余控制：不允许负结存
库存更新控制：单据保存后立即更新

五、实验步骤

（修改系统时间为：2010.05.04）

1. 新建账套、启用账套

（1）进入【中间层服务部件】→【账套管理】，新建账套，并设置账套基本属性后启用账套；具体新建账套步骤参阅“账套管理实验步骤”。

（2）进入【用户管理】界面，设置用户组和用户信息，并进行功能授权。完成结果如图：

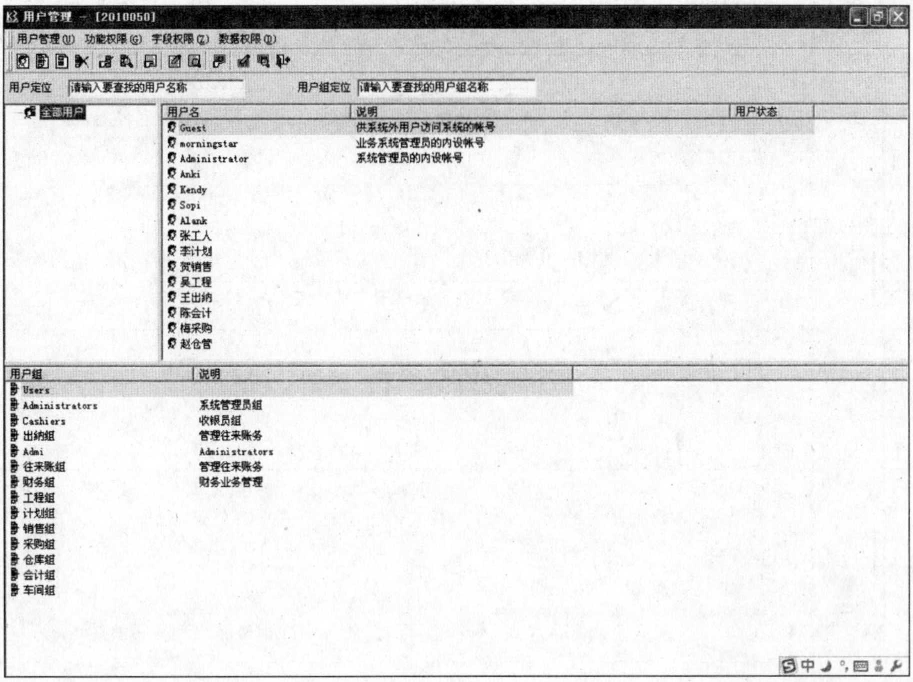

2. **登录主控台**

退出并关闭【账套管理】，进入【金蝶 K3】→【金蝶 K3 主控台】，以管理员身份登录“主控台”。

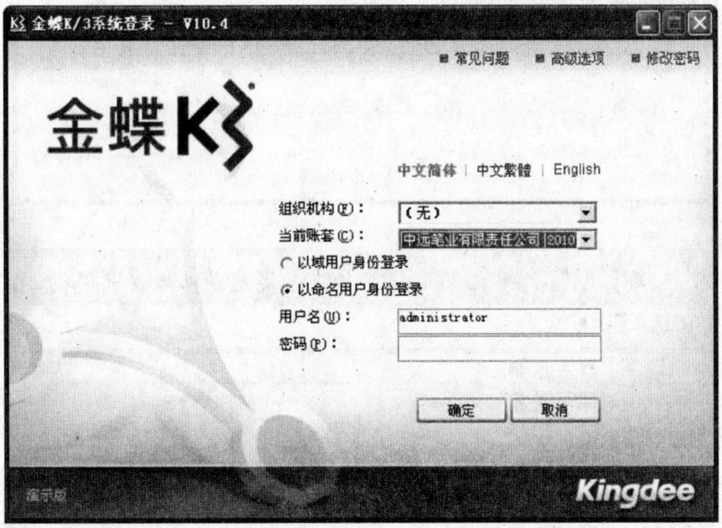

3. **设置基础资料**

进入“主控台”界面后，选择【系统设置】→【基础资料】：

（1）进入“主控台”界面后，选择【系统设置】→【基础资料】→【科目】，进入“基础平台 - 科目”界面，选择该窗口【文件】→【从模板中引入科目】：

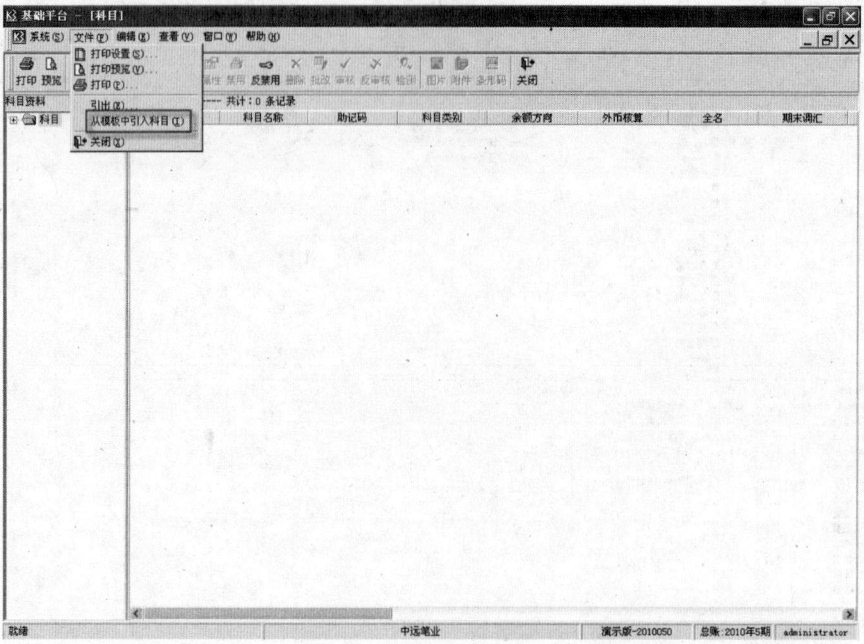

选择“新会计准则科目”，点击【引入】，并且【全选】所有科目后【确定】。

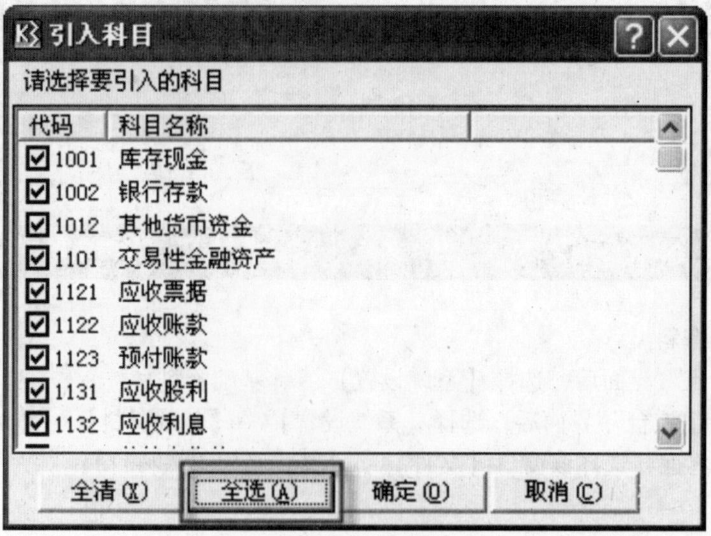

科目导入成功后显示：

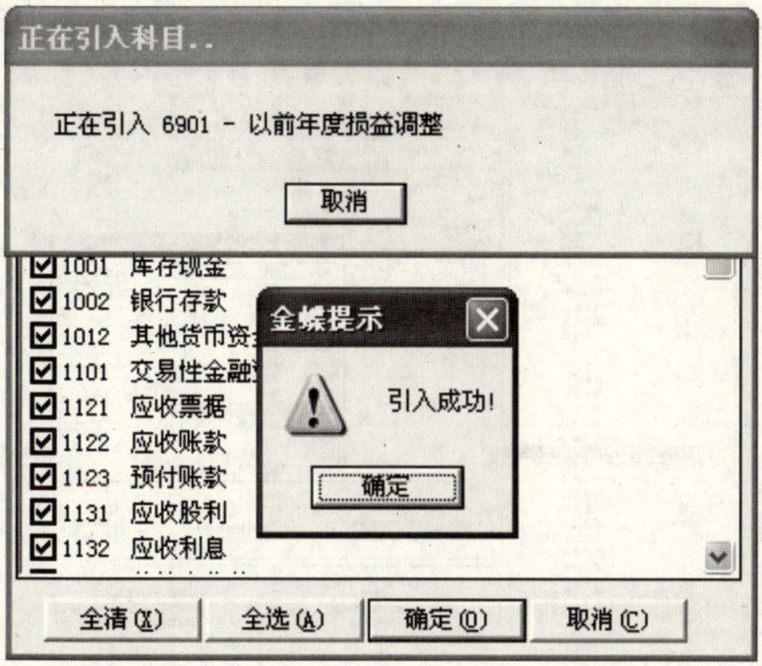

点击【确定】，即完成科目导入。

然后，参照案例资料进行科目新增和属性管理。例如修改“银行存款”科目属性：选择“1002－银行存款”科目，点击【属性】按钮，在弹出的“会计科目－修改”窗口选择【外币核算－所有币别】，勾选【期末调汇】，完成修改后，点击【保存】按钮后【退出】。

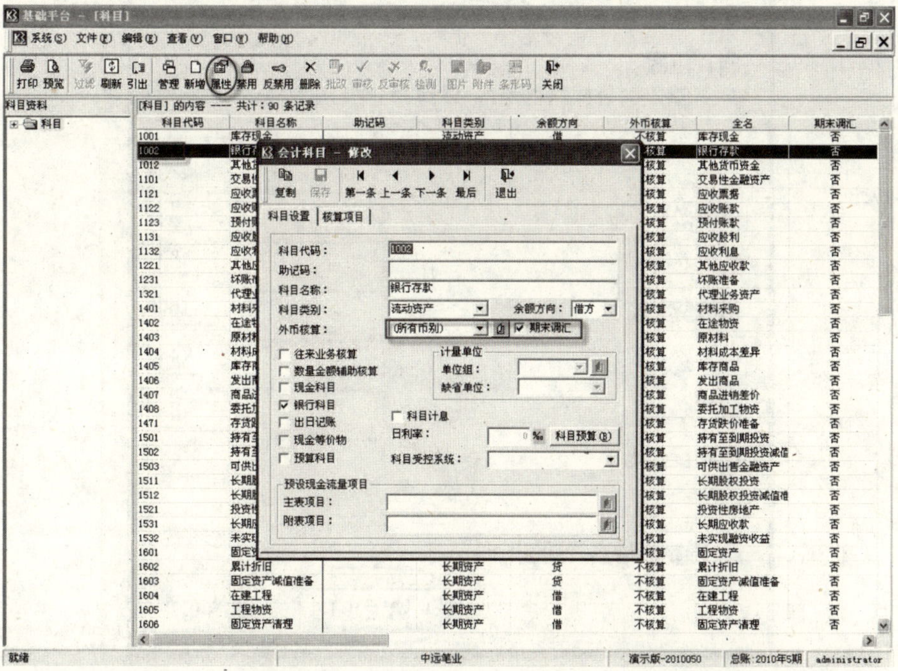

新增科目：在“基础平台－科目”界面选择【新增】，输入相关信息【确定】。

（2）选择【系统设置】→【公共资料】→【凭证字】，进入“公共资料－凭证字”界面，点击【新增】，输入凭证字“记”，其他默认，【确定】并点击【关闭】，退出窗口。

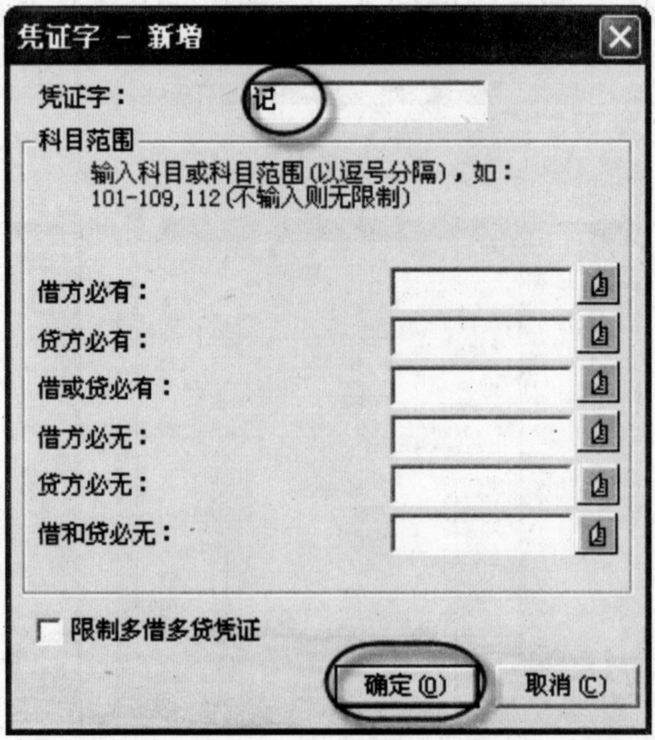

（3）选择【系统设置】→【公共资料】→【计量单位】，进入“基础平台－计量单位”界面，点击【新增】，打开“新增计量单位组”，输入“数量组1”，点击【确定】，完成数量组新增。

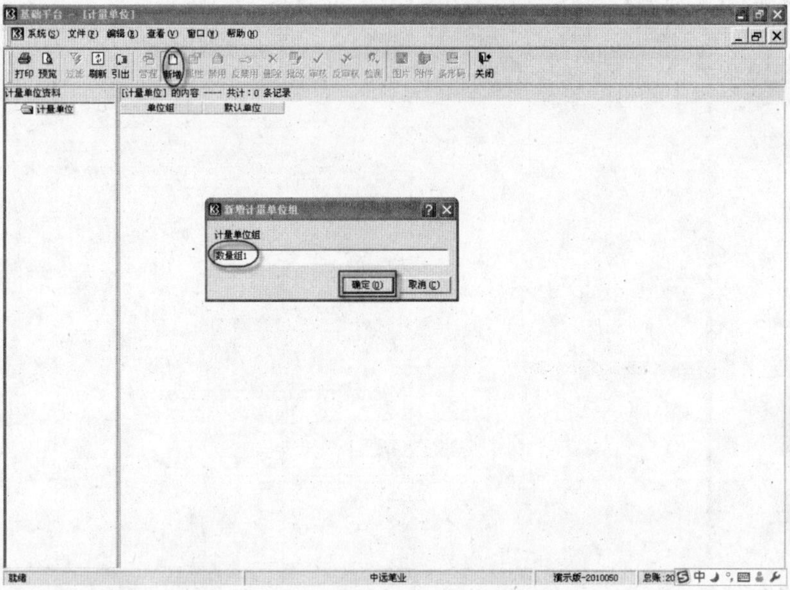

在“基础平台－计量单位”界面，选择新增的“数量组1”，点击【管理】打开“计量单位组界面”，点击【计量单位】打开“计量单位组－数量组1”管理窗口，单击【新增】，在弹出窗口输入相关信息后点击【新增】完成计量单位的新增管理。完成后【关闭】相关窗口，【确定】“数量组1”的计量单位管理。

注意：输入时先输入默认计量单位，后输入辅助计量单位。

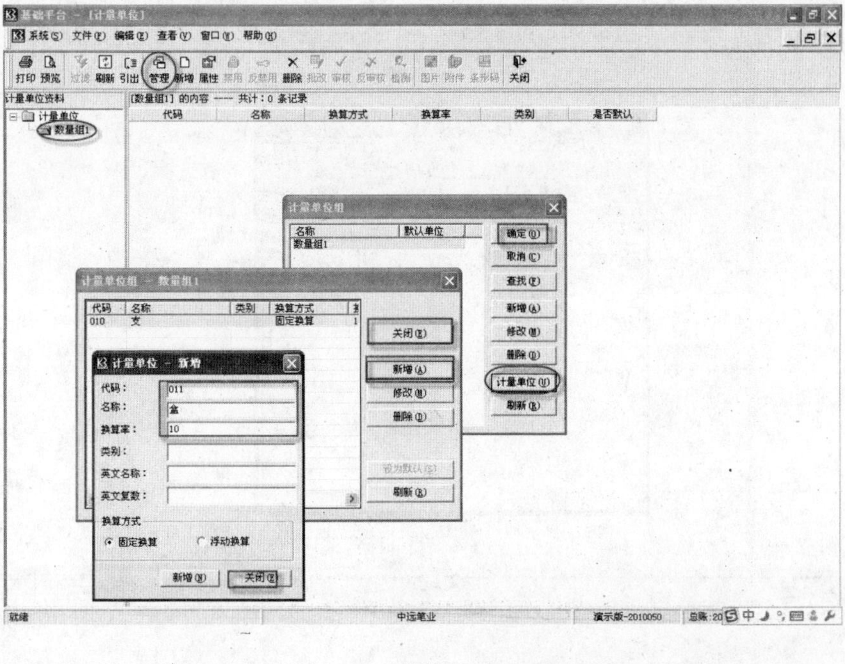

计量单位资料完成后结果如下，点击【关闭】退出窗口。

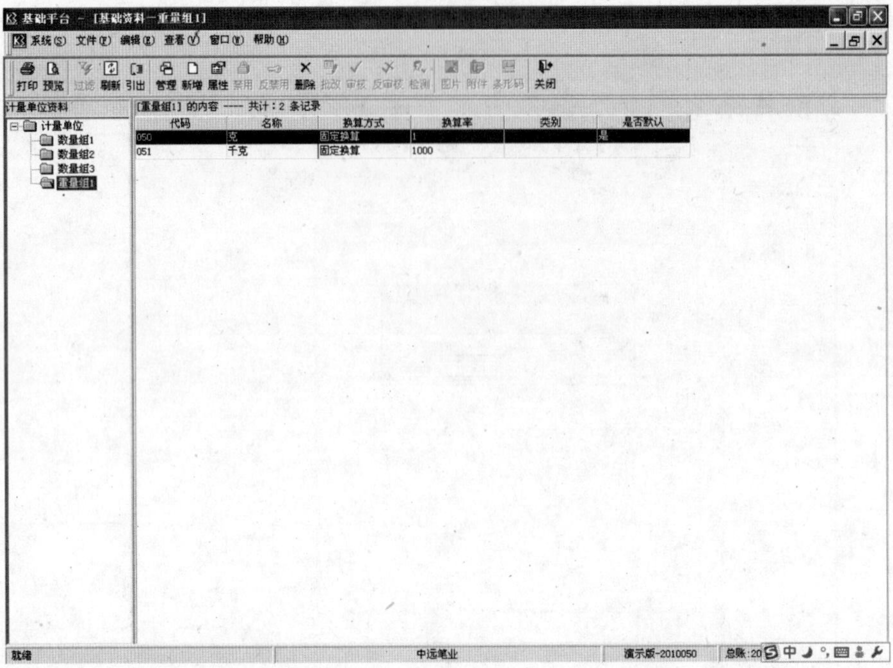

（4）选择【系统设置】→【公共资料】→【客户】，进入“基础平台－客户”界面点击【新增】打开“客户－新增”窗口，点击【上级组】，录入客户分类信息【保存】，完成后点击【退出】即可返回“基础资料－客户”界面。

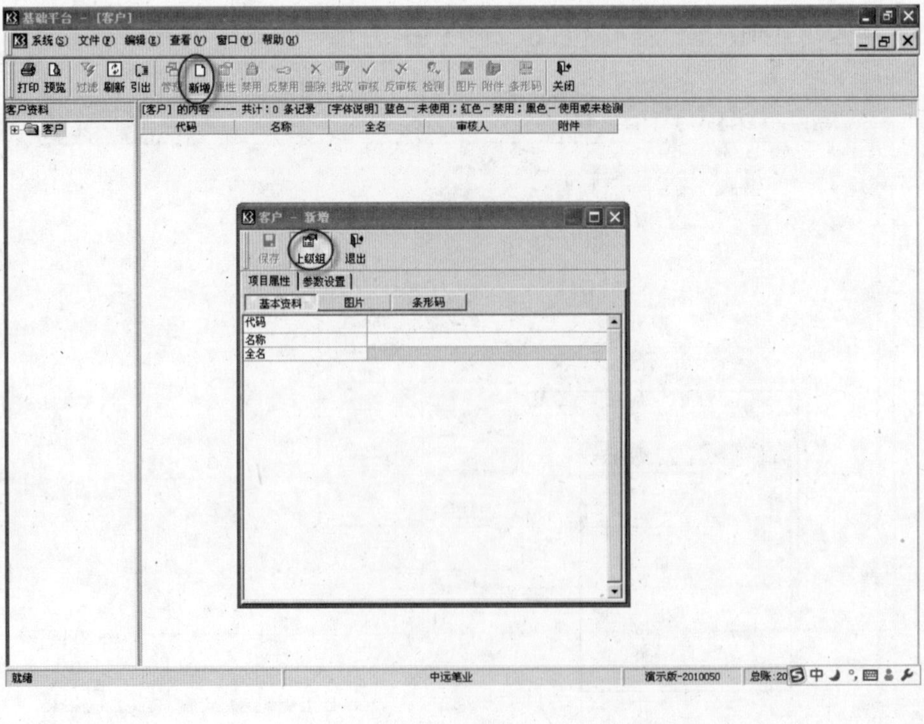

在“基础平台－客户”界面：选择“华北区”，点击【新增】打开“客户－新增”窗口，录入相关信息后点击【保存】后【退出】，即完成客户资料的设置。点击【关闭】返回至“基础资料－主界面”窗口。

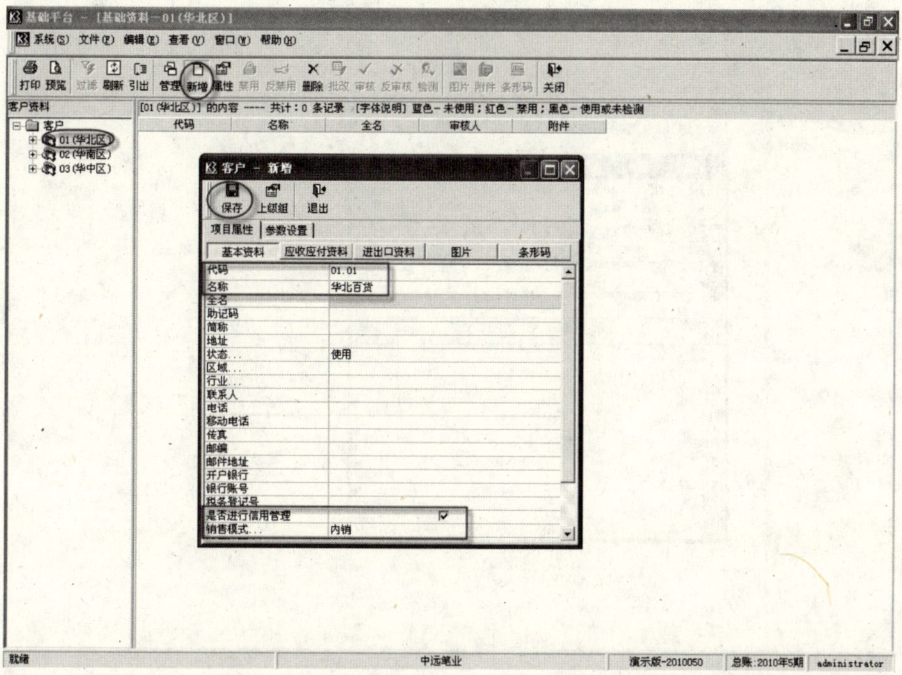

（5）选择【系统设置】→【公共资料】→【部门】，进入“基础平台－部门”界面，点击【新增】打开“部门－新增”窗口，输入部门信息后点击【保存】，完成后【退出】。【关闭】“基础平台－部门”界面，返回至“基础资料－主界面”。

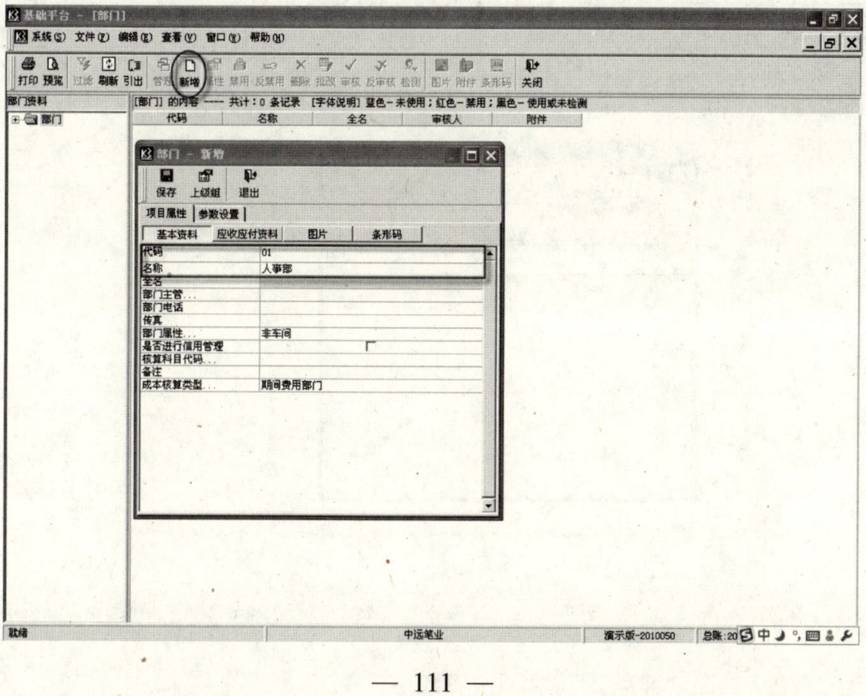

（6）选择【系统设置】→【公共资料】→【职员】，进入“基础平台－职员”界面，点击【新增】打开“职员－新增”窗口，录入职员信息后点击【保存】继续录入，完成后点击【退出】，并【关闭】“基础平台－职员”界面返回至“基础资料－主界面”。

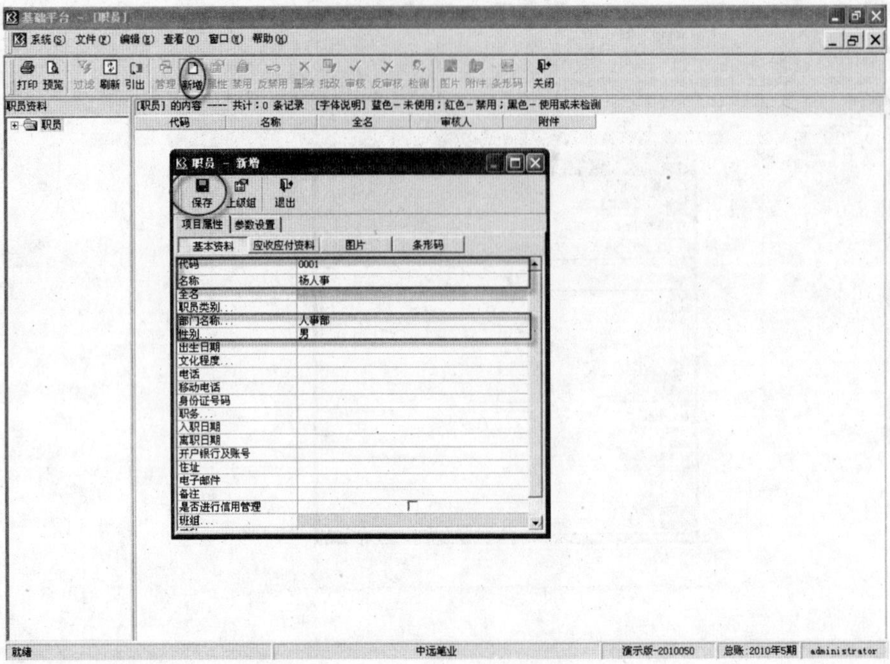

（7）选择【系统设置】→【公共资料】→【物料】，进入“基础平台－物料”界面，在界面右侧空白处单击后，点击【新增】按钮打开“物料－新增”窗口，点击【上级组】输入物料分类“原材料、半成品、产成品”信息后【保存】并【退出】。

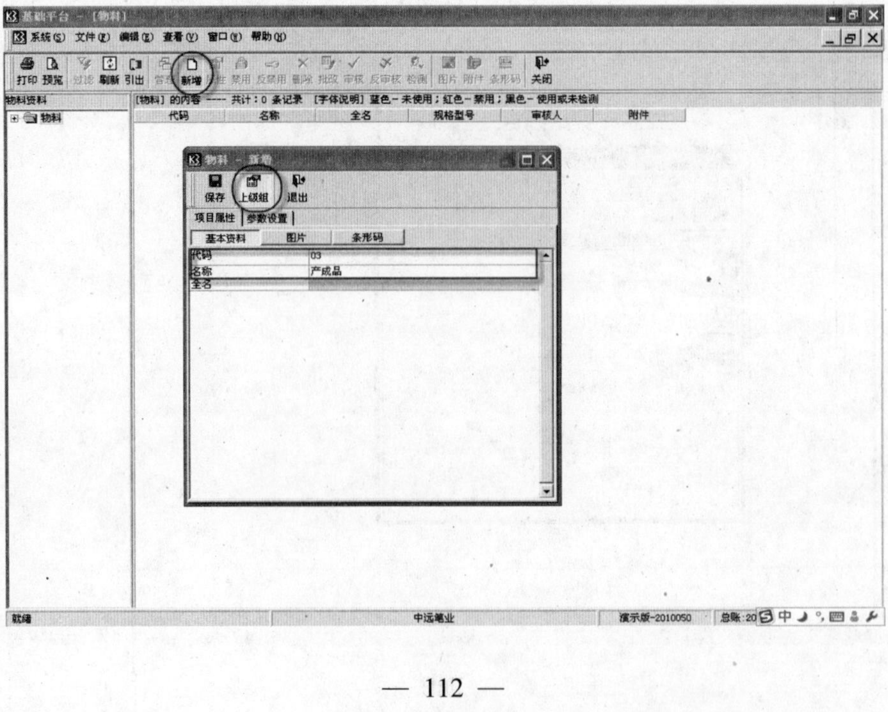

在“基础平台－物料”界面，鼠标单击右侧空白处，点击【新增】按钮打开“物料－新增”窗口，输入明细物料的相关信息后点击【保存】，完成后【退出】。

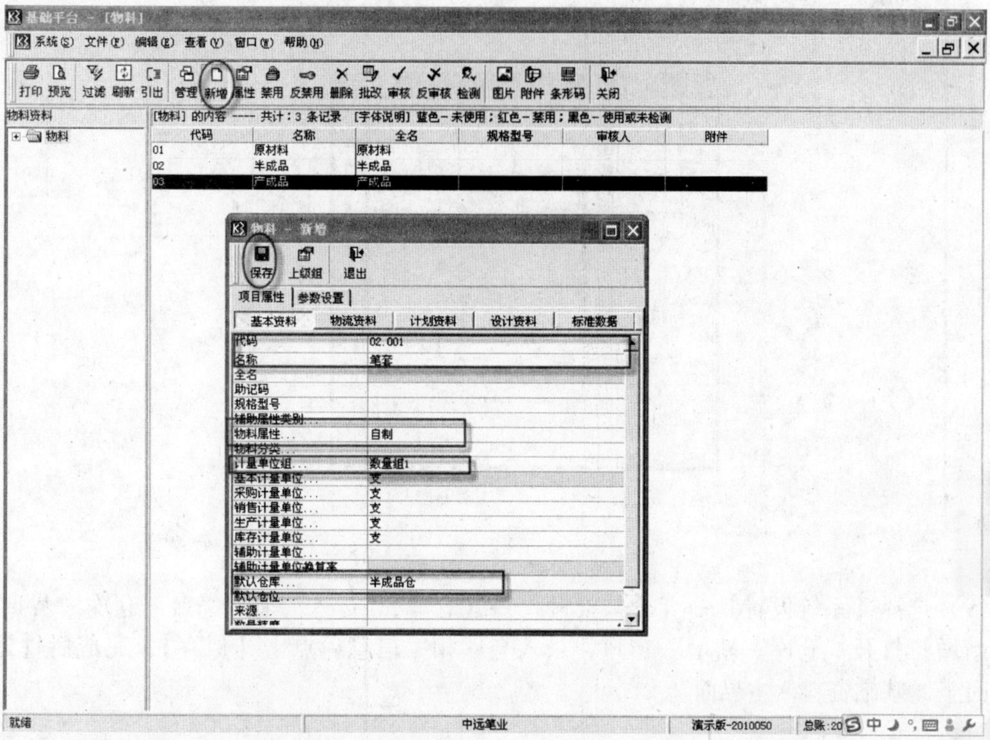

（8）选择【系统设置】→【公共资料】→【供应商】，进入“基础平台－供应商”界面，点击【新增】打开“供应商－新增”窗口，点击【上级组】，输入供应商分类信息后【保存】并继续录入，完成后点击【退出】。

在“基础平台－供应商”界面，点击【新增】打开“供应商－新增”窗口，录入供应商信息后【保存】并继续录入直至完成，点击【退出】，即完成供应商资料设置，点击【关闭】退出“基础平台－供应商”界面，返回至“基础资料－主界面”。

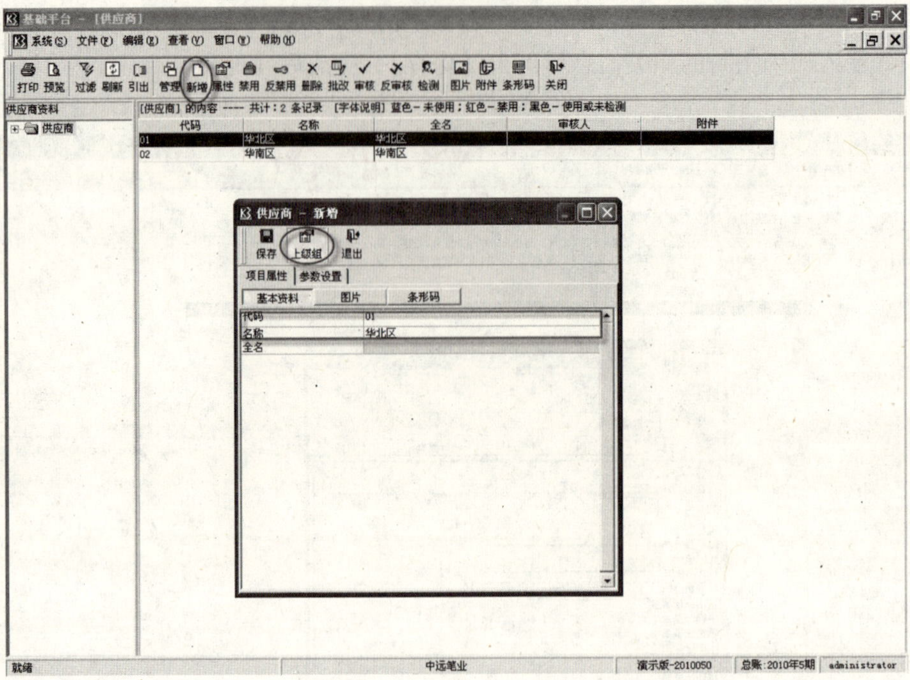

（9）选择【系统设置】→【公共资料】→【仓库】，进入“基础平台－仓库”界面：点击【新增】打开“仓库－新增”窗口，录入仓库相关信息后点击【保存】，完成后【退出】并返回至“基础资料－主界面”。

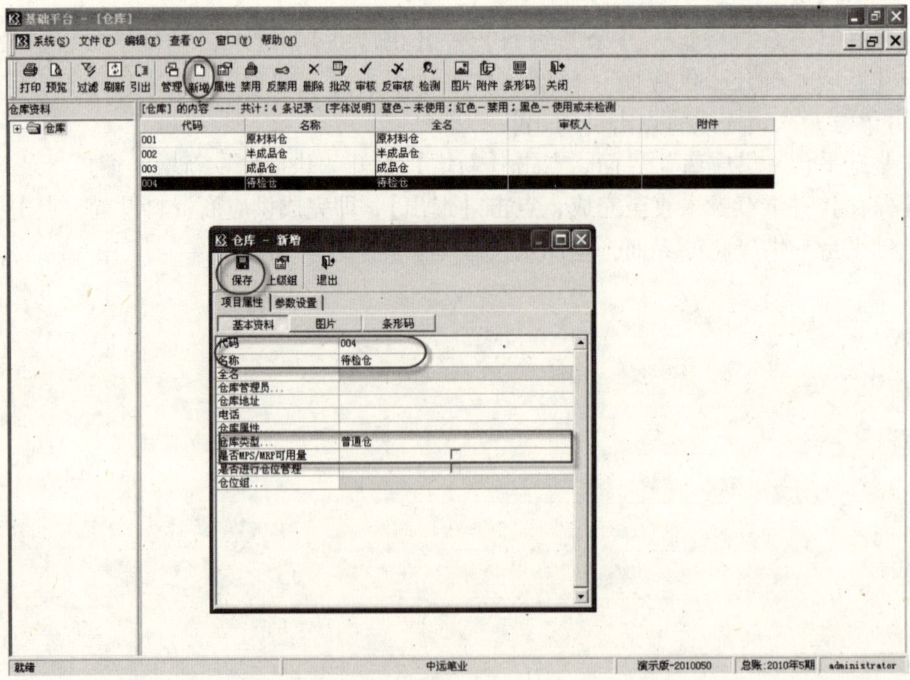

4. 核算参数设置和启用业务系统

选择【系统设置】→【初始化】→【核算参数设置】，按照参数设置向导进行如下：

核算参数设置-初始化 - [主界面]
系统(S) 窗口(W) 帮助(H)
金蝶K3
Kingdee
进入
子功能
明细功能
基础资料
初始化
系统设置
用户管理
日志信息
生产管理
采购管理
仓存管理
销售管理
存货核算
实际成本
作业成本管理
应收款管理
应付款管理
信息配置
总账
现金管理
结算中心
固定资产
质量管理
分销系统
门店系统
核算参数设置
工厂日历
启用业务系统
核算参数设置向导
业务系统设定:
启用年度: 2010
启用期间: 5
帮助
取消
<(B)上一步
(N)下一步>
(F)完成
就绪
中远笔业
演示版-2010050
0000年 第0期
administrator

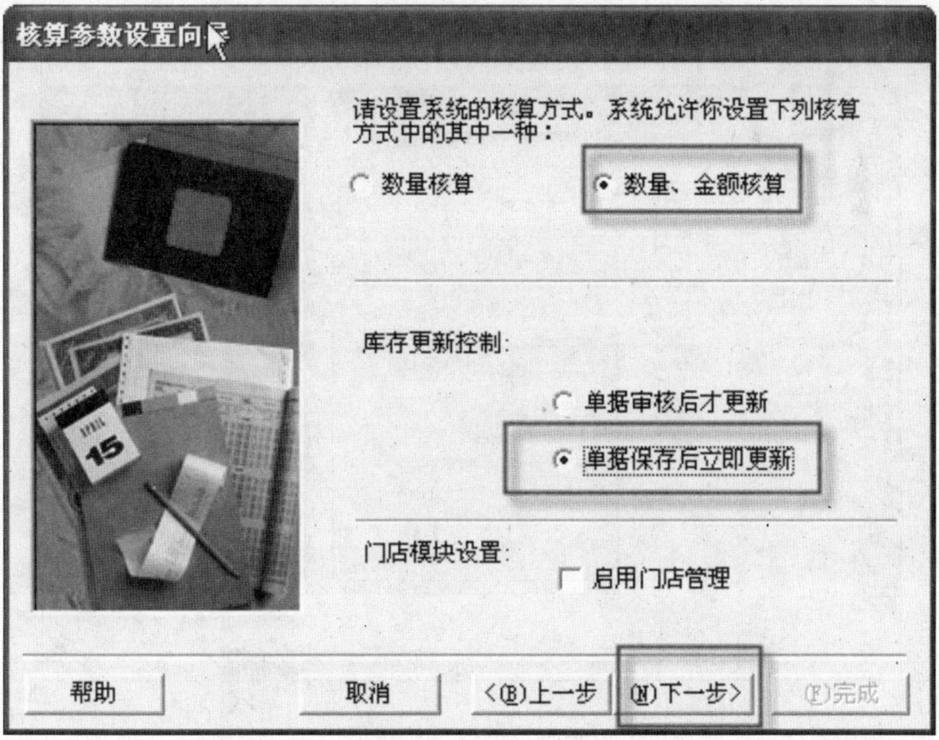
核算参数设置向导
请设置系统的核算方式。系统允许你设置下列核算方式中的其中一种：
数量核算
数量、金额核算
库存更新控制:
单据审核后才更新
单据保存后立即更新
门店模块设置:
启用门店管理
帮助
取消
<(B)上一步
(N)下一步>
(F)完成

设置工厂日历：选择【系统设置】→【初始化】→【工厂日历】，设置后【保存】并【退出】即可启用业务系统。

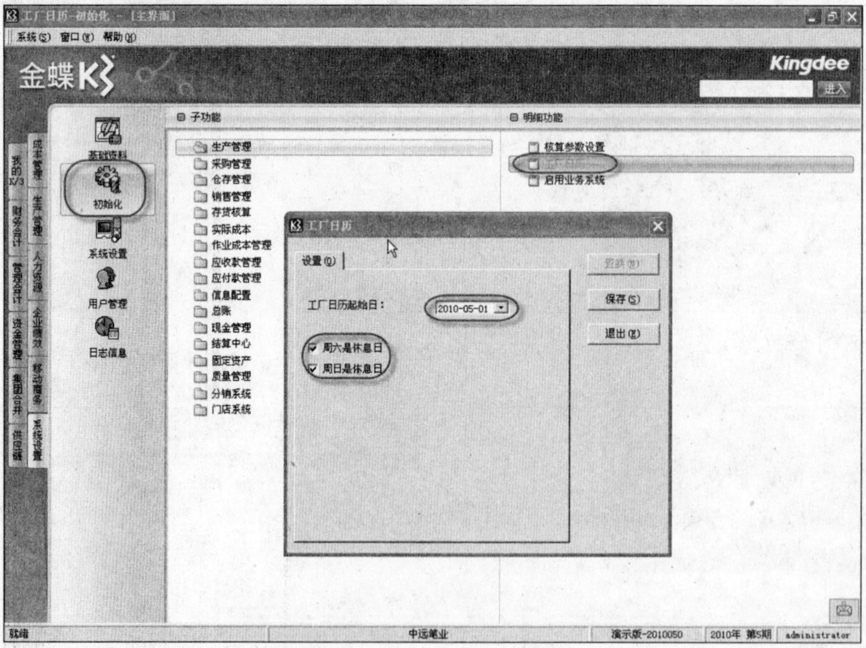

注意：启用系统后，资料将不可修改，请慎重检查后启用。

5. 供应链管理功能操作

采购管理：供应商管理→采购申请→采购订单处理→收料→采购发票→报表综合。

（1）供应商管理：选择【供应链】→【供应商管理】→【供应商供货信息】，进入"供应商供货信息”界面，单击【物料】按钮，选择相应物料（“原材料：01.001”），单击【新增】录入供应商信息后【保存】，完成后【退出】。

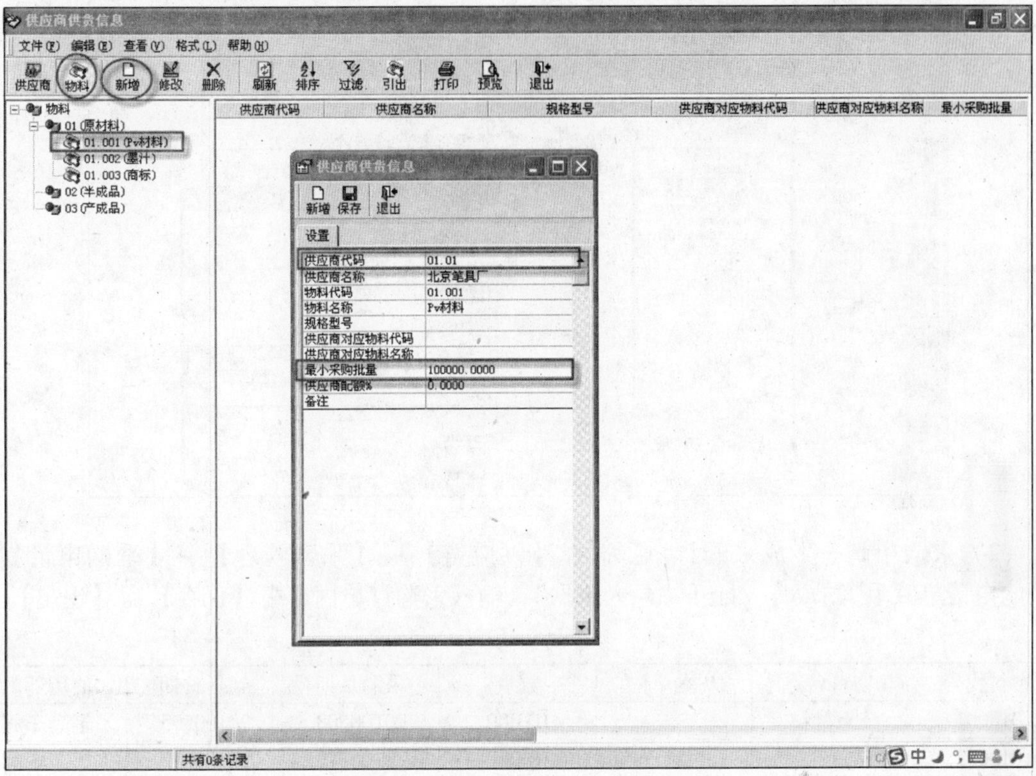

供应商供货信息如下：

物料代码	物料名称	供应商	订货量	币种	价格（元）
01.001	PV 材料	01.01	0 ~ 100 000	人民币	0.3
01.002	墨汁	02.01	0 ~ 100 000	人民币	0.05
01.003	商标	02.02	0 ~ 1 000	人民币	0.1

选择【供应链】→【供应商管理】→【采购价格管理】，打开“系统基本资料（采购价格管理）”界面，选择相应物料，单击【新增】录入物料相关采购信息后【保存】，完成后【退出】。保存时如有“高出限价”提示，不用理会，直接【确定】【保存】即可。

（2）采购申请—生成采购订单：选择【供应链】→【采购管理】→【采购申请】→【采购申请单 - 手工录入】，打开“录入单据”，输入采购订单内容中【保存】后【退出】。

物料代码	物料名称	基本单位	数量	采购日期	到货日期	使用部门
01.001	PV 材料	克	10 000	20100508	20100515	笔套车间
01.002	墨汁	克	10 000	20100512	20100512	笔芯车间
01.003	商标	支	100	20100511	20100511	装配车间

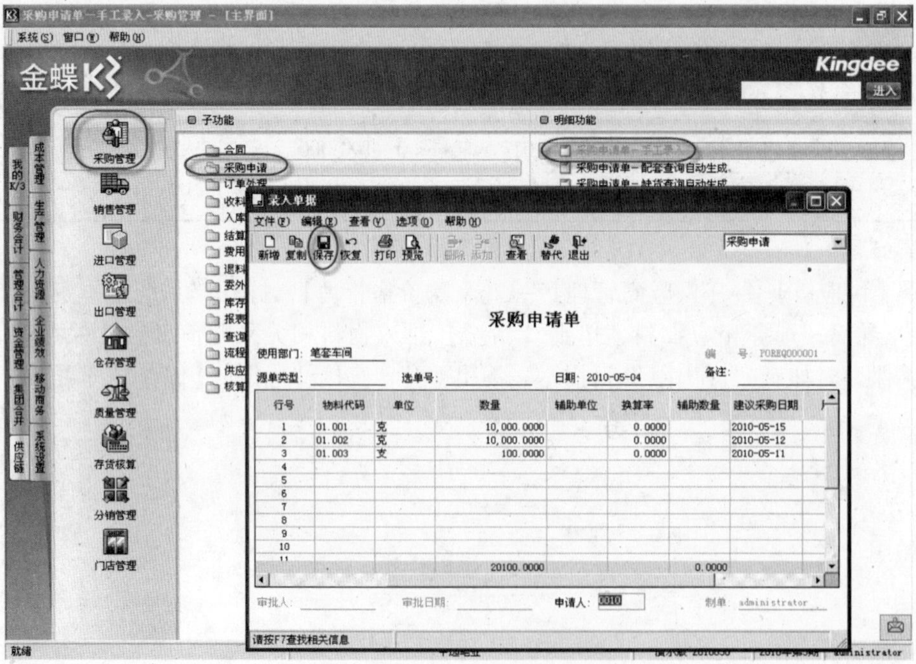

完成后，选择【供应链】→【采购管理】→【采购申请】→【采购申请单－查询】，按照默认查询方案，可以查询到录入的采购申请单如下：

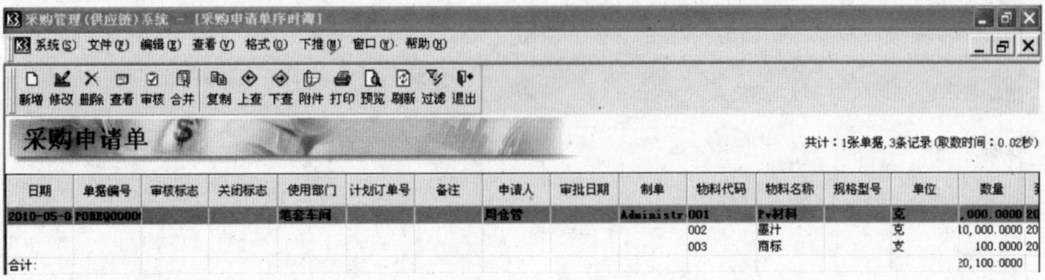

点击【审核】按钮，审核该采购申请单。显示结果如下：

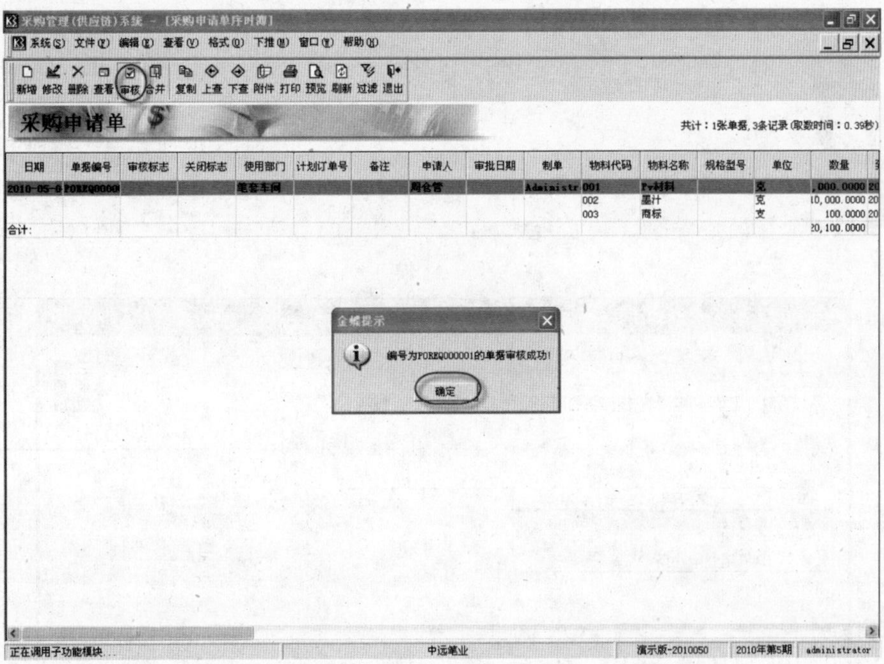

点击【确定】，完成审核。选择采购申请单项目，点击菜单【下推】→【生成采购订单】：

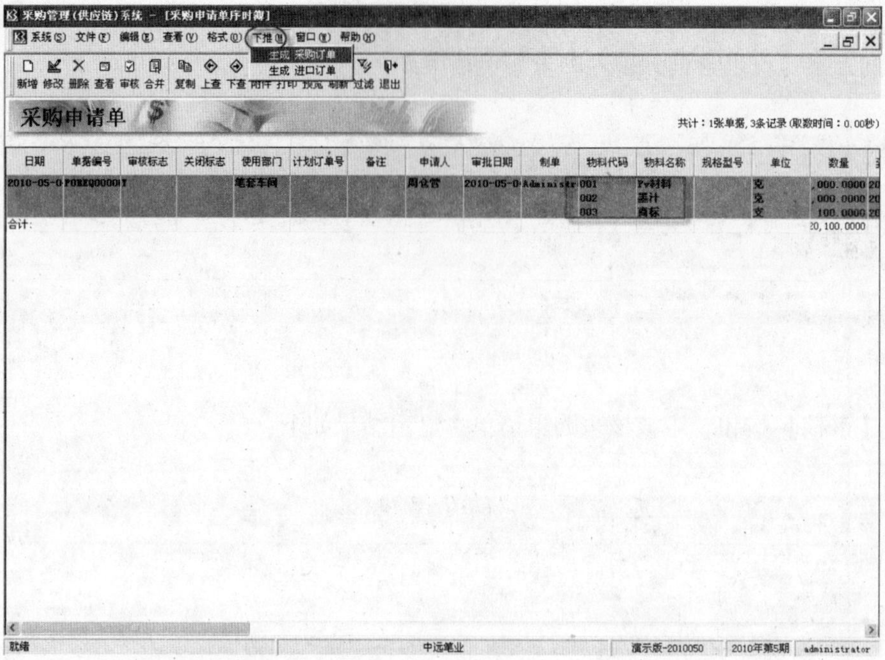

弹出窗口：

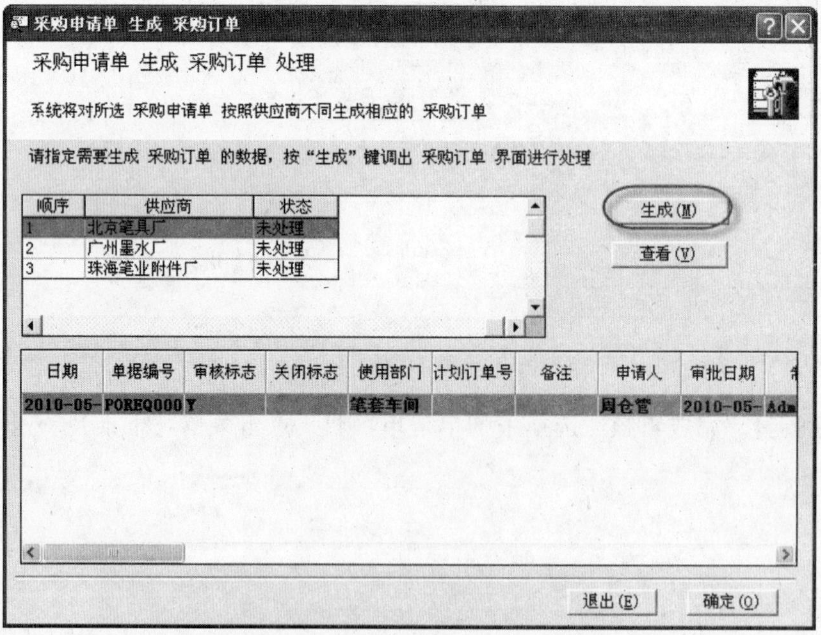

点击【生成】采购订单：

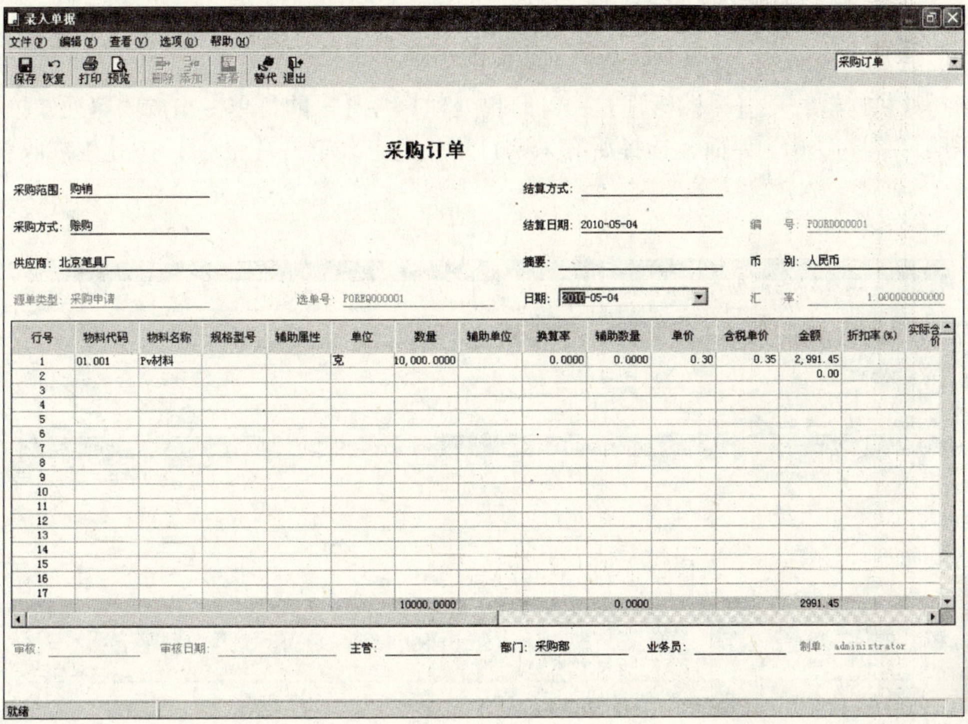

生成订单后点击“订单窗口”的“业务员”，录入相关人员后点击【保存】【退出】，然后选择下一供应商，点击【生成】，完成所有订单生成后点击【确定】，【关闭】“采购申请单序时簿”。

选择【供应链】→【采购管理】→【订单处理】→【采购订单－查询】，【确定】默认方案查询，可查询到采购订单结果：

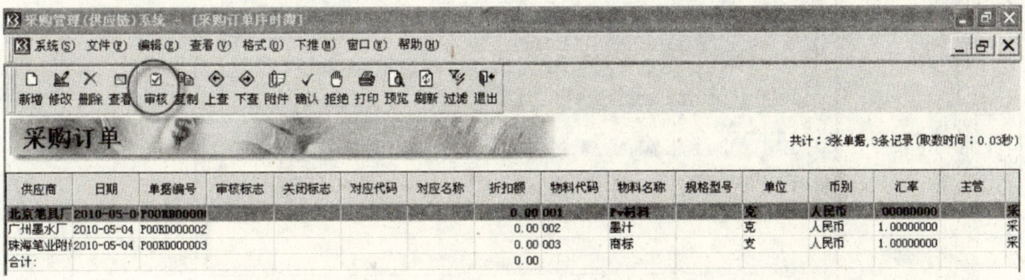

选择采购订单，点击【审核】按钮，提示审核成功：

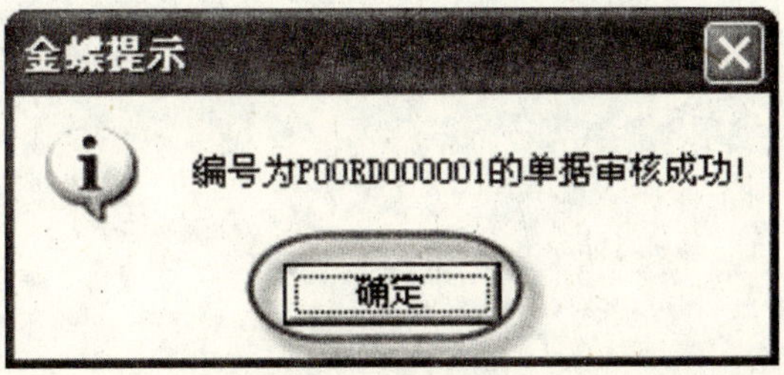

点击【确定】，选择下一张订单【审核】，至所有订单审核完后【退出】。

（3）收料－入库－发票管理：修改系统时间为 2010. 05. 22。

选择【供应链】→【采购管理】→【订单处理】→【采购订单－生成收料通知单】，进入“采购订单序时簿”界面，选择所有采购订单，点击菜单栏【下推】→【生成收料通知单】：

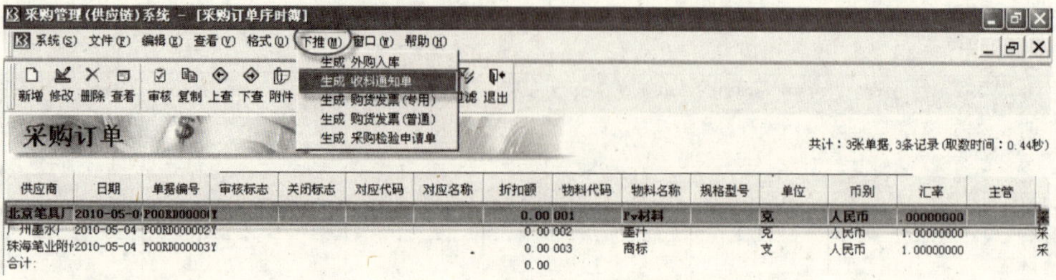

结果如下：

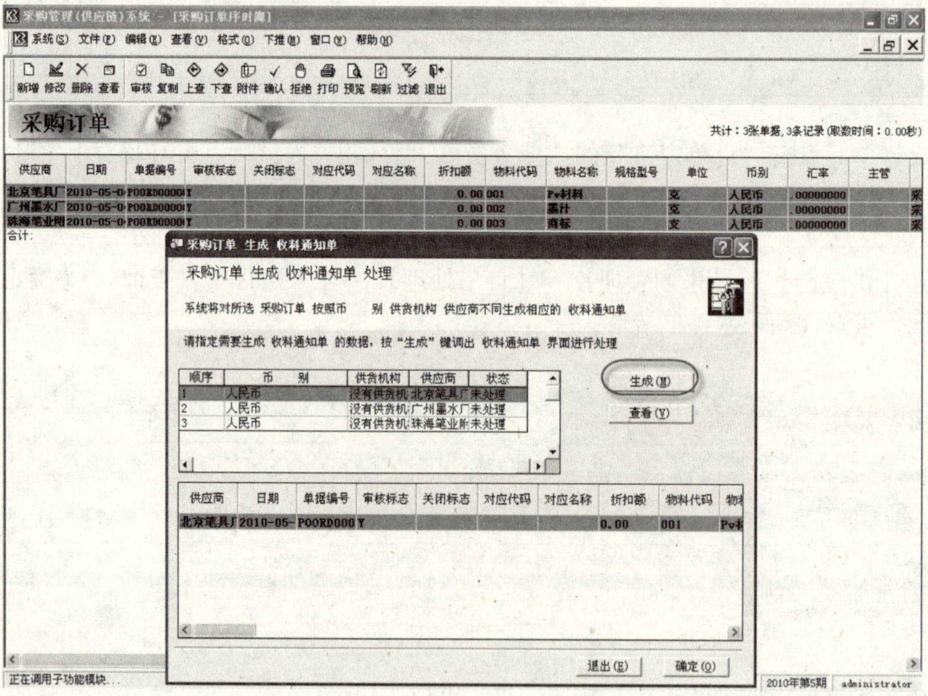

点击【生成】“收料通知单”，【保存】并【审核】后【退出】，【确定】并退出“采购订单序时簿”。

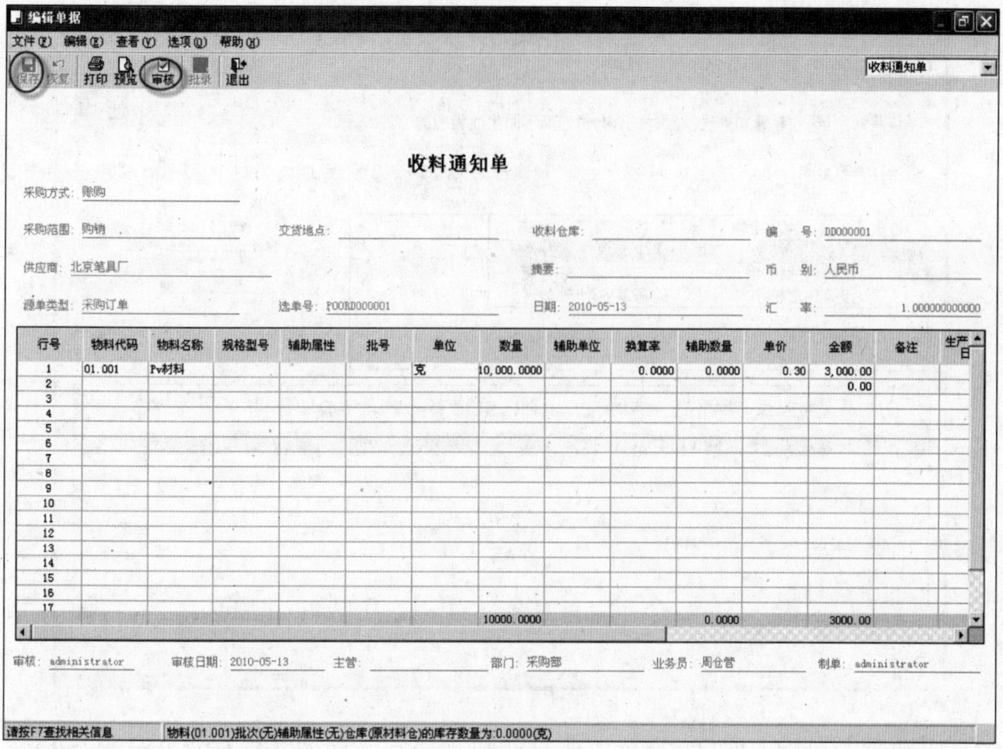

选择【供应链】→【采购管理】→【收料通知】→【生成外购入库单】，【确定】默认查询方案后打开“收货单据序时簿”：

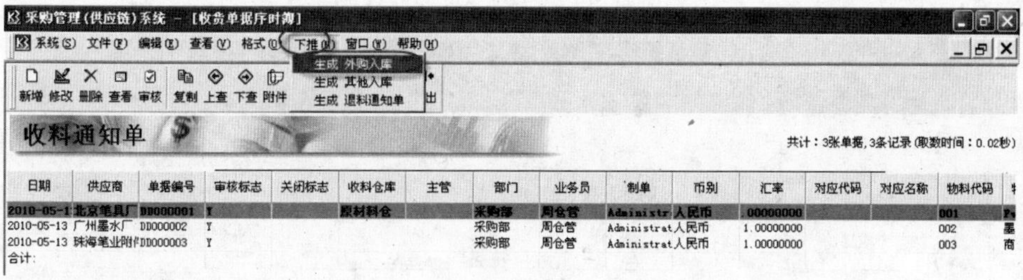

全选序时簿中的通知单，点击菜单中【下推】→【生成外购入库】：

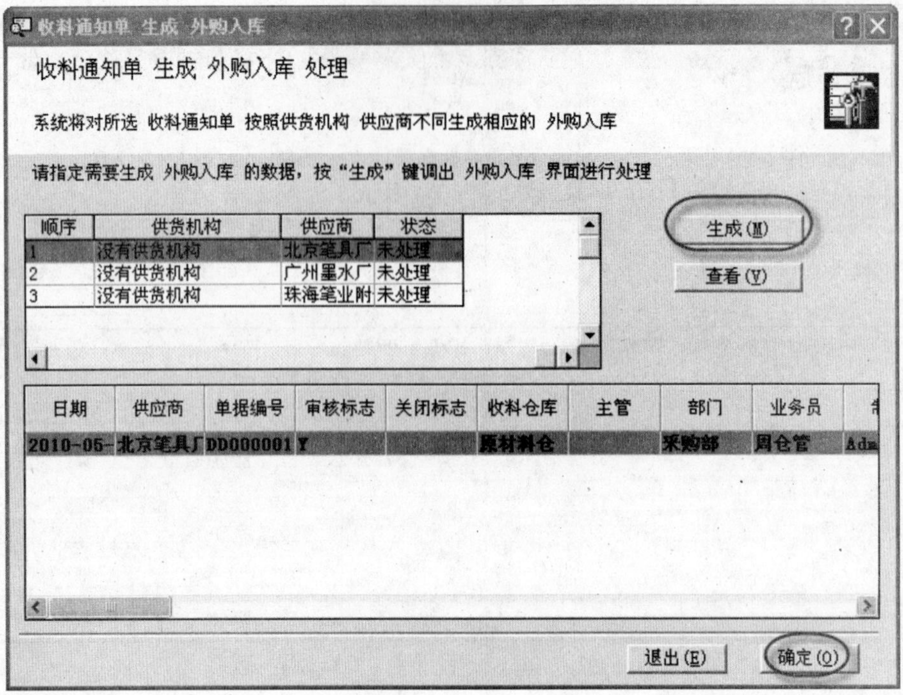

点击【生成】外购入库单，录入“验收”和“保管”项后【保存】并【审核】后【退出】，待所有通知单生成完毕后【退出】“收货单据序时簿”界面。

选择【供应链】→【采购管理】→【结算】→【采购发票-录入】，打开“购货发票”窗口，选择源单类型为“外购入库”：

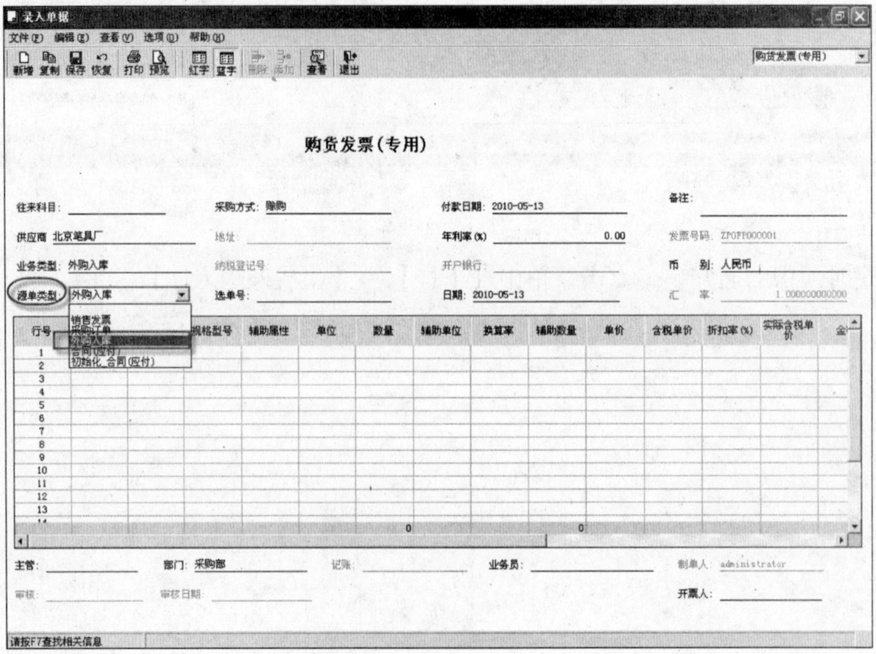

双击“选单号”打开“外购入库序时簿”：

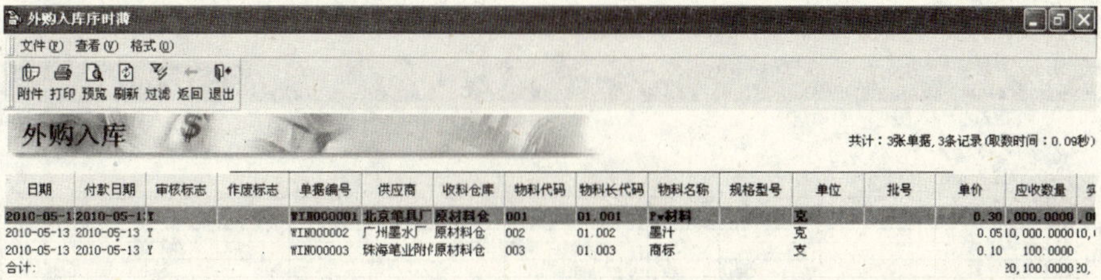

选择相应的入库单后双击，录入“购货发票其他事项”后点击【保存】并【审核】后【退出】。

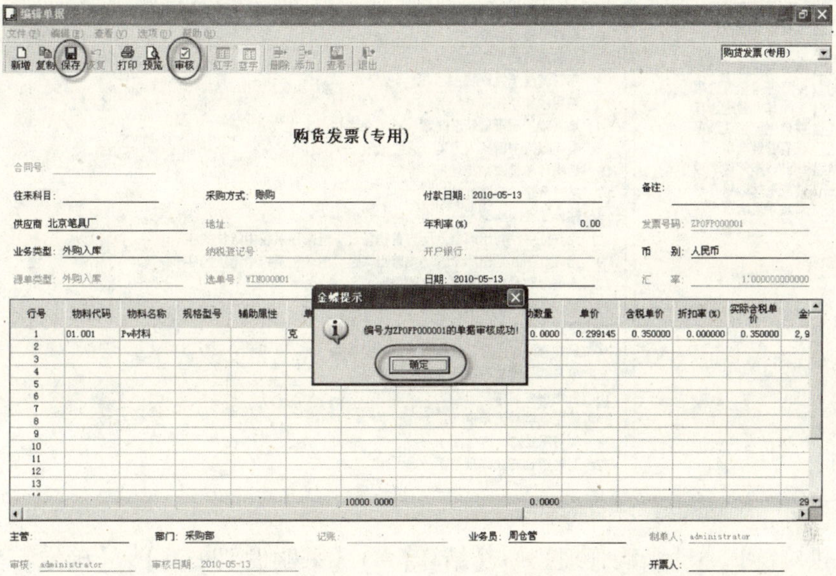

注意：【保存】时若不能保存，弹出窗口提示“应收应付未初始化”信息时，选择【系统设置】→【系统设置】→【采购管理】→【系统设置】：

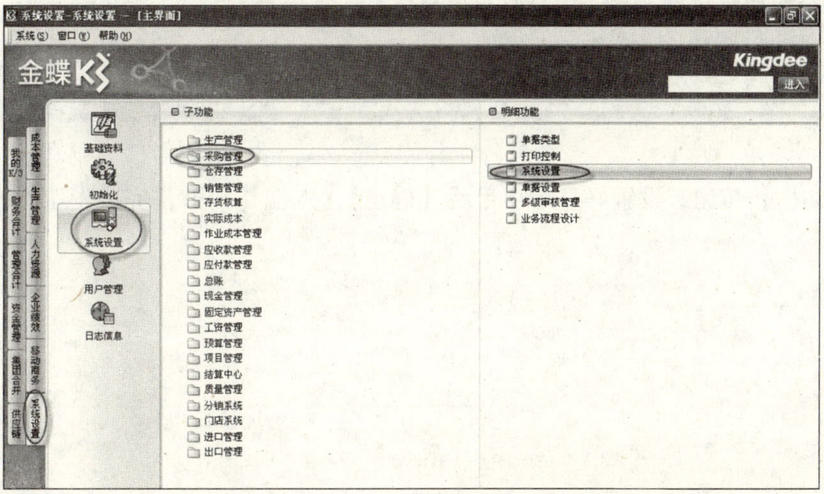

去掉选项 7 的勾选即可：

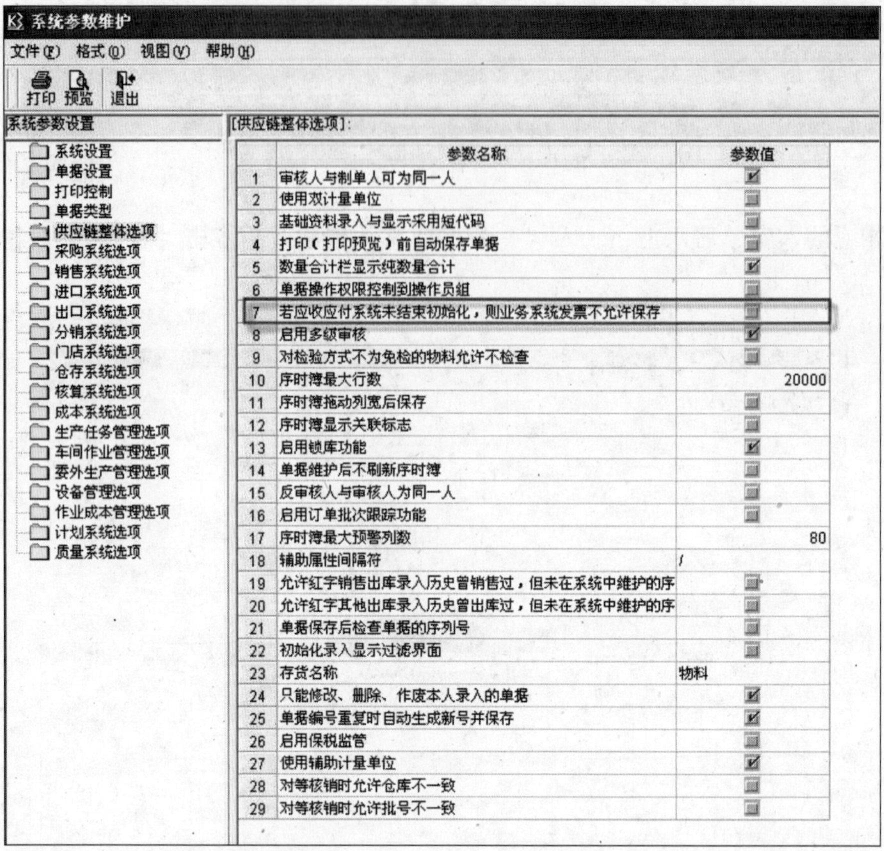

选择【供应链】→【采购管理】→【结算】→【采购发票查询】，【确定】默认查询方案，打开查询结果“采购发票序时簿”：

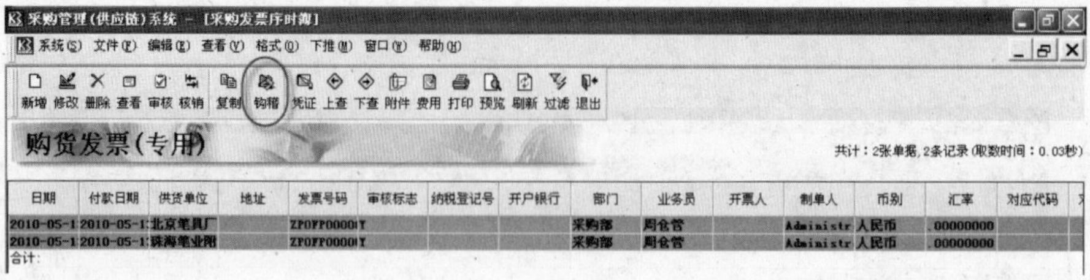

点击【钩稽】按钮，设置好显示项目后【确定】，点击【钩稽】完成发票钩稽。

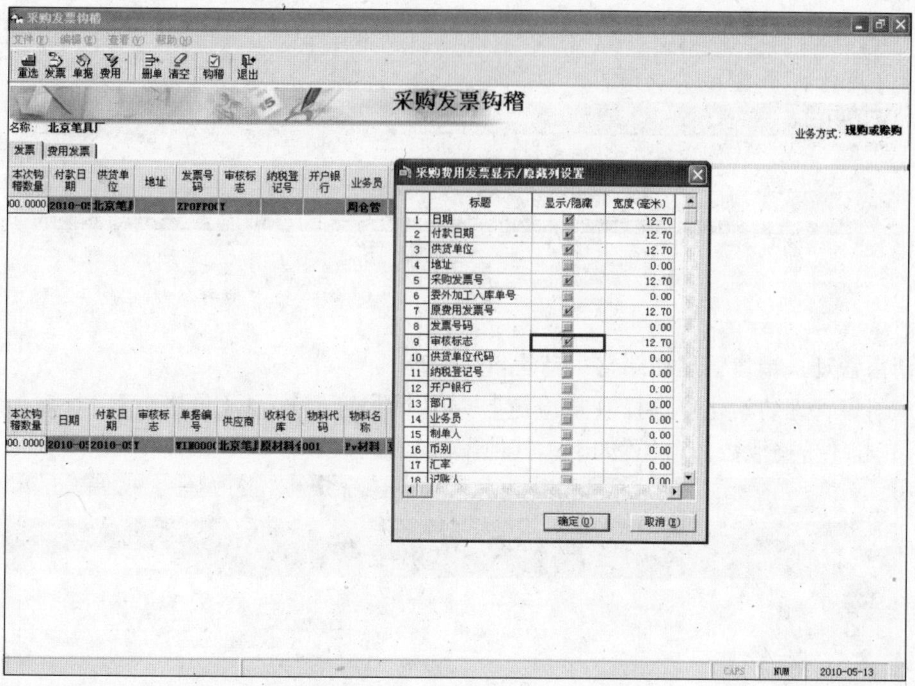

选择【供应链】→【采购管理】→【结算】→【采购发票－钩稽日志】，查询到钩稽结果如下：

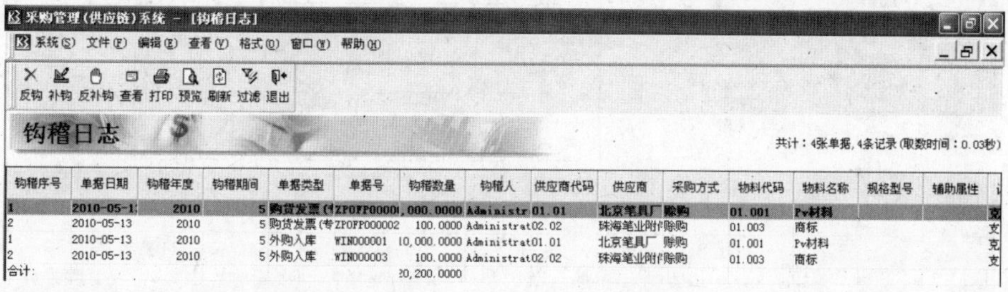

（4）报表综合处理：选择【供应链】→【采购管理】→【报表分析】→【采购汇总表】，【确定】默认查询方案后得到采购汇总表：

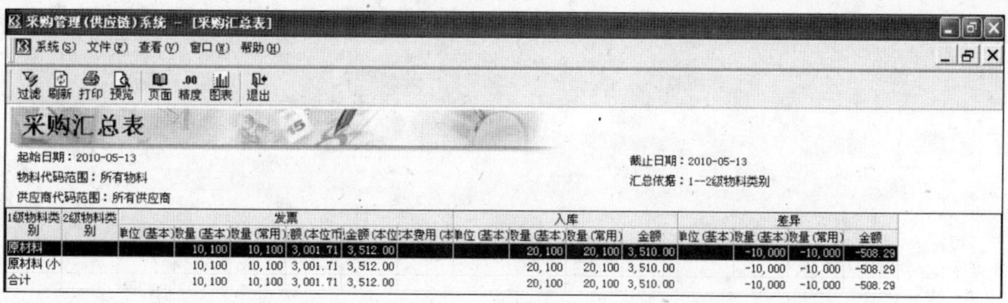

选择【供应链】→【采购管理】→【报表分析】→【采购明细表】：

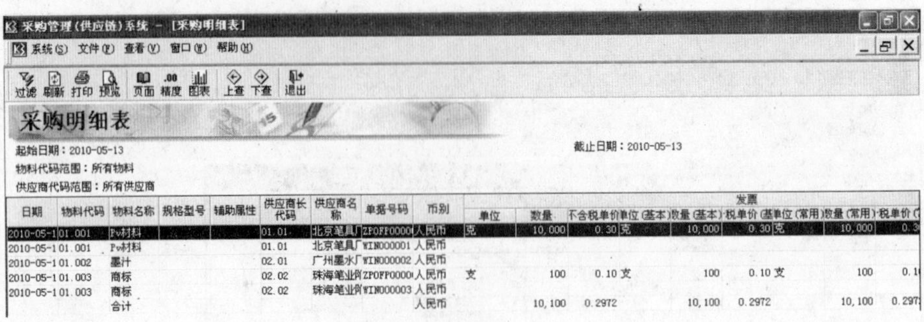

6. 销售管理：销售管理初始化→销售价格管理

（1）销售管理初始化：选择【供应链】→【销售管理】→【价格资料】→【价格参数设置】，单击【价格取数】。设置如下，其他默认。

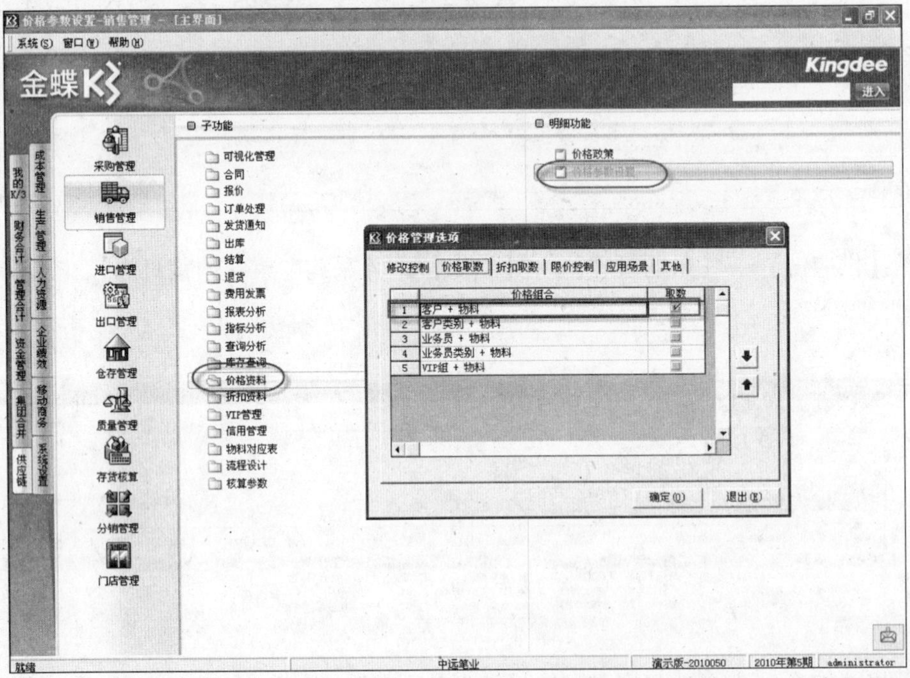

选择【供应链】→【销售管理】→【价格资料】→【价格政策】，点击【确定】默认查询方案后打开“价格方案序时簿”。点击【新增】，维护价格政策资料，价格政策编号：001；价格政策名称：销售价格；组合类型：客户、物料，设置完成后点击【保存】，系统提示成功维护信息：

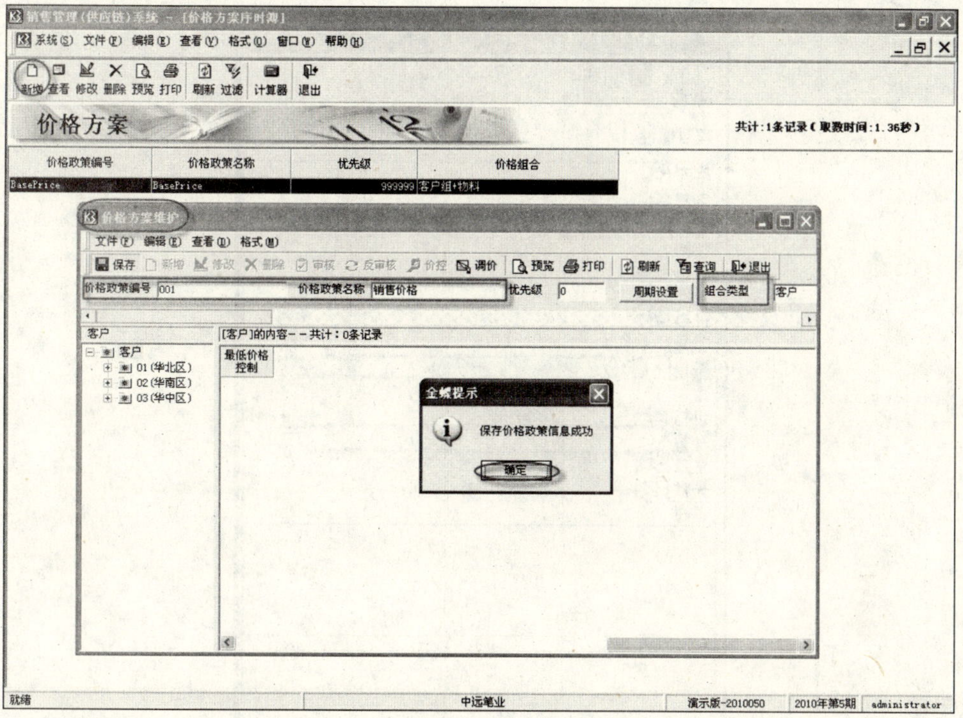

选择【编辑】→【批量处理】→【批量新增】：

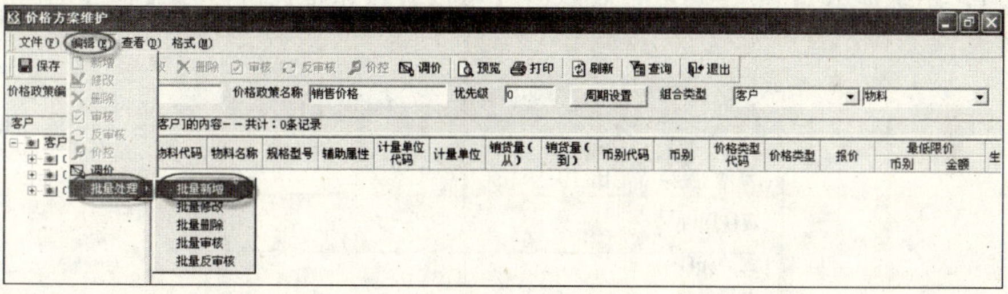

打开“价格折扣管理”界面，输入价格资料：

代码	名称	单位	数量段	报价（元）
03.001	精品笔	支	0～1 000	1.5
03.002	纪念笔	支	0～1 000	3.5

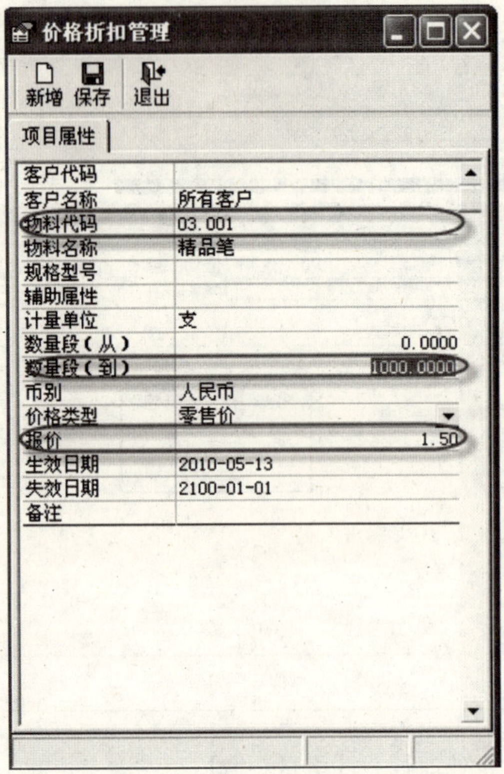

完成后，系统提示如下，【确定】后点击【审核】按钮审核价格方案后【退出】。

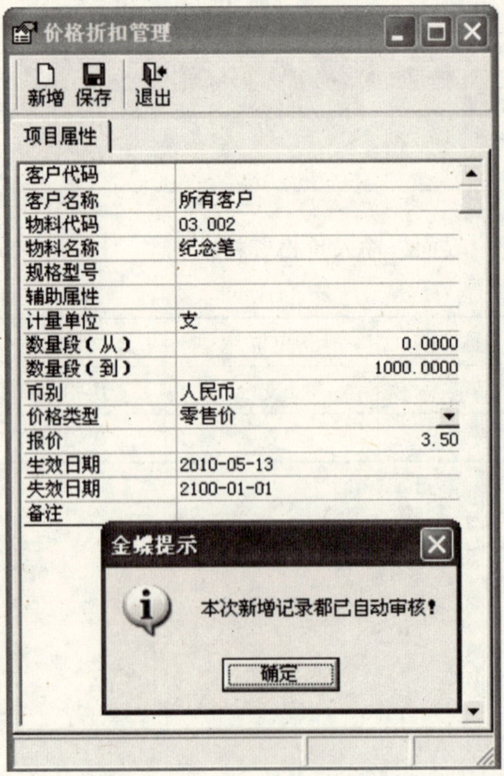

价格方案维护结果如图：

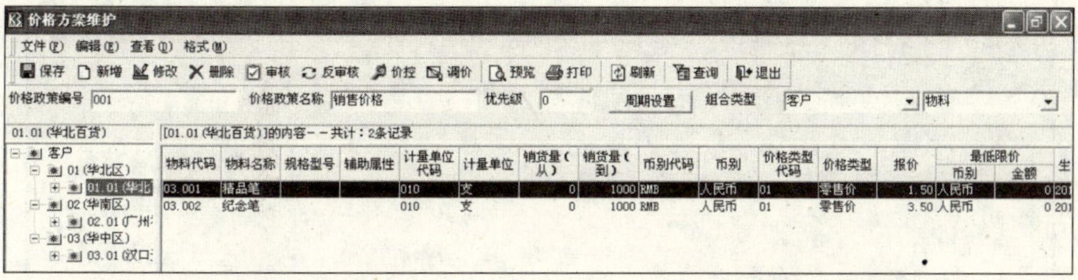

（2）销售报价—销售订单—订单出库—生成销售发票—钩稽销售发票。

选择【供应链】→【销售管理】→【报价】→【销售报价单－手工录入】：录入销售报价资料后【保存】并【审核】后【退出】。

客户：华北百货，精品笔数量 1 000 支，价格：1.5 元/支，销售方式：赊销。

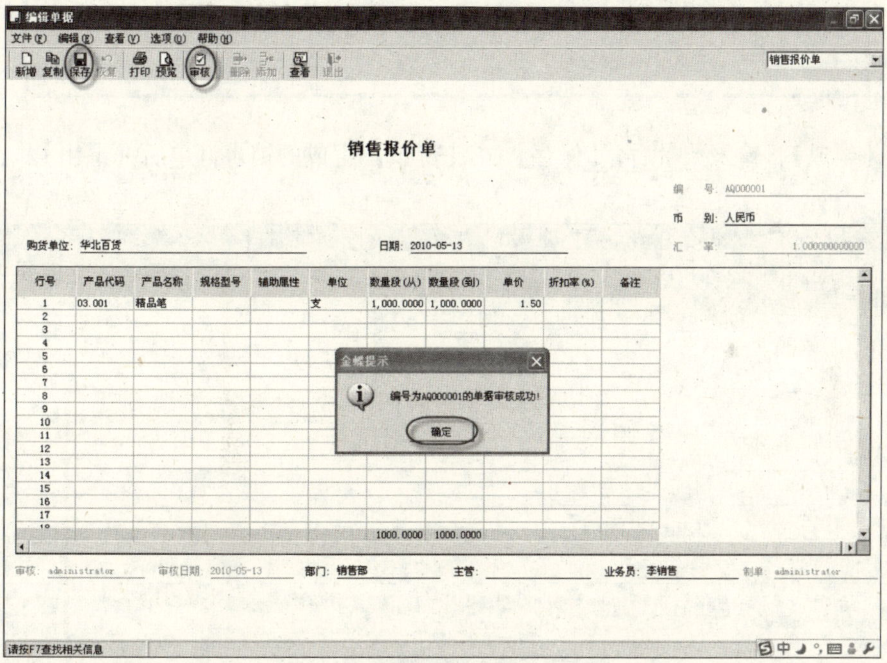

选择【供应链】→【销售管理】→【报价】→【销售报价单生成销售订单】，【确定】默认查询方案，进入“报价单序时簿”，点击菜单栏【下推】→【生成销售订单】。

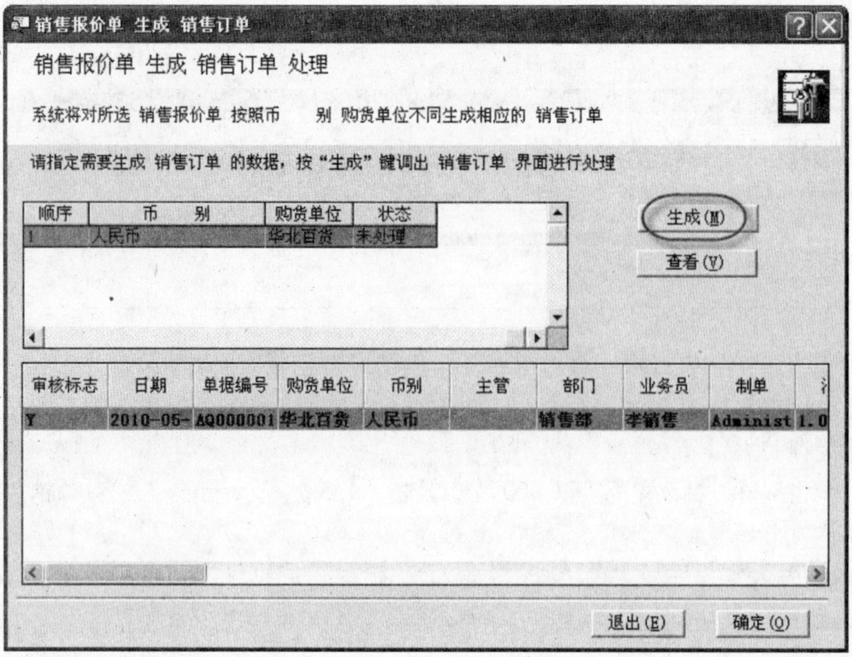

点击【生成】，输入数量后，【保存】并【审核】生成的销售订单后【退出】。

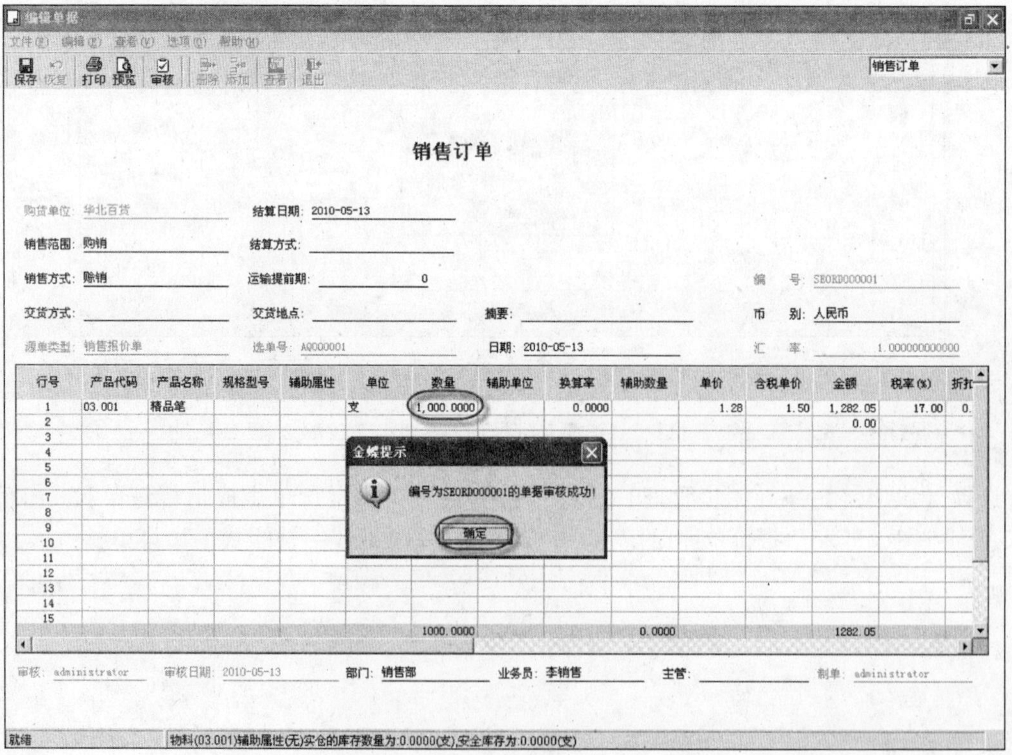

选择【供应链】→【销售管理】→【订单处理】→【销售订单生成销售出库单】，【确定】默认查询方案，打开“销售订单序时簿”，选择菜单【下推】→【生成销售出库】：

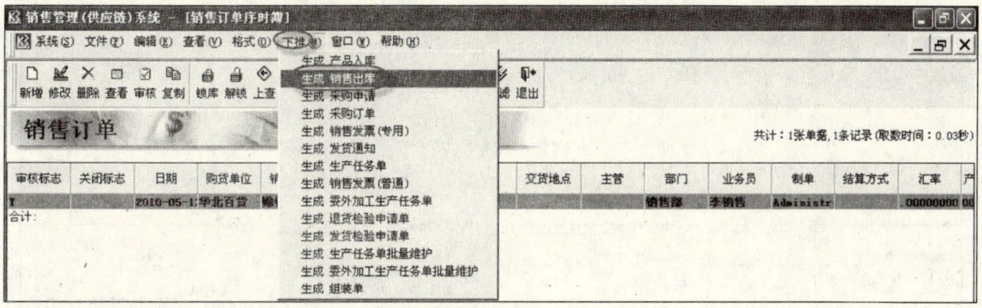

打开“销售订单生成销售出库”，显示如下：

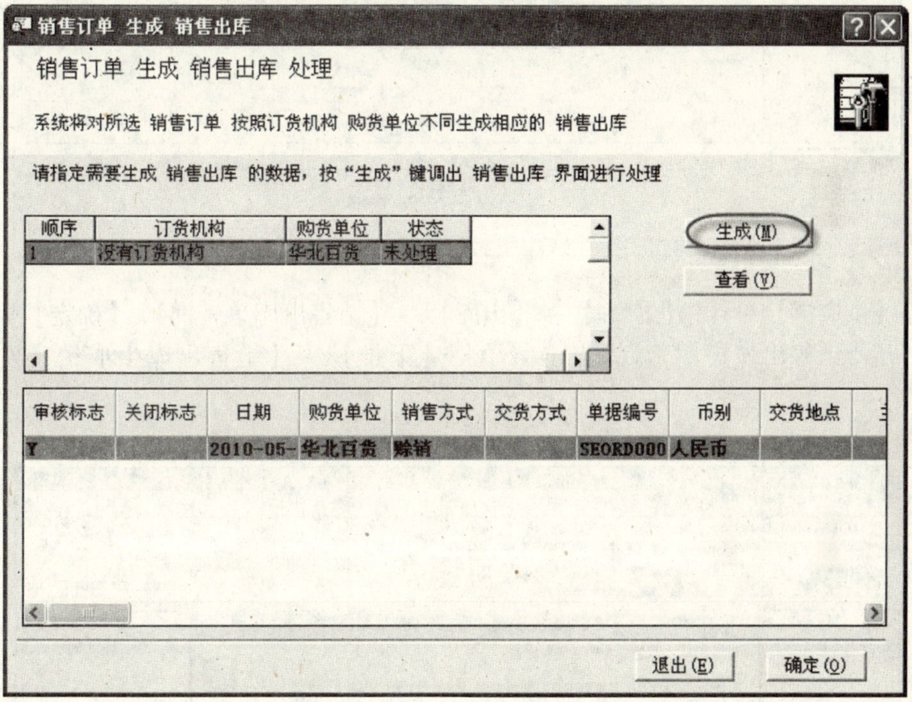

点击【生成】后打开“销售出库单”。录入相关信息（批号为001）后，【保存】并【审核】后【退出】。

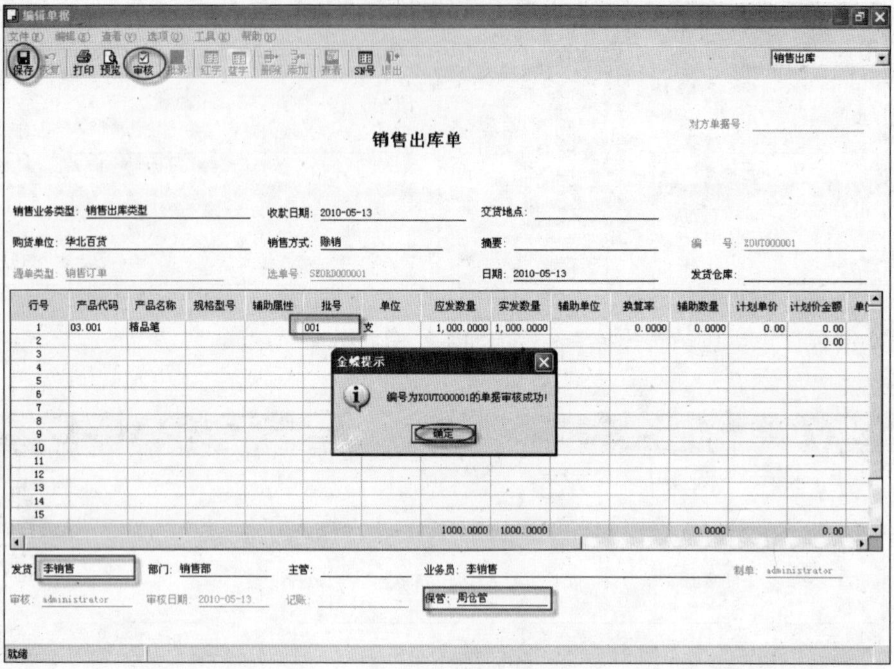

选择【供应链】→【销售管理】→【出库】→【销售出库单查询】，【确定】默认查询方案，打开“销售出库序时簿”，点击菜单栏【下推】→【销售出库生成销售发票（普通）】：

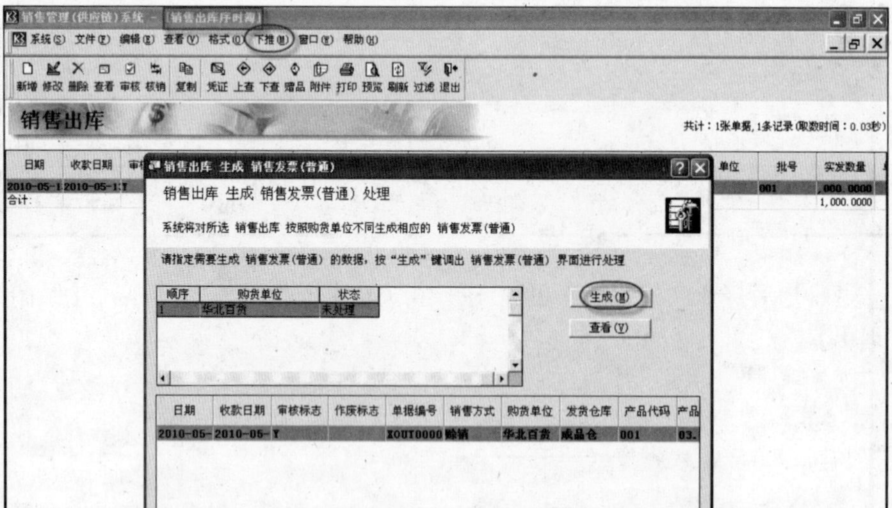

点击【生成】弹出“销售发票”，【保存】并【审核】后【退出】。

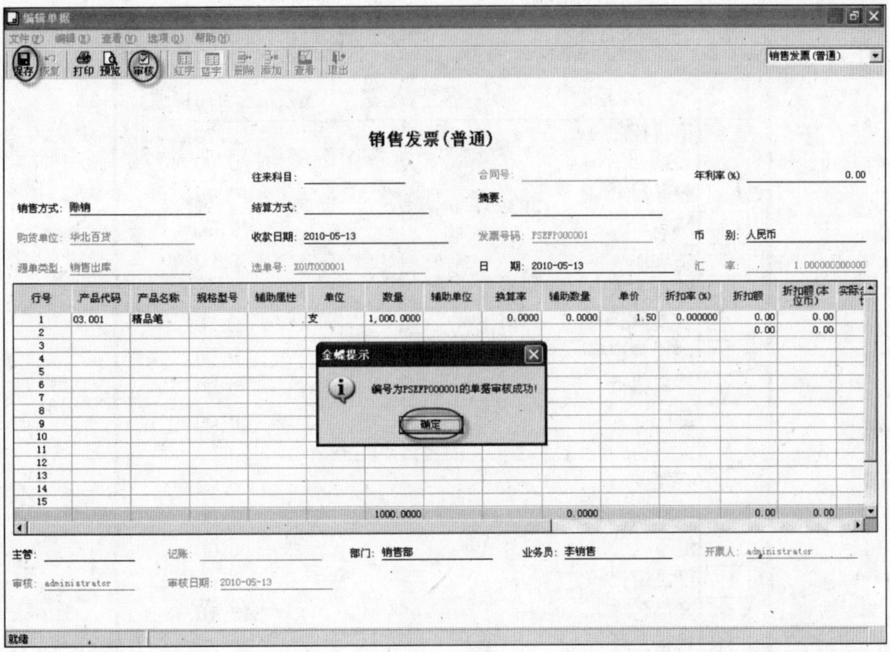

选择【供应链】→【销售管理】→【结算】→【销售发票查询】，事务类型中选“销售发票普通”，【确定】查询：

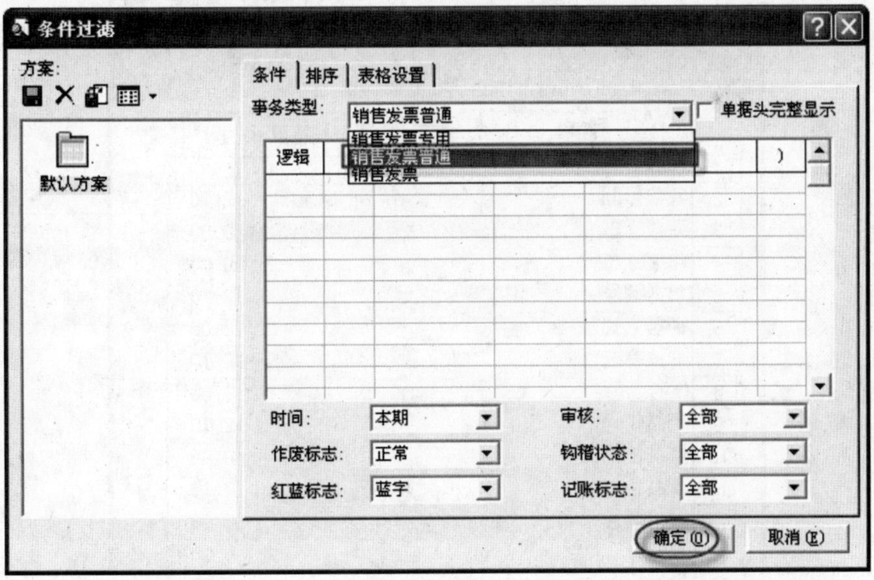

打开“销售发票序时簿”，点击【钩稽】按钮，在弹出设置窗口作如下设置，如下列设置中未提及则可任意设置，设置完毕后点击【钩稽】即可完成发票钩稽。

销售发票显示/隐藏列设置

	标题	显示/隐藏	宽度(毫米)
1	审核标志	☑	12.70
2	日期	☐	0.00
3	收款日期	☑	12.70
4	购货单位	☑	12.70
5	地址	☐	0.00
6	结算方式	☐	0.00
7	发票号码	☑	12.70
8	纳税登记号	☐	0.00
9	开户银行	☐	0.00
10	部门	☐	0.00
11	业务员	☐	0.00
12	开票人	☐	0.00
13	币别	☐	0.00
14	汇率	☐	0.00
15	产品短代码	☐	0.00
16	产品名称	☑	12.70
17	规格型号	☑	12.70
18	单位	☐	0.00

确定(O)　取消(E)

销售出库单显示/隐藏列设置

	标题	显示/隐藏	宽度(毫米)
1	日期	☑	12.70
2	收款日期	☑	12.70
3	审核标志	☐	0.00
4	作废标志	☐	0.00
5	单据编号	☑	12.70
6	销售方式	☐	0.00
7	购货单位	☑	12.70
8	发货仓库	☐	0.00
9	产品代码	☑	12.70
10	产品长代码	☐	0.00
11	产品名称	☑	12.70
12	规格型号	☐	0.00
13	单位	☐	0.00
14	批号	☑	12.70
15	实发数量	☐	0.00
16	单位成本	☑	12.70
17	成本	☐	0.00
18	发货	☐	0.00

确定(O)　取消(E)

选择【供应链】→【销售管理】→【结算】→【销售发票－钩稽日志】，【确定】默认查询方案，显示钩稽日志如下：

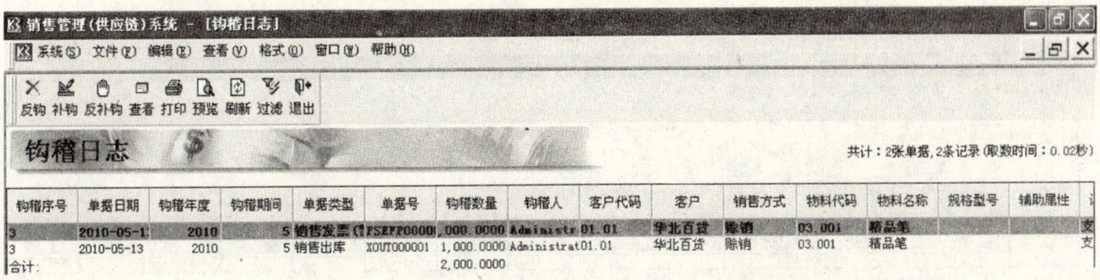

7. 仓存管理：外购入库查询—验收入库查询—库存状态查询

选择【供应链】→【仓存管理】→【验收入库】→【外购入库单－查询】，【确定】默认查询方案，打开“外购入库序时簿”：

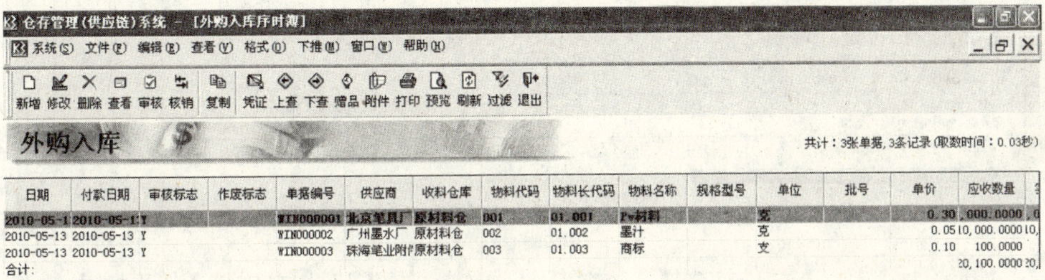

选择【供应链】→【仓存管理】→【验收入库】→【验收入库－查询】，【确定】默认查询方案，查询“入库业务序时簿”如下：

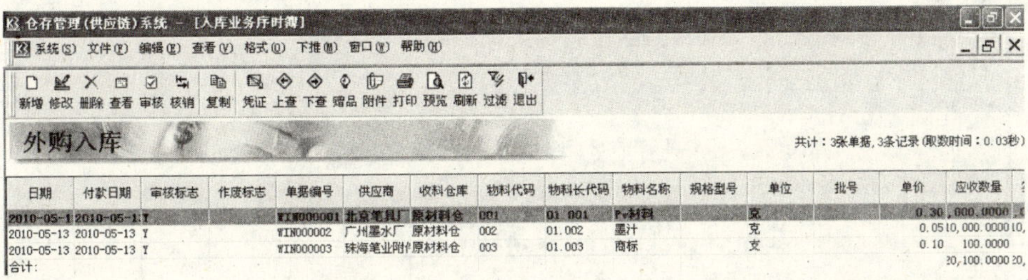

选择【供应链】→【仓存管理】→【库存查询】→【库存状态查询】，【确定】默认查询方案，库存状态查询结果为：

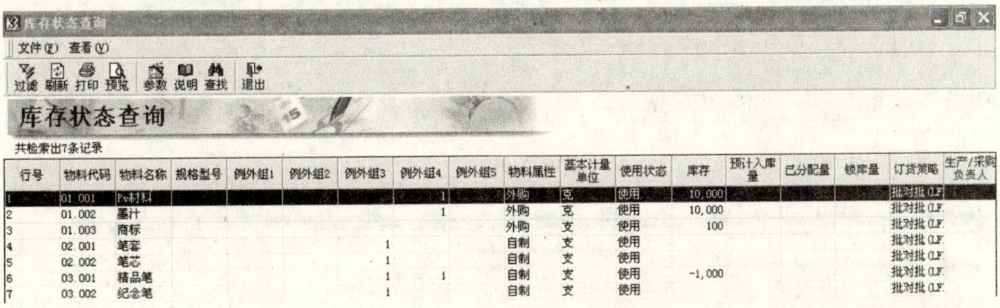

8. 存货核算：外购入库核算—产品出库核算—报表分析

选择【供应链】→【存货核算】→【入库核算】→【外购入库核算】，【确定】默认查询方案，进入“外购入库核算”界面。

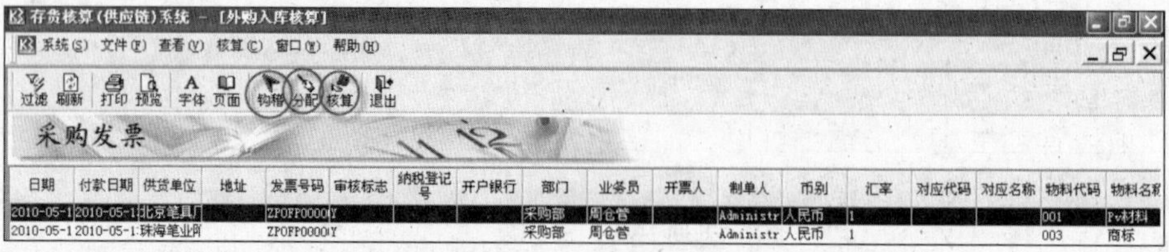

选择发票，点击【分配】—【核算】—【钩稽】。系统自动完成相关核算。

选择【供应链】→【存货核算】→【产成品发出汇总表】，【确定】默认查询方案如下：

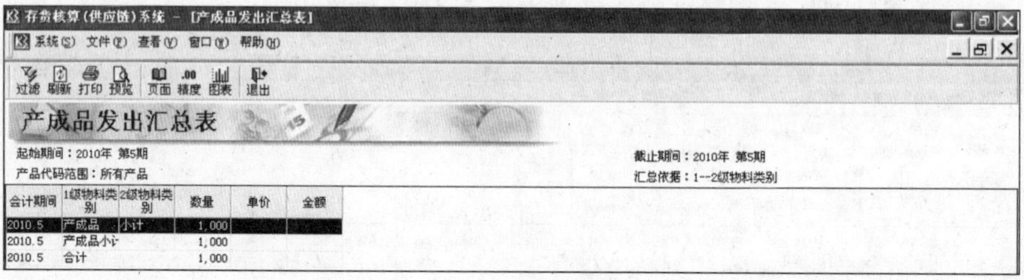

选择【供应链】→【存货核算】→【报表分析】→【材料明细账】，【确定】默认查询方案，得“材料明细账”如下：

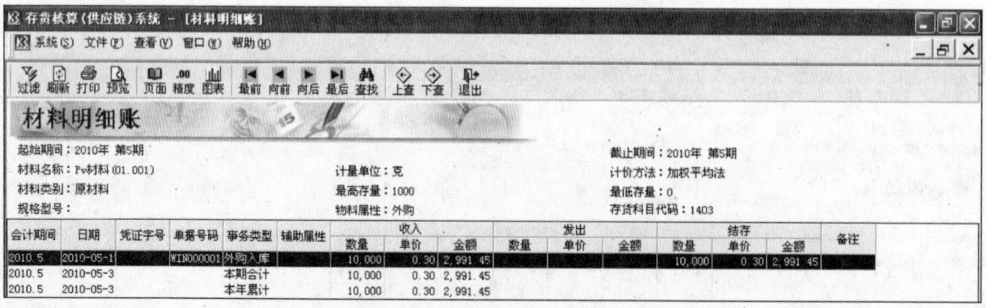

选择【供应链】→【存货核算】→【报表分析】→【外购入库单与采购发票的钩稽表】，【确定】默认查询方案得查询结果如下：

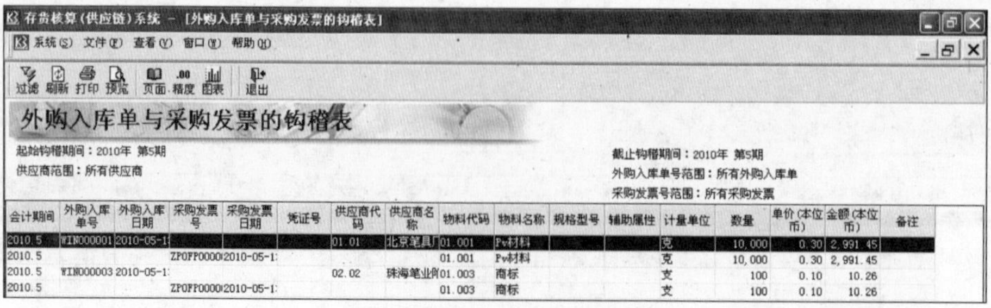

六、实验结果

实验完成后，根据实验数据主要实验结果如下：

（1）采购管理生成：采购申请单、采购订单、收料通知单、外购入库通知单、采购发票、发票钩稽清单、采购汇总表、采购明细表等。

（2）销售管理生成：销售报价单、销售订单、销售出库单、销售发票等。

（3）仓存管理：外购入库清单、验收入库清单、库存状态查询。

（4）存货核算：外购入库核算、产品发出汇总表、材料明细账、采购发票钩稽表等。

七、实验总结

本实验的主要目的在于掌握供应链管理模块的主要功能，通过案例数据演示 ERP 在供应链管理的主要环节中的主要功能。通过案例数据操作，提高对供应链模块功能的认识和理解，并掌握最基本的操作技能。

第十一章　生产管理模块实验

一、实验准备

金蝶 K3 的生产制造管理系统面向企业计划、生产管理人员，对企业的物料清单、生产计划、能力计划、车间业务等进行全面管理，帮助企业实现精细化管理，提升管理效率和效果。生产制造管理和财务系统结合使用，构成了完整、全面的一体化企业应用解决方案。

生产制造管理的主要功能模块包括：

(1) 生产数据管理：通过 BOM 管理、工程变更管理、工艺管理等功能，帮助企业建立完整的生产基础数据管理规范。

(2) 生产计划管理：包括主生产计划、粗能力计划、细能力计划、生产预测管理等功能，帮助企业制订合理有效的生产计划。

(3) 生产任务管理：从生产任务、投料、领料、生产、检验、入库等管理，实现生产任务的全过程管理，协助企业有效地掌控生产任务的执行情况。

(4) 车间作业管理：提供工序排产和生产任务的确定、分派、流转等，结合计件工资，帮助企业提高车间管理水平。

(5) 能力计划管理：提供粗能力计算和查询、细能力计算和查询，帮助企业寻求最佳的能力和需求的平衡方案。

(6) 设备管理：提供设备档案、设备运行、事故、保养、润滑、维修等全业务管理，帮助企业提高设备管理水平，延长设备寿命，提高经济效益。

生产制造管理模块的基本操作流程如下：

基本步骤	基本操作内容
中间层→账套管理界面基本操作	
新建账套	新建账套→设置账套属性→启用账套→用户管理（用户组和用户管理）
登录主控台界面主要操作	
系统设置	系统设置→公共资料（科目、客户、物料、供应商等）
	系统设置→初始化→核算参数设置→工厂日历→启用业务系统
系统初始化	系统设置→初始化→启用业务系统
生产管理界面	
生产数据	数据维护（BOM）、加工中心、工艺路线、资源等维护
背景资料	产品预测→销售订单→采购申请→采购订单→外购入库
主生产计划	计划展望维护→物料参数设置→MPS 计算设置→MPS 计算→MPS 投放

（续上表）

物料需求计划	MRP 物料参数设置→MRP 计划维护→MRP 计算→MRP 投放
生产任务管理	生产任务确认→任务下达→生产投料→粗能力计划编制→任务查询→任务跟踪→任务可视化查询→任务结案

二、实验目的

通过生产管理各模块主要功能的实验操作，熟悉生产管理的主要内容和管理流程，掌握基本的操作技能，进一步体会 ERP 在生产管理中的重要作用。

三、实验要求

（1）新建账套并启用账套：完成系统账套基础资料设置。
（2）完成系统基础资料设置和生产数据管理。
（3）设置系统参数并启用业务系统。
（4）实现 MRP 和 MPS 计算。
（5）编制粗能力计划。
（6）完成车间作业管理的基本操作。
（7）完成设备管理的基本操作。

四、实验数据

1. 账套基本资料

机构名称：中远笔业
账套名称：中远笔业有限责任公司
地址：广州海珠大道 1 号
账套类型：标准供应链解决方案
设置系统参数，勾选系统日志管理
电话：020－88888888
记账本位币代码：RMB
名称：人民币
小数点位数：2
启用会计年度：2010 年
启用会计期间：5 期
自然年度会计期间

2. 用户信息

用户名	认证方式	密码	用户组信息
Anki	密码认证	111111	Users
Kendy	密码认证	111111	Users
Sopi	密码认证	111111	Users
Alank	密码认证		财务组
张工人	密码认证	111111	车间组
李计划	密码认证	111111	计划组
贺销售	密码认证	111111	销售组
吴工程	密码认证	111111	工程组
王出纳	密码认证	111111	出纳组
陈会计	密码认证	111111	会计组
梅采购	密码认证	111111	采购组
赵仓管	密码认证	111111	仓库组

3. 用户组信息

用户组名	说明	权限
Admi	Administrators	所有权限
出纳组	管理现金	基础资料、现金管理使用
往来账组	管理往来账务	基础资料、应收、应付账
财务组	财务业务管理	所有权限
工程组		基础资料、数据、质量管理
计划组		基础资料、数据
销售组		基础资料、数据
采购组		全选
仓库组		基础资料、数据
会计组		基础资料、数据
车间组		基础资料、数据

4. 科目设置

科目代码	科目名称	外币核算	期末调汇	数量金额/往来/受控	核算项目
1002	银行存款	所有币别	√		

（续上表）

科目代码	科目名称	外币核算	期末调汇	数量金额/往来/受控	核算项目
1002.01	建设银行	人民币			
1122	应收账款			受控：应收应付	客户
2202	应付账款			受控：应收应付	供应商
5101	制造费用				部门、要素费用
5001	生产成本				
5001.01	基本生产成本				部门、成本对象、成本项目
5001.02	辅助生产成本				部门、劳务
1241	自制半成品				物料

（凭证字：记）

5. 计量单位

计量单位组	默认计量单位（代码）	辅助计量单位（代码）	系数
数量组1	支（010）	盒（011）	10
数量组2	盒（020）	箱（021）	10
数量组3	台（200）		
重量组1	克（050）	千克（051）	1000

6. 客户资料

分类代码	分类名称	客户代码	客户名称	是否信用管理	备注
01	华北区	01.01	华北百货	是	内销；销售部分管
02	华南区	02.01	广州福井百货	是	
03	华中区	03.01	汉口天天百货	是	

7. 物料设置

物料代码	名称	物料属性	计量单位组	计价方法	存货科目代码	销售收入科目代码	销售成本科目代码
01	原材料	计划策略：MRP					
01.001	PV材料	外购	重量组1	加权平均法	1403	6051	6402
01.002	墨汁	外购	重量组1	加权平均法	1403	6051	6402
01.003	商标	外购	数量组1	加权平均法	1403	6051	6402

（续上表）

物料代码	名称	物料属性	计量单位组	计价方法	存货科目代码	销售收入科目代码	销售成本科目代码
02	半成品	计划策略：MRP					
02.001	笔套	自制	数量组 1	加权平均法	1241	6001	6401
02.002	笔芯	自制	数量组 1	加权平均法	1241	6001	6401
03	产成品	计划策略：MPS					
03.001	精品笔	自制	数量组 1	分批认定法	1405	6001	6401
03.002	纪念笔	自制	数量组 1	分批认定法	1405	6001	6401

8. 部门

部门代码	部门名称	部门属性	成本核算类型
01	人事部	非车间	期间费用部门
03	财务部	非车间	期间费用部门
06	采购部	非车间	期间费用部门
07	办公室	非车间	期间费用部门
08	仓库	非车间	期间费用部门
09	生产车间		
09.01	笔套车间	车间	基本生产部门
09.02	笔芯车间	车间	基本生产部门
09.03	装配车间	车间	基本生产部门
10	质检部	非车间	期间费用部门
11	销售部	非车间	期间费用部门
13	售后服务中心	非车间	期间费用部门

9. 职员信息

职员编号	姓名	所属部门	性别
0001	杨人事	人事部	男
0002	李销售	销售部	女
0005	赵服务	售后服务中心	女
0006	张笔芯	笔芯车间	男
0007	侯笔套	笔套车间	男
0008	邓装配	装配车间	女
0009	姚质检	质检部	男
0010	周仓管	仓库	男

10. 供应商资料

代码	名称	供应商代码	供应商名称	增值税率（%）	备注
01	华北区	01.01	北京笔具厂	17	采购部主管，人民币结算
		01.02	河北承德塑料厂	17	
02	华南区	02.01	广州墨水厂	17	
		02.02	珠海笔业附件厂	17	

11. 仓库

代码	名称	仓库类型	MPS/MRP 用量	进行仓位管理
001	原材料仓	普通仓	是	否
002	半成品仓	普通仓	是	否
003	成品仓	普通仓	是	否
004	待检仓	待检仓	否	否

12. 工作中心

代码	名称	所属部门	是否关键工作中心	效率（%）	利用率（%）	单位成本	班制	能力计算类型
001	笔套线	笔套车间	是	100	100	85	1	设备
002	笔芯线	笔芯车间	是	100	100	85	1	设备
003	装配线	装配车间	是	100	100	85	1	设备

13. 系统参数

核算参数：数量、金额核算
库存更新控制：单据保存后立即更新

五、实验步骤

1. 新建账套、启用账套

（1）进入【中间层服务部件】→【账套管理】，新建账套，并设置账套基本属性后启用账套；具体新建账套步骤请参阅“账套管理实验步骤”。

（2）进入【用户管理】界面，设置用户组和用户信息，并进行功能授权。完成结果如图：

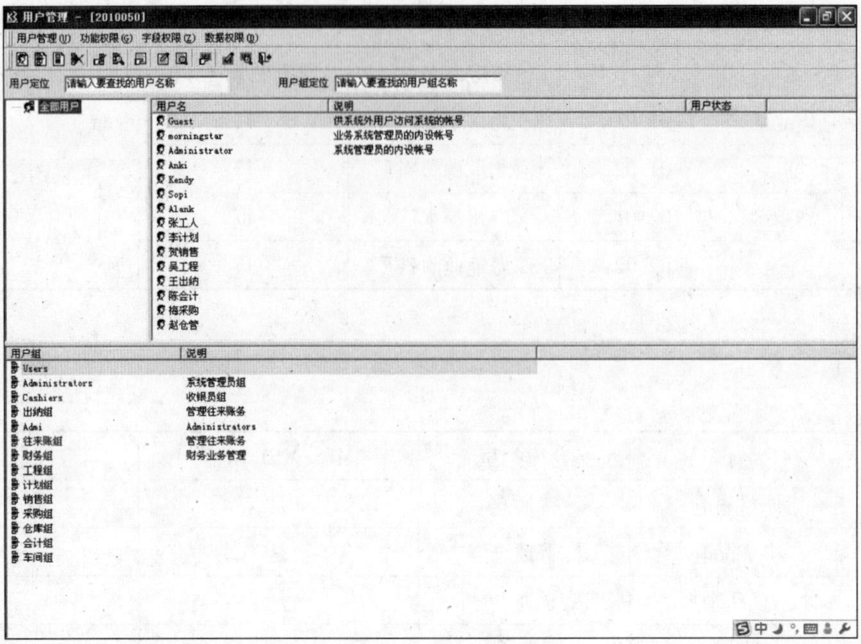

2. 登录主控台

退出并关闭【账套管理】，进入【金蝶 K3】→【金蝶 K3 主控台】，以管理员身份登录“主控台”（注意登录前修改系统时间为：2010. 05. 04）。

3. 设置基础资料

进入“主控台”界面后，选择【系统设置】→【基础资料】。

（1）进入“主控台”界面后，选择【系统设置】→【基础资料】→【科目】，进入“基础平台－科目”界面，选择该窗口【文件】→【从模板中引入科目】：

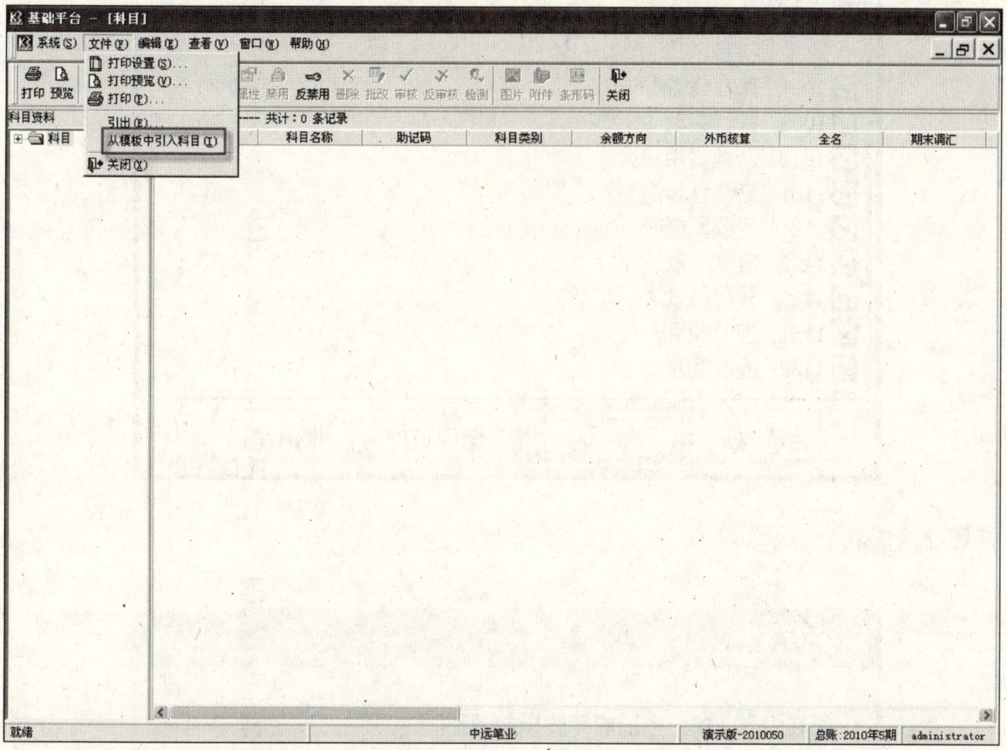

选择“新会计准则科目”，点击【引入】，并且【全选】所有科目后【确定】。

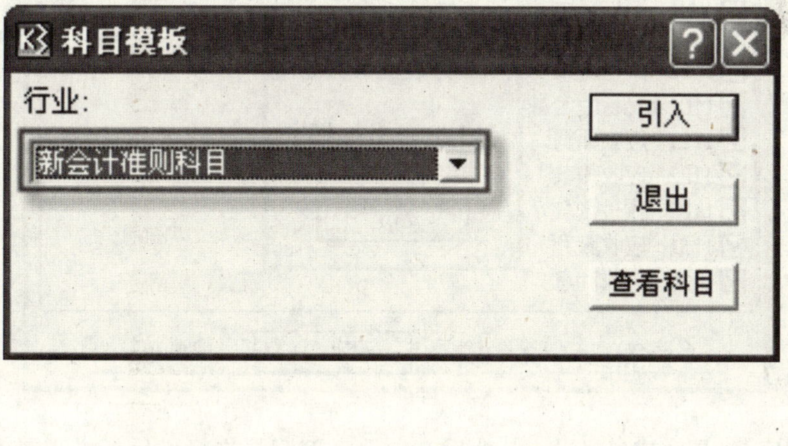

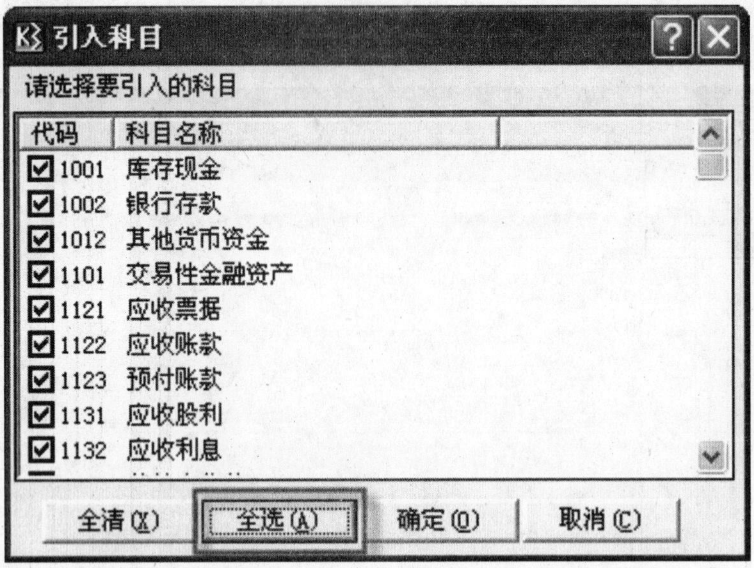

科目导入成功后显示如下：

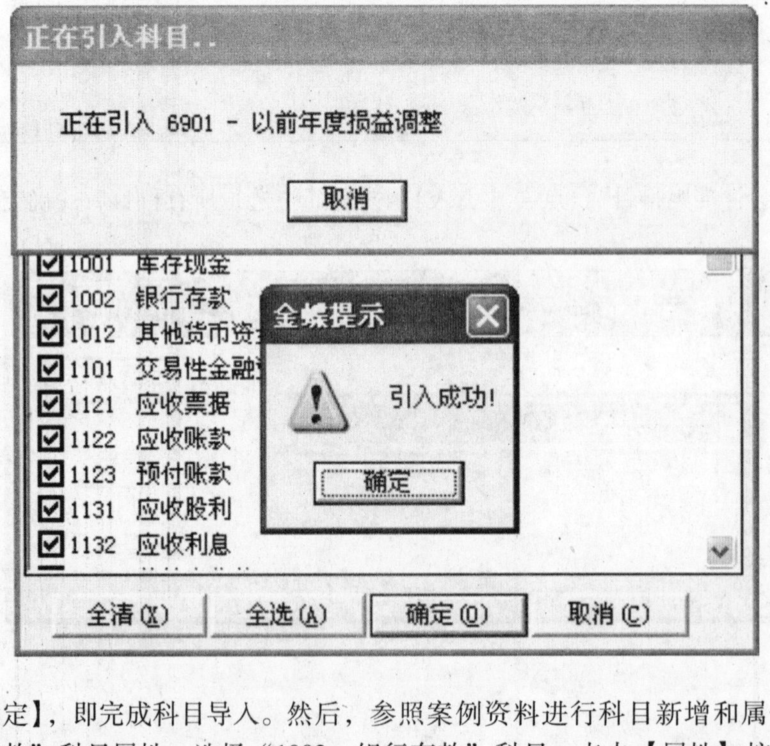

点击【确定】，即完成科目导入。然后，参照案例资料进行科目新增和属性管理。例如修改“银行存款”科目属性：选择“1002－银行存款”科目，点击【属性】按钮，在弹出的“会计科目－修改”窗口选择【外币核算－所有币别】，勾选【期末调汇】，完成修改后，点击【保存】按钮后【退出】。

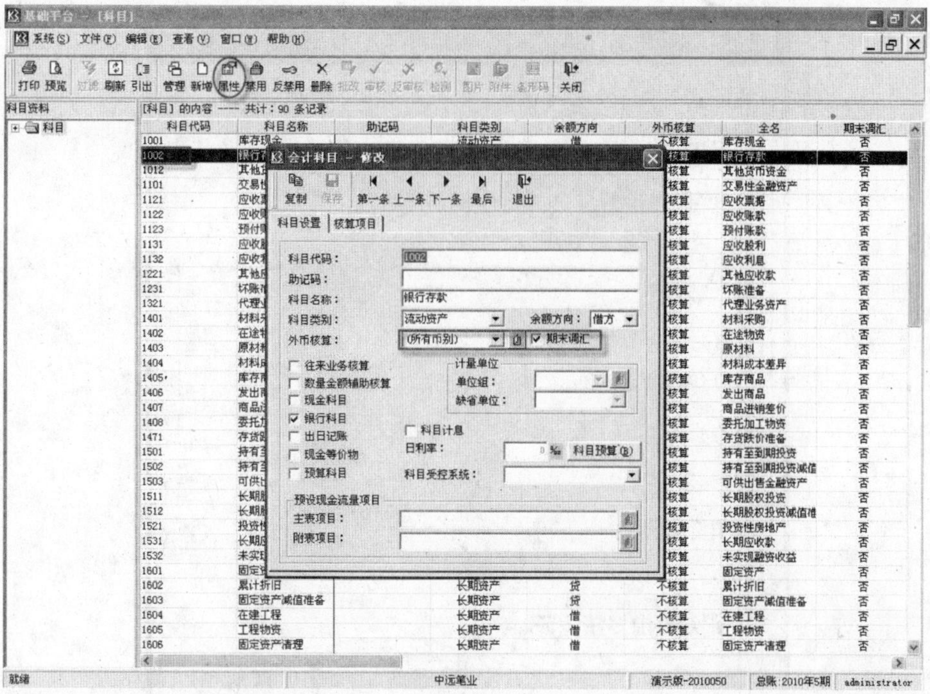

新增科目：在“基础平台－科目”界面选择【新增】，输入相关信息后【确定】。

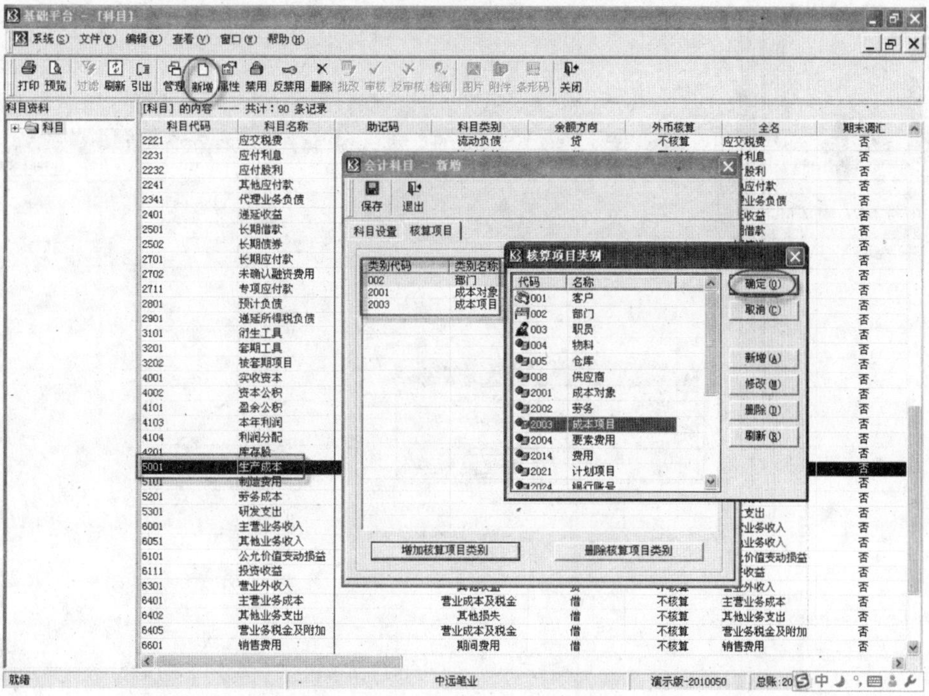

（2）选择【系统设置】→【公共资料】→【凭证字】，进入“公共资料－凭证字”界面，点击【新增】，输入凭证字“记”，其他默认，【确定】并退出【关闭】窗口。

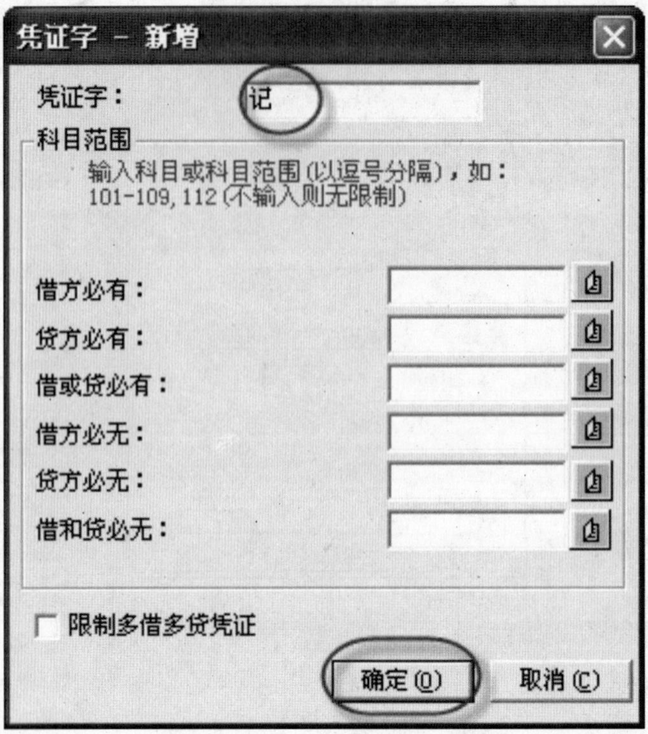

（3）选择【系统设置】→【公共资料】→【计量单位】，进入“基础平台 - 计量单位”界面，点击【新增】，打开“新增计量单位组”，输入“数量组 1”，点击【确定】，完成数量组新增。

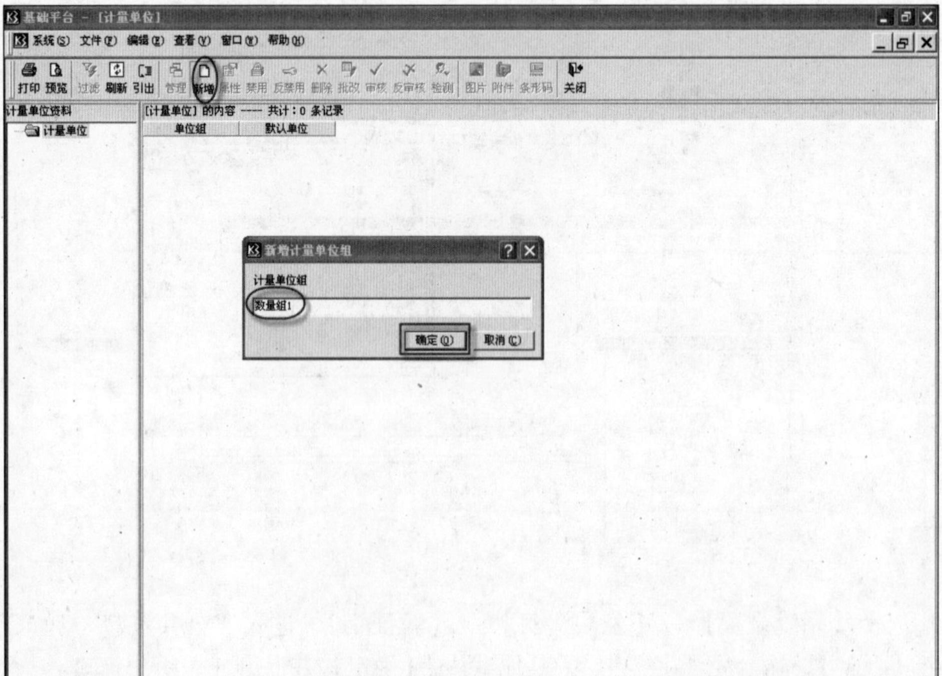

在“基础平台－计量单位”界面，选择新增的“数量组1”，点击【管理】打开“计量单位组界面”，点击【计量单位】打开“计量单位组－数量组1”管理窗口，单击【新增】，在弹出窗口输入相关信息后点击【新增】完成计量单位的新增管理。完成后【关闭】相关窗口，【确定】“数量组1”的计量单位管理。

注意：输入时先输入默认计量单位，后输入辅助计量单位。

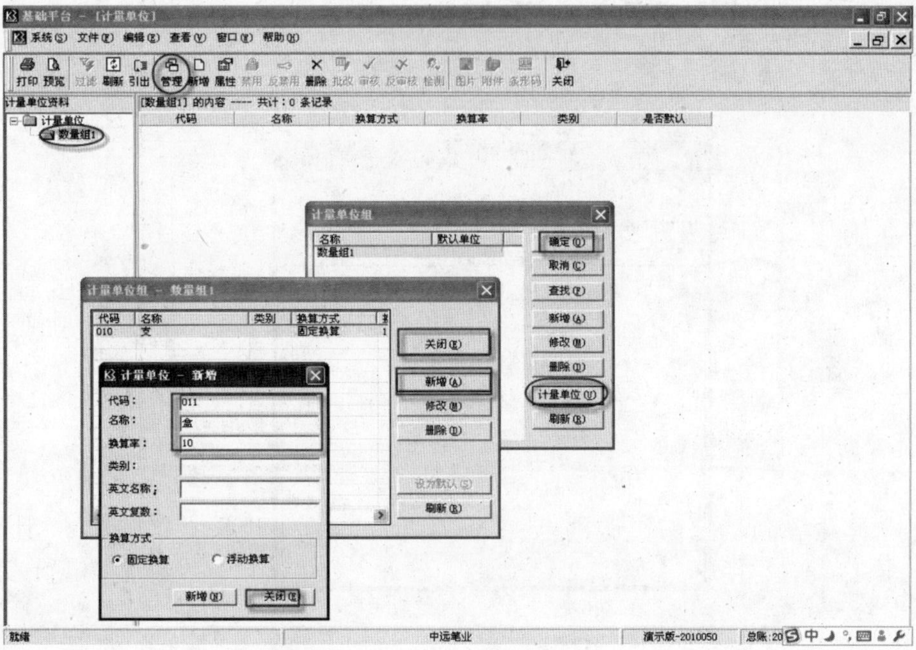

计量单位资料完成后结果如下，点击【关闭】退出窗口。

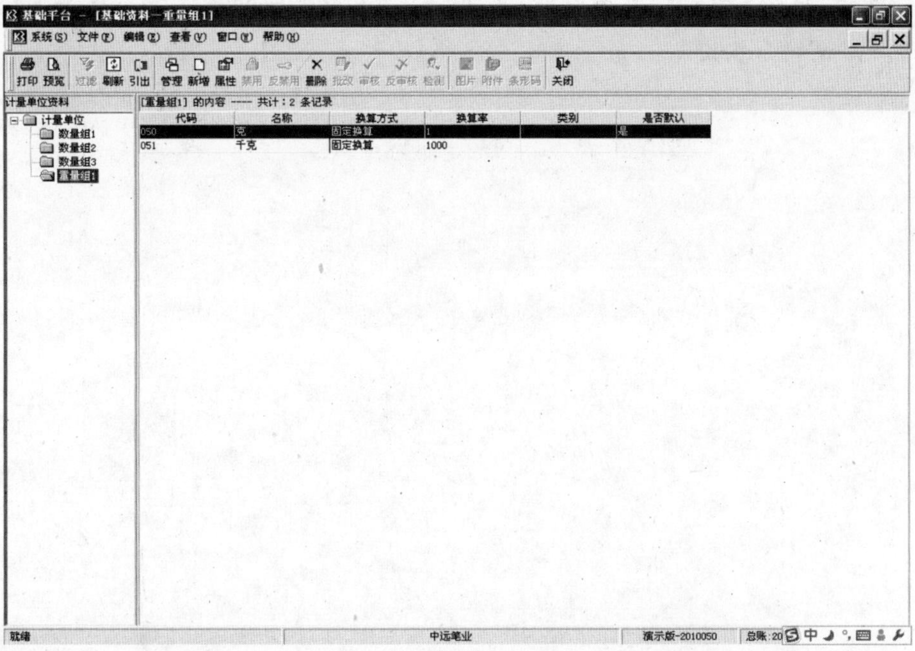

（4）选择【系统设置】→【公共资料】→【客户】，进入“基础平台－客户”界面，点击【新增】打开“客户－新增”窗口，点击【上级组】，录入客户分类信息并【保存】，完成后点击【退出】即可返回“基础资料－客户”界面。

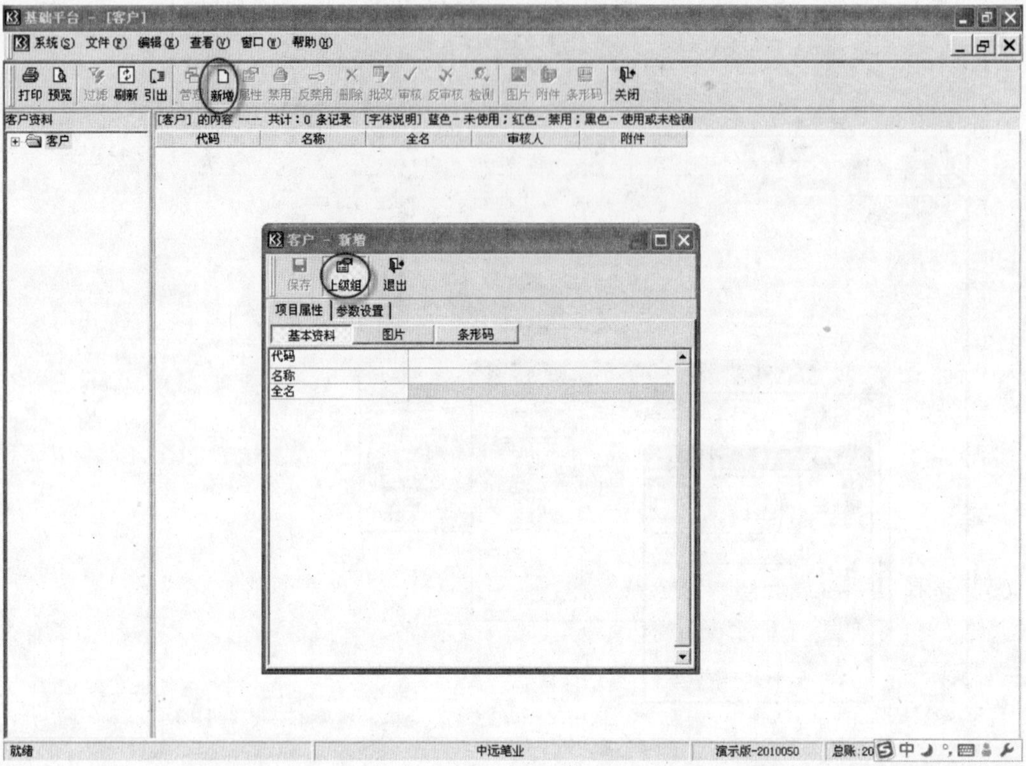

在“基础平台－客户”界面选择“华北区”，点击【新增】打开“客户－新增”窗口，录入相关信息后点击【保存】后【退出】，即完成客户资料的设置。点击【关闭】返回至“基础资料－主界面”窗口。

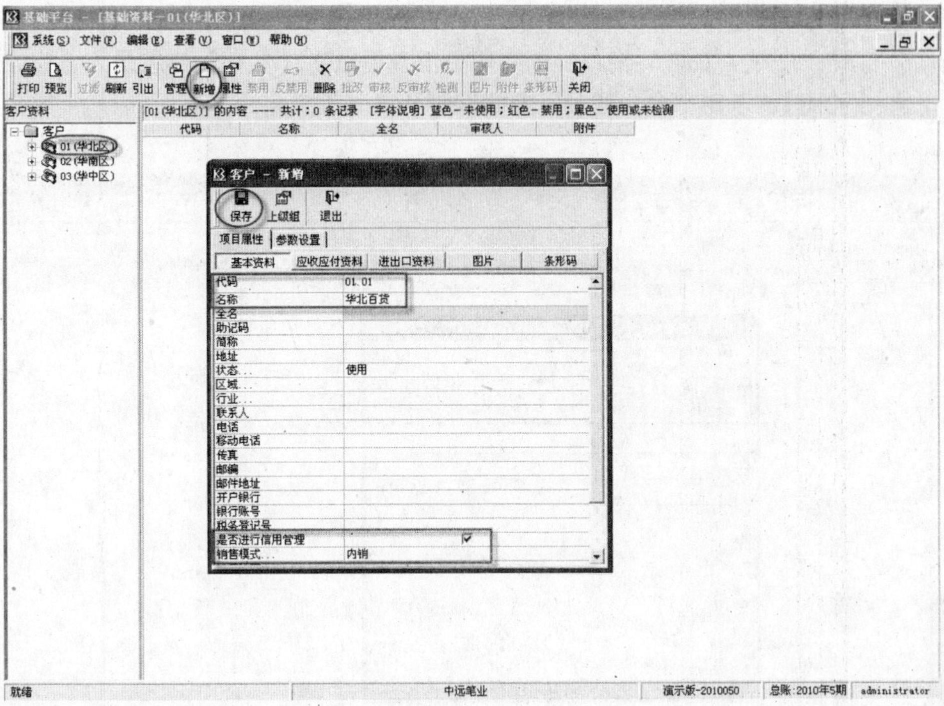

(5) 选择【系统设置】→【公共资料】→【部门】，进入“基础平台 - 部门”界面，点击【新增】打开“部门 - 新增”窗口，输入部门信息后点击【保存】，完成后【退出】。【关闭】“基础平台 - 部门”界面，返回至“基础资料 - 主界面”。

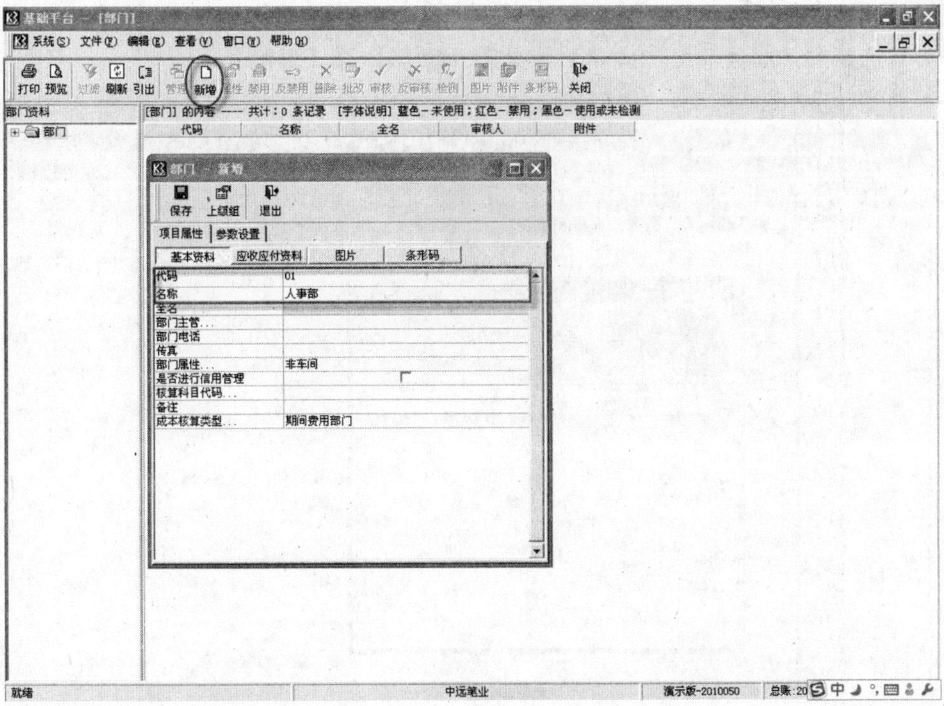

（6）选择【系统设置】→【公共资料】→【职员】，进入“基础平台－职员”界面，点击【新增】打开“职员－新增”窗口，录入职员信息后点击【保存】继续录入，完成后点击【退出】，并【关闭】“基础平台－职员”界面返回至“基础资料－主界面”。

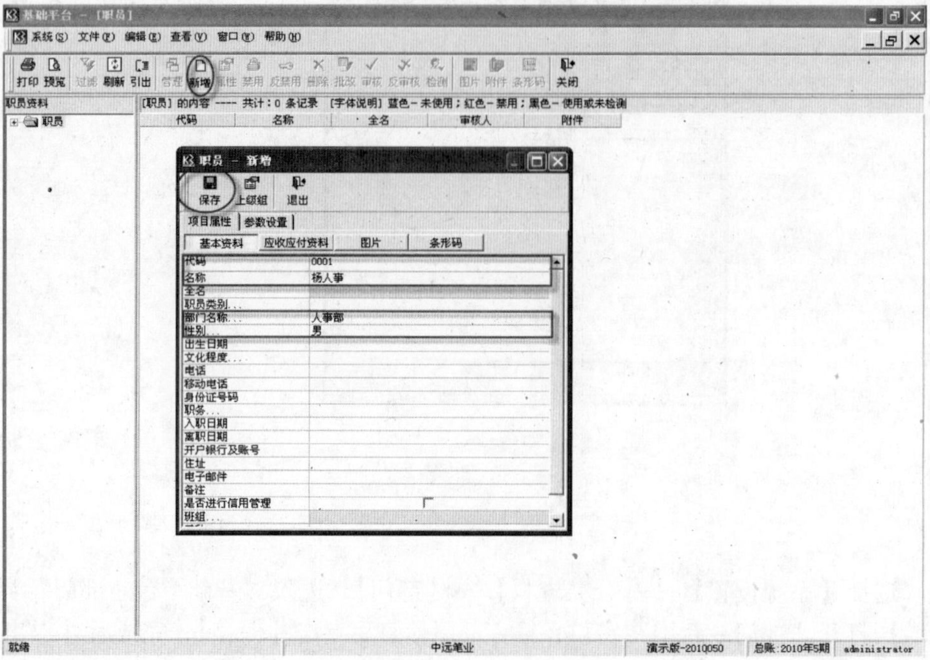

（7）选择【系统设置】→【公共资料】→【物料】，进入“基础平台－物料”界面，在界面右侧空白处单击后，点击【新增】按钮打开“物料－新增”窗口，点击【上级组】输入物料分类“原材料、半成品、产成品”信息后【保存】并【退出】。

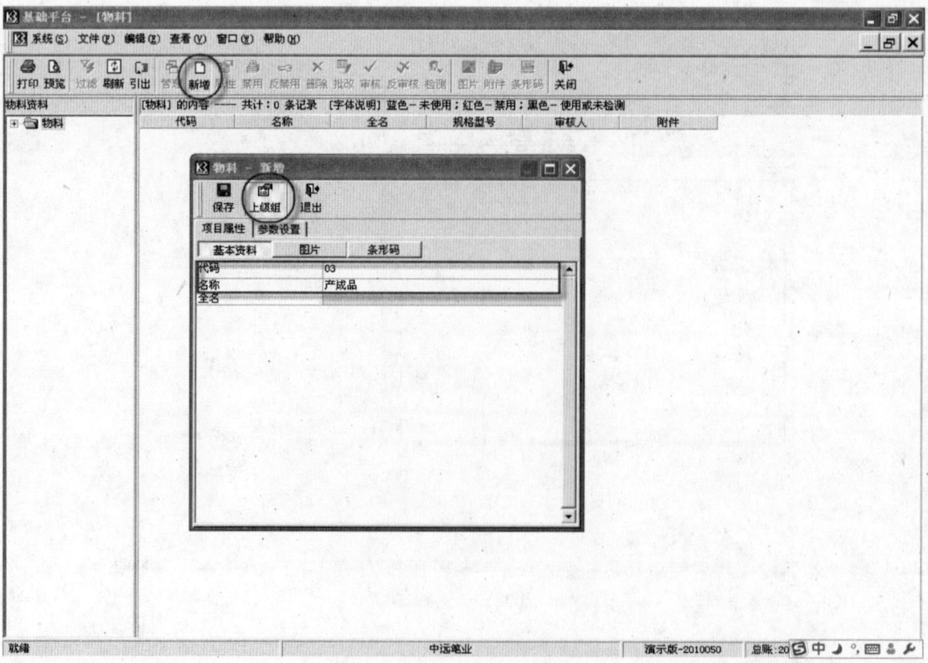

在“基础平台－物料”界面，鼠标单击右侧空白处后，点击【新增】按钮打开“物料－新增”窗口，输入明细物料的相关信息后点击【保存】，完成后【退出】。

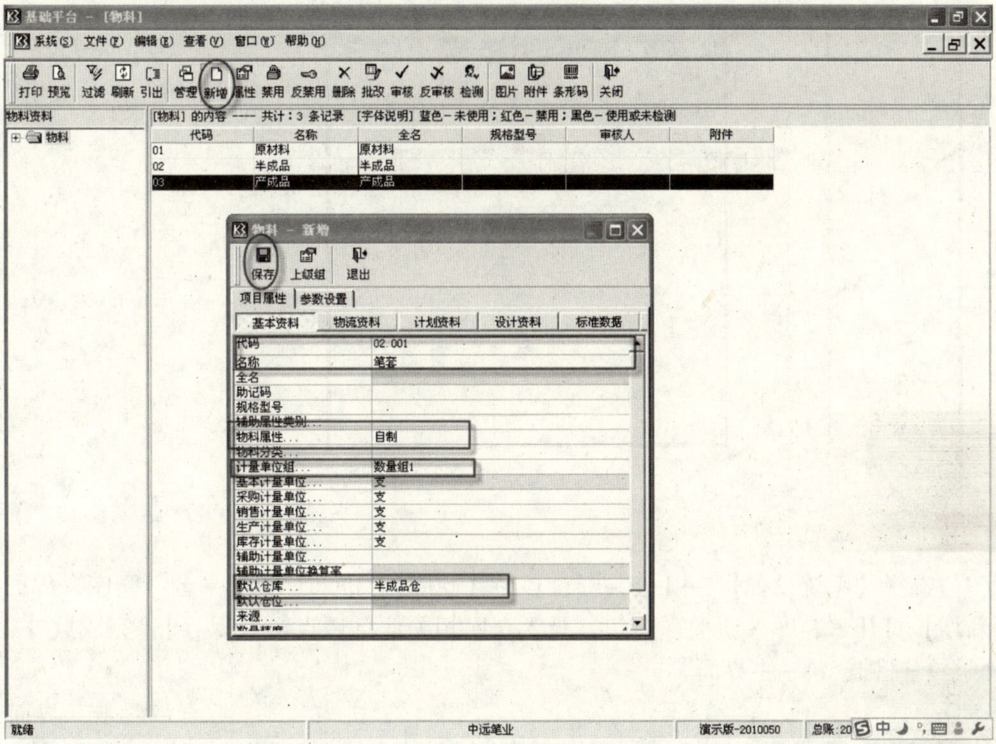

（8）选择【系统设置】→【公共资料】→【供应商】，进入“基础平台－供应商”界面，点击【新增】打开“供应商－新增”窗口，点击【上级组】，输入供应商分类信息后【保存】并继续录入，完成后点击【退出】。

在“基础平台－供应商”界面，点击【新增】打开“供应商－新增”窗口，录入供应商信息后【保存】并继续录入直至完成，点击【退出】即完成供应商资料设置。点击【关闭】退出“基础平台－供应商”界面，返回至“基础资料－主界面”。

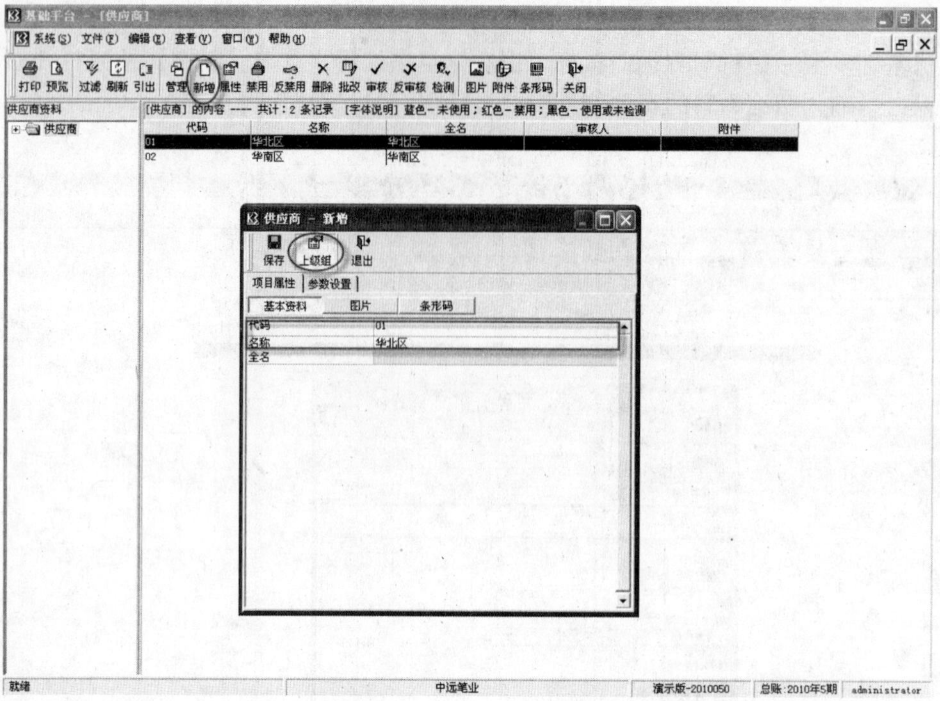

（9）选择【系统设置】→【公共资料】→【仓库】，进入“基础平台－仓库”界面，点击【新增】打开“仓库－新增”窗口，录入仓库相关信息后点击【保存】，完成后【退出】并返回至“基础资料－主界面”。

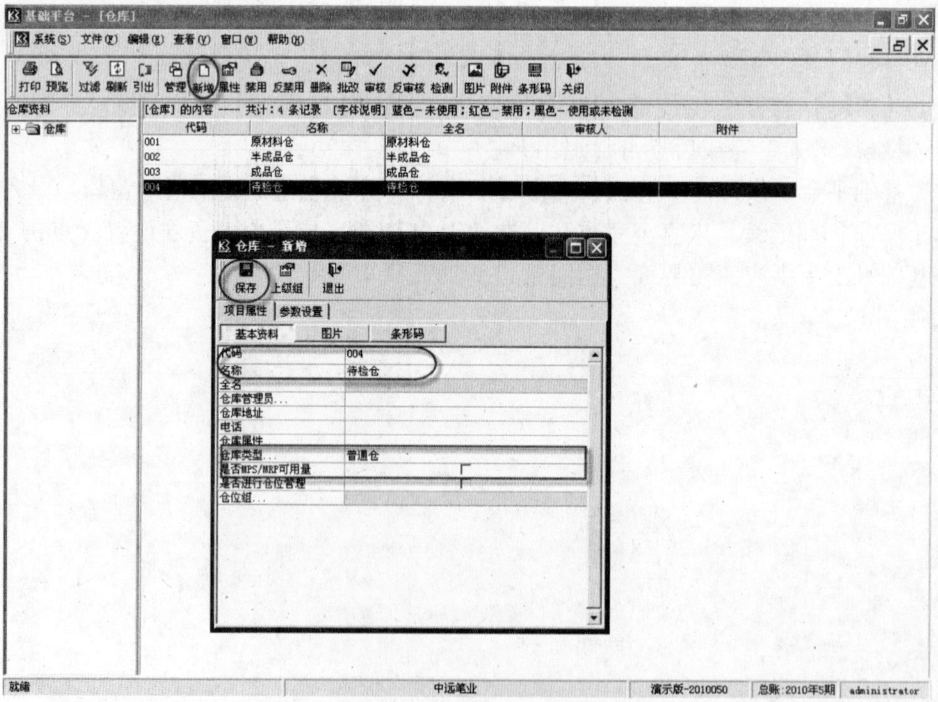

（10）选择【系统设置】→【公共资料】→【工作中心】，打开“基础平台－工作中心”

界面，鼠标在右侧空白区单击后点击快捷按钮【新增】，录入工作中心相关数据后【保存】并退出，返回至“基础平台-工作中心”界面。

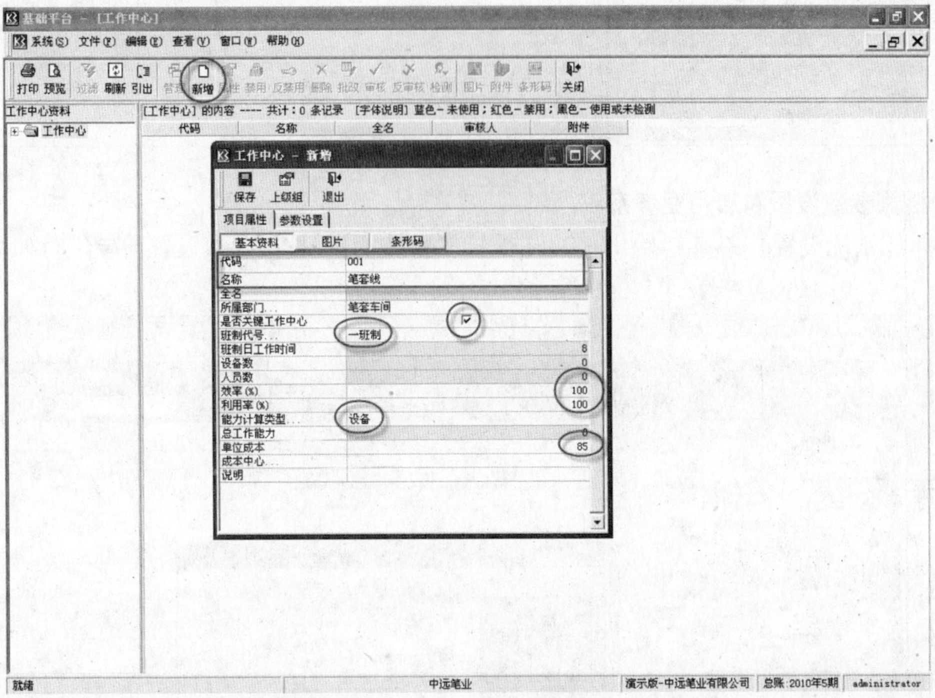

选择录入的各工作中心，点击【审核】按钮，在弹出窗口选择“是（Y）”完成审核。

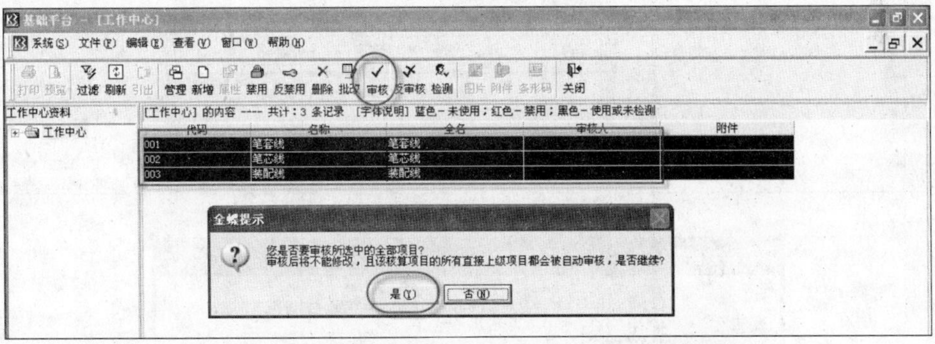

系统提示审核成功后，【确定】并【关闭】“基础平台-工作中心”。

审核结果如图：

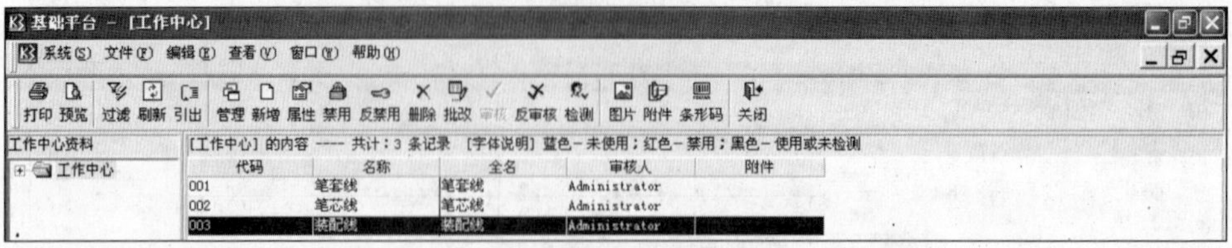

4. **核算参数设置和启用业务系统**

选择【系统设置】→【初始化】→【核算参数设置】，按照参数设置向导进行如下：

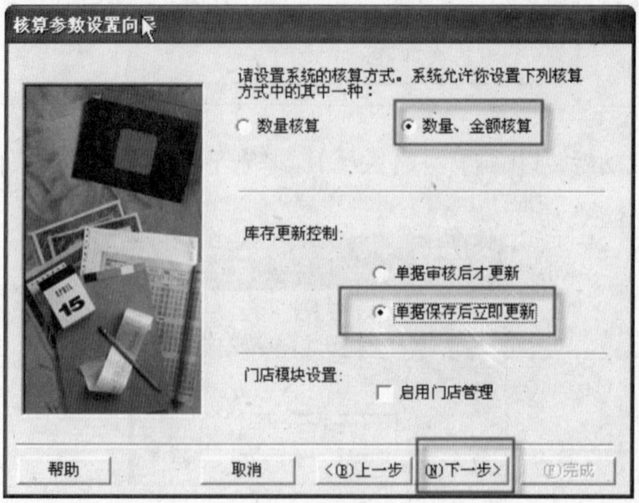

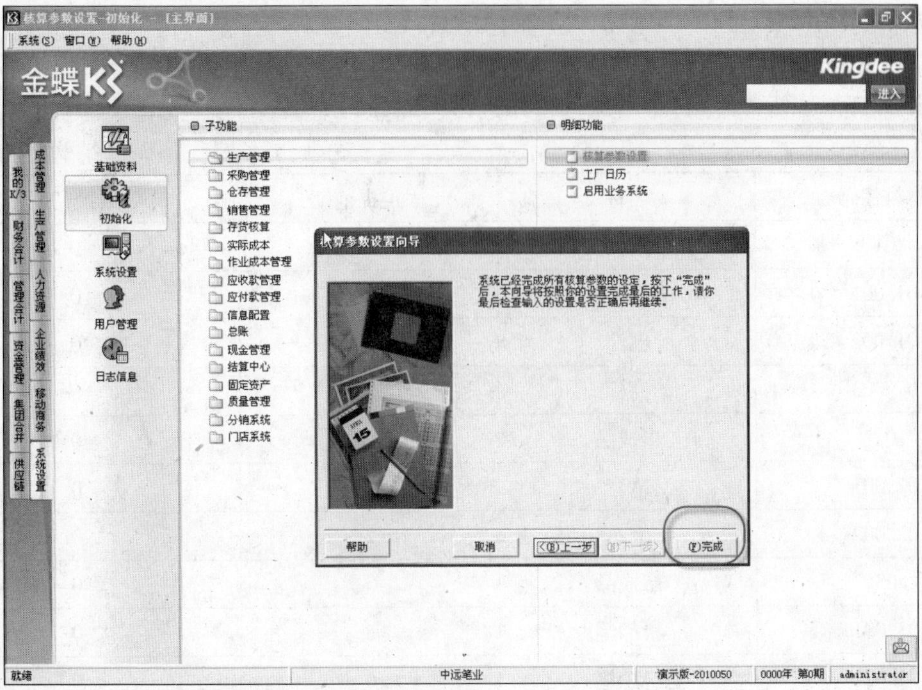

设置工厂日历：选择【系统设置】→【初始化】→【工厂日历】，设置后【保存】并【退出】即可启用业务系统。

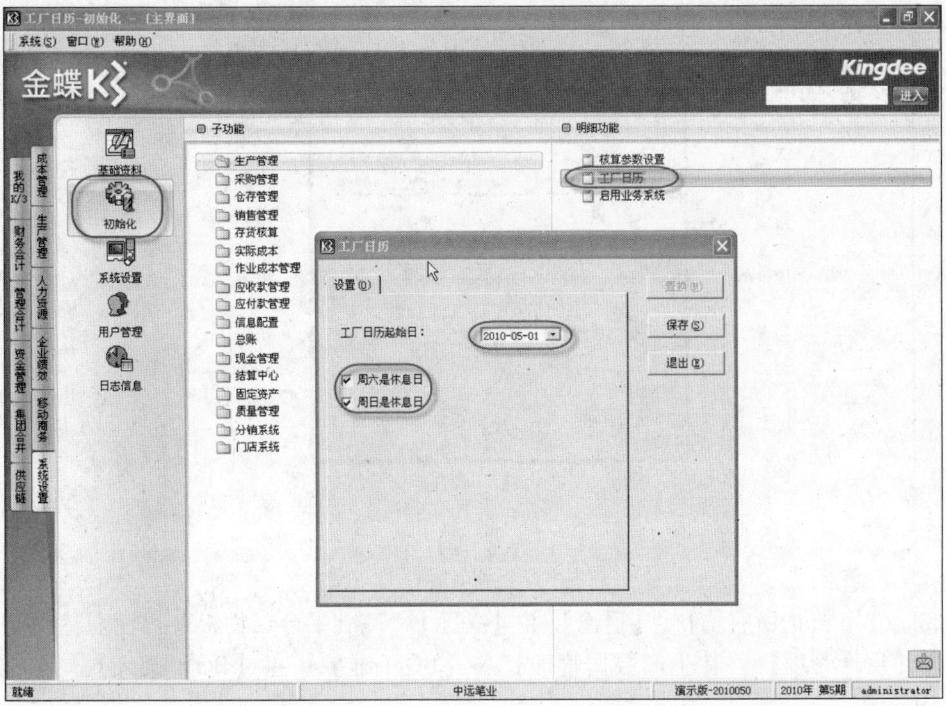

注意：启用系统后，资料将不可修改，请慎重检查后启用。

5. **完善物料信息、BOM 单维护和工艺路线资料**

选择【系统设置】→【公共资料】→【物料】，点击“物料”，选定“明细物料”后双击，打开“物料－修改”窗口，完善物料的【计划资料】：

物料代码	名称	固定提前期	数量精度
01	原材料		0
01.001	PV 材料	3	0
01.002	墨汁	2	0
01.003	商标	5	0
02	半成品		0
02.001	笔套	4	0
02.002	笔芯	2	0
03	产成品		0
03.001	精品笔	5	0
03.002	纪念笔	6	0

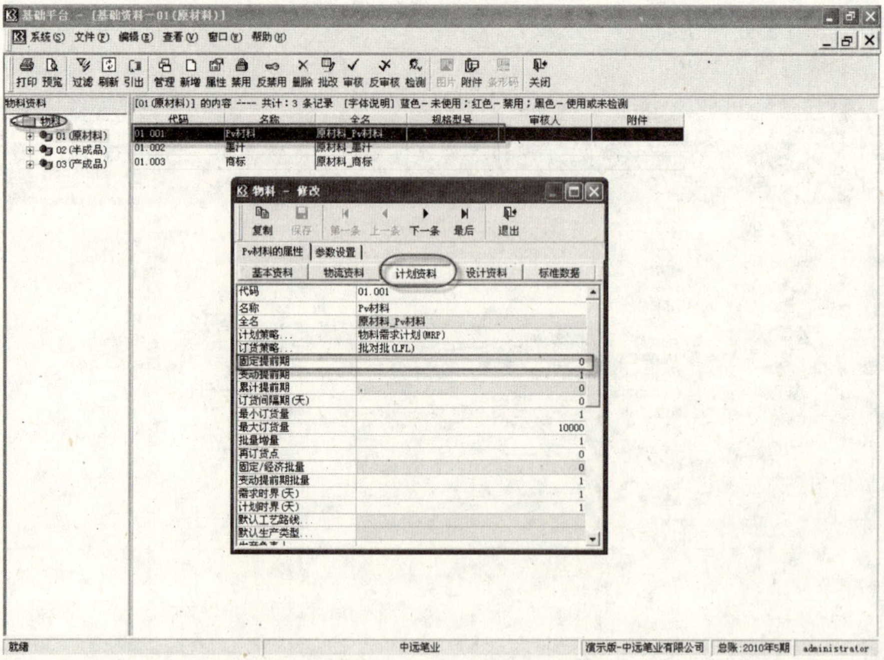

完成后【审核】所有物料，【退出】并【关闭】“基础平台－物料”界面。

选择【生产管理】→【生产数据管理】→【BOM 维护】→【BOM 录入】，完善如下物料的 BOM 内容：

BOM 组别：01；组名：笔

父项代码	父项名称	子项代码	子项名称	使用量	损耗率（%）
03.001	精品笔	02.001	笔套	1	0
		02.002	笔芯	1	0
		01.003	商标	1	0
03.002	纪念笔	02.001	笔套	1	0
		02.002	笔芯	1	0
		03.001	商标	2	0
02.001	笔套	01.001	PV 材料	120	5
	笔芯	02.002	PV 材料	85	5
		01.002	墨汁	100	5

双击【BOM 录入】打开 BOM 界面，双击“BOM 组别”，在弹出窗口点击【新增组】输入相关信息后【确定】并【退出】。

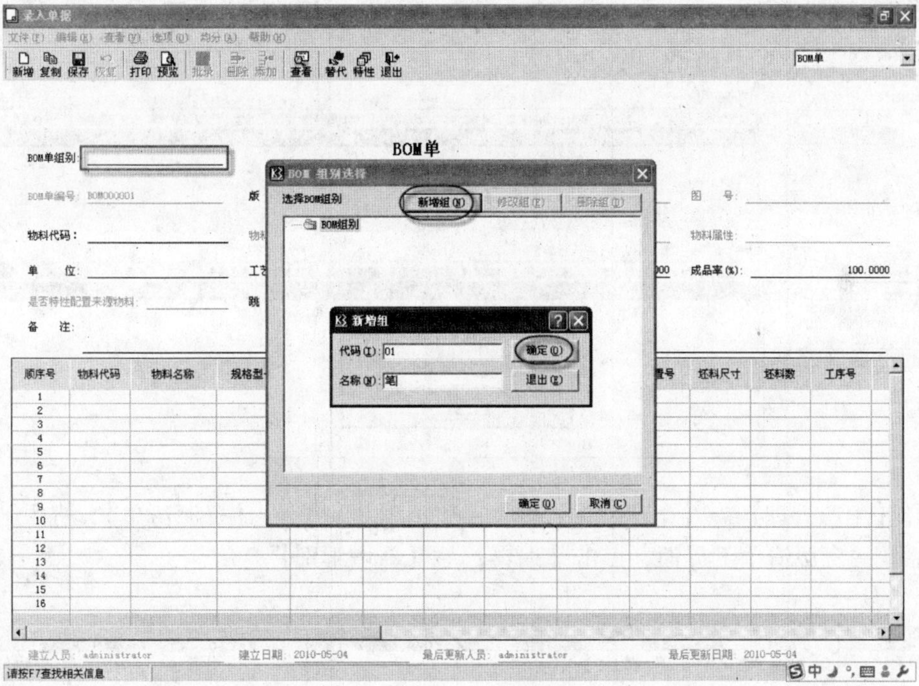

选择【笔】【确定】BOM 单组别。录入 BOM 其他信息后点击【保存】后继续【新增】录入 BOM 所有单据后【退出】。

选择【生产管理】→【生产数据管理】→【BOM 维护】→【BOM 维护】，【确定】默认过滤方案，打开“BOM 资料维护”窗口，选择“笔”后选择一组物料，单击工具栏【审核】按钮，完成审核。

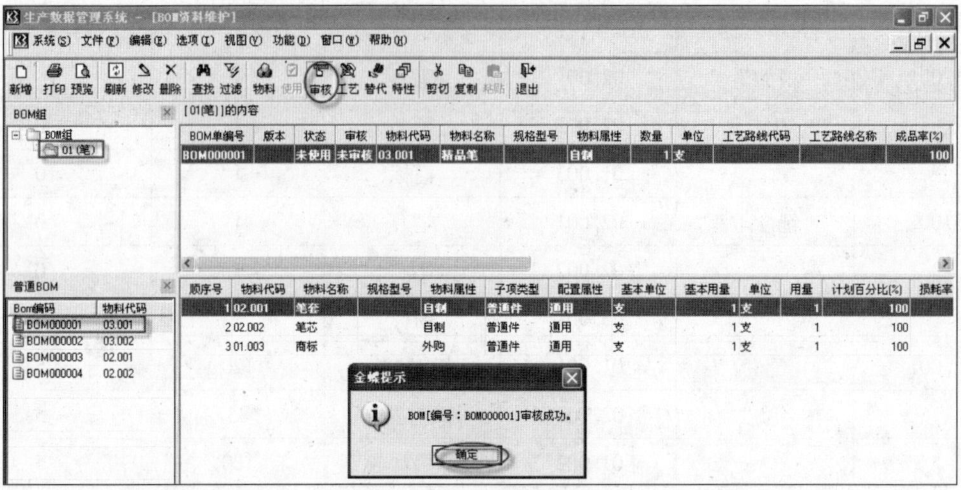

在“BOM 维护界面”选择“笔”后选择一组物料，单击工具栏【使用】按钮，使 BOM 生效。

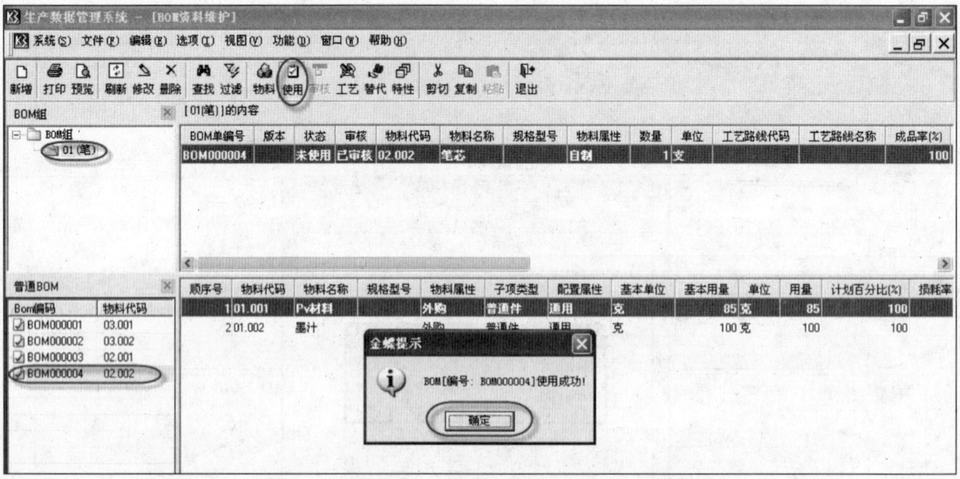

选择【生产管理】→【生产数据管理】→【基础资料】→【资源清单】，进入“生产数据管理系统 - 资源清单”界面，点击【编辑】→【新增组别】。

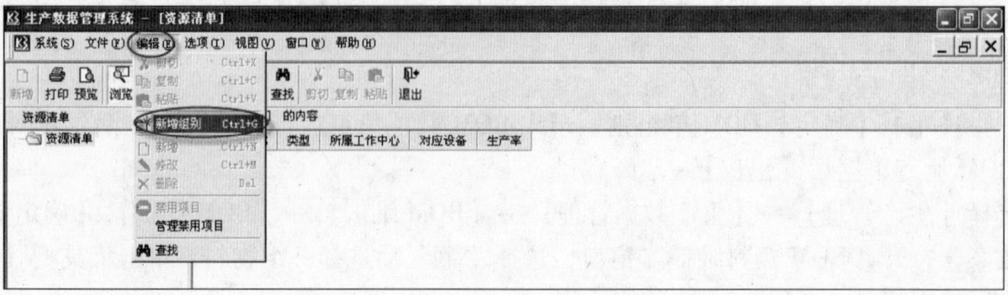

录入“组别代码：01；组别名称：设备”，点击【确定】后【取消】关闭新增窗口。

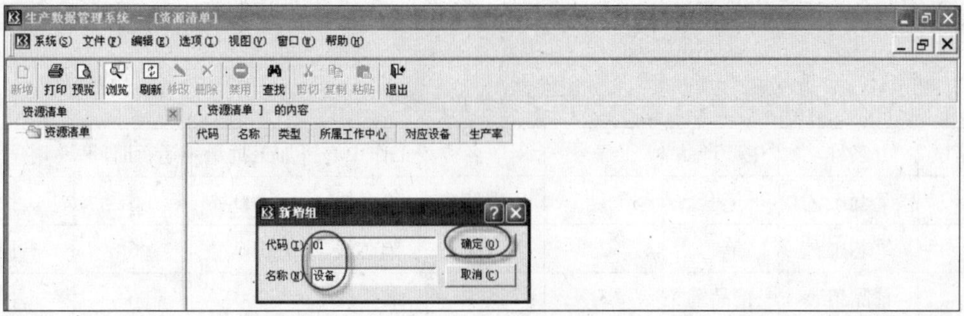

打开“生产数据管理系统－资源清单”界面，选择【01（设备）】项点击【新增】添加相关资源如下：

代码	资源名称	所属工作中心	资源类型	工时成本	每日班次	每班工时	工作能力
01	工人	装配线	人	15	1	8	8
02	注塑机	笔套线	设备	55	1	8	8
03	压注机	笔芯线	设备	60	1	8	8

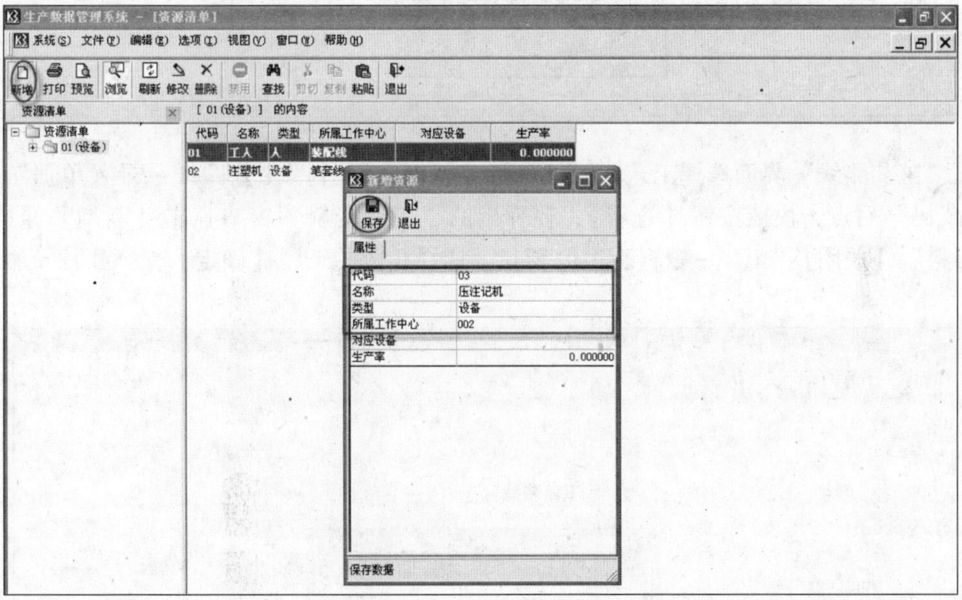

录入资源信息后，点击【保存】后继续录入，完成后点击【退出】。结果如下：

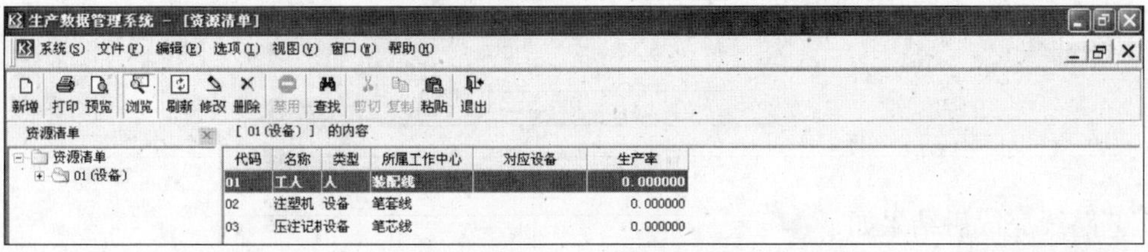

选择【生产管理】→【生产数据管理】→【工艺路线】→【工艺路线录入】，进入“工

艺路线”界面。

工艺路线数据表

工艺路线	名称	生产产品	工序号	工序名称	工作中心	加工批量	运行时间	时间单位
01	笔套工艺	笔套	1	成型	笔套线	100	5	小时
02	笔芯工艺	笔芯	2	压注	笔芯线	100	6	小时
03	精品组装	精品笔	3	组装	装配线	200	6	小时
04	纪念笔组装	纪念笔	4	精组装	装配线	200	10	小时

选择菜单栏【编辑】→【新增组别】，完成工艺路线组别设置。

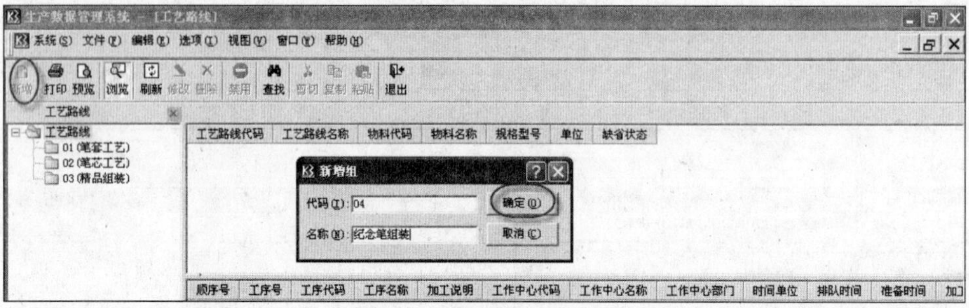

在“工艺路线”界面选择工艺路线，点击【新增】打开“工艺路线－录入单据”，点击“工序代码”后点击快捷按钮【查看】，在弹出的“工序资料”窗口点击【新增】录入完毕工序资料后【关闭】“工序－资料新增”窗口，选择相应的工序【确定】录入工序资料。

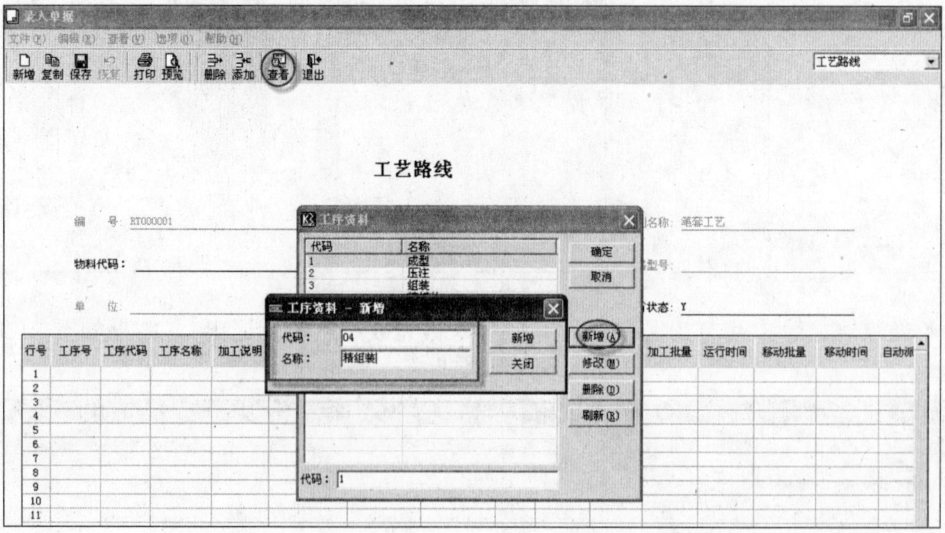

工艺路线完成后结果如下：

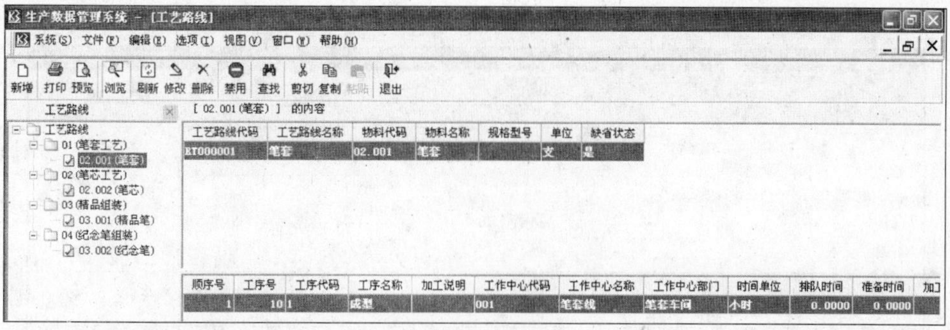

6. 主生产计划管理系统

系统准备（产品预测、采购申请、销售订单处理）→主生产计划编制（MPS 计算和投放）：

选择【生产管理】→【主生产计划】→【产品预测】→【产品预测录入】，进入“产品预测录入”界面，录入产品预测数据：

产品预测数据

预测开始时间	预测结束时间	物料代码	物料名称	数量
20100506	20100515	03.001	精品笔	1 000
20100516	20100521	03.002	纪念笔	2 000

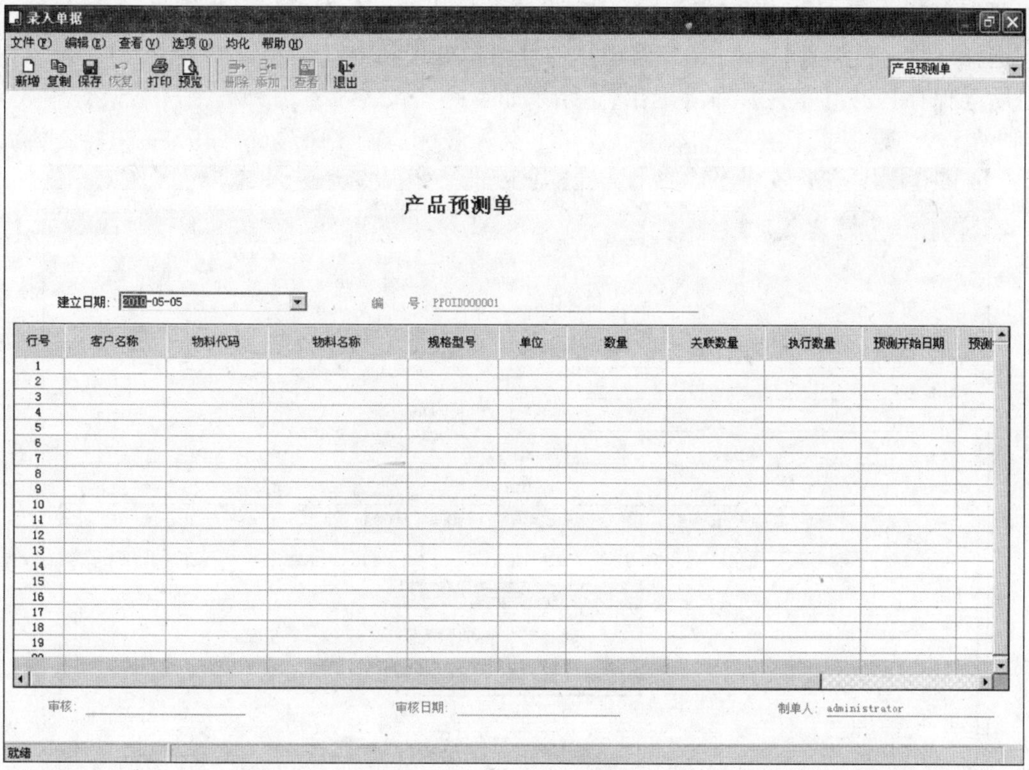

录入完成后点击【保存】并【审核】，系统弹出“审核成功”提示，【确定】并【退出】“产品预测单录入”界面。

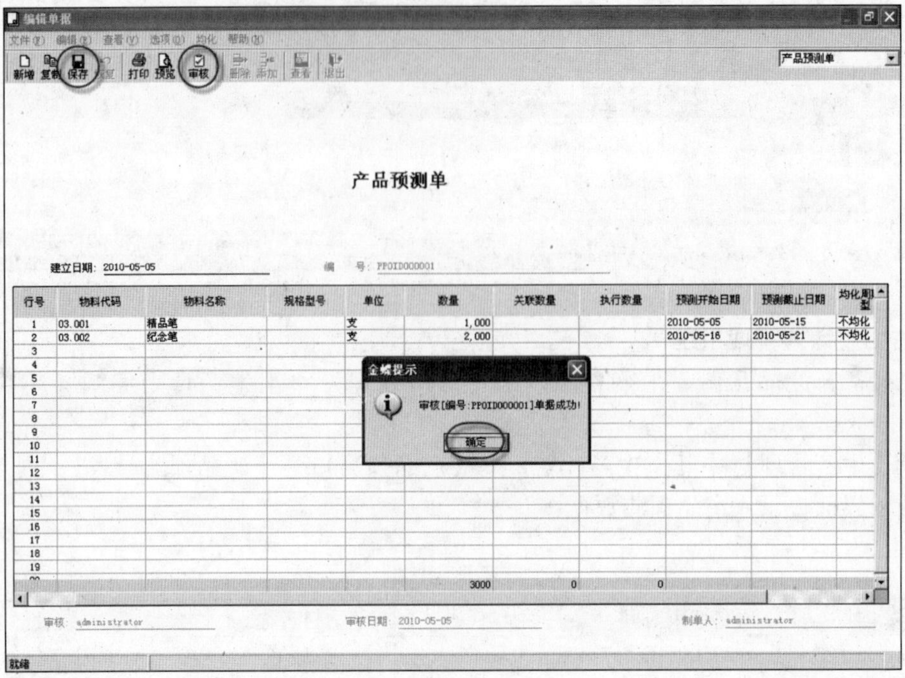

录入销售订单：2010 年 5 月 5 日，华北百货（01.01）订购 500 支精品笔和 300 支纪念笔，要求 2010 年 5 月 18 日交货。

选择【供应链管理】→【销售管理】→【订单处理】→【销售订单 - 录入】，录入以上信息后【保存】并【审核】后【退出】，结果如下：

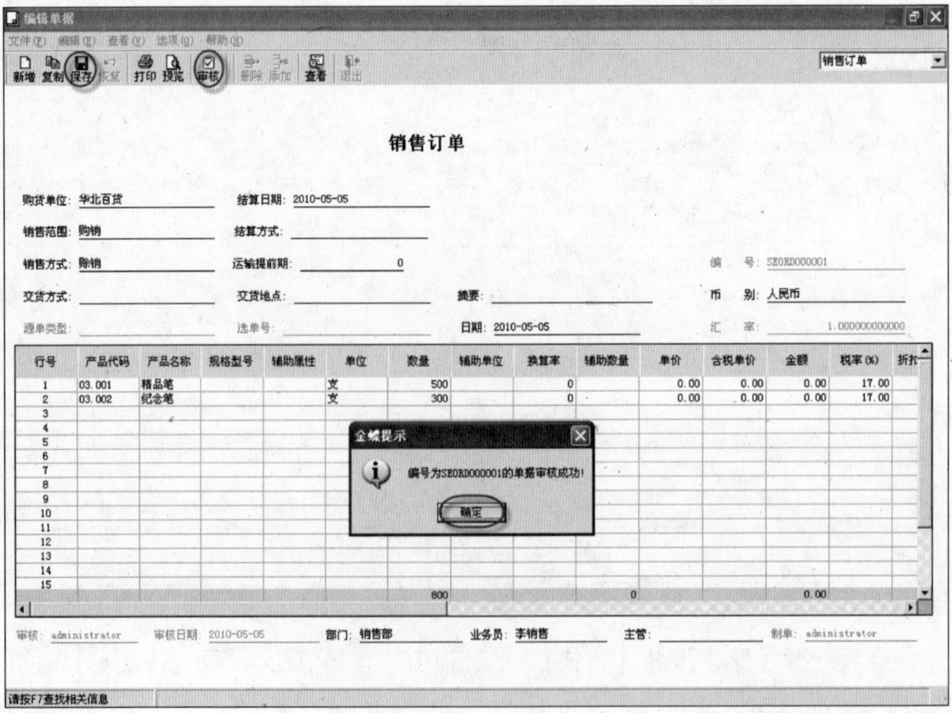

采购申请→生成采购订单：选择【供应链管理】→【采购管理】→【采购申请】→【采购申请单－配套查询自动生成】，点击菜单栏【选项】→【物料配套查询录入】：

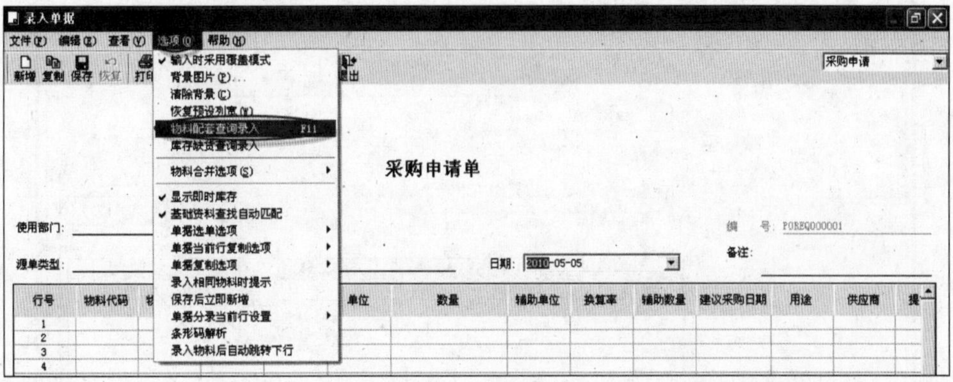

在弹出的“物料配套查询表”对话框中，单击“选单类型”选择“产品预测单”：

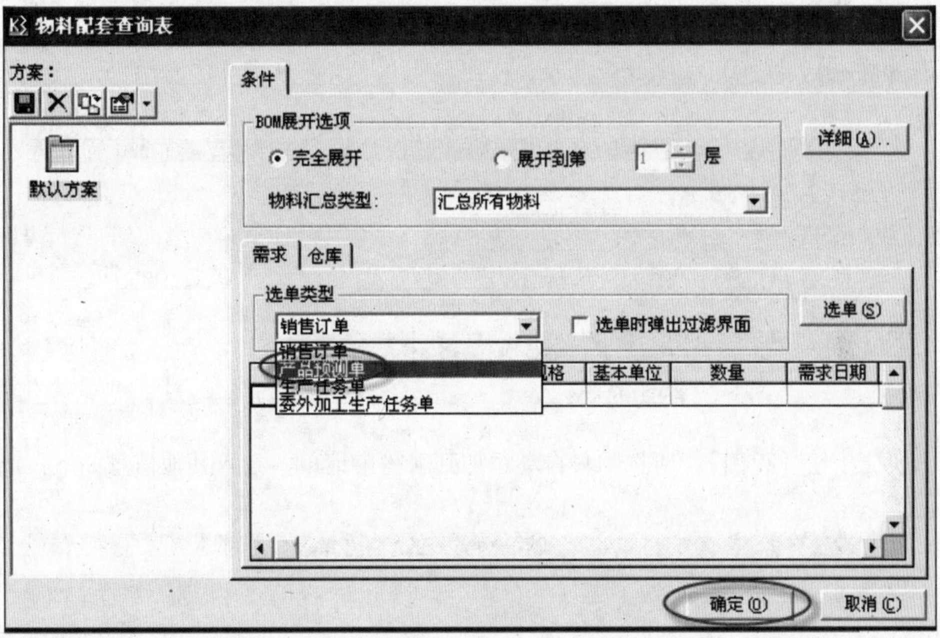

单击【选单】，在系统弹出的“产品预测单序时簿”界面选择“产品预测单”并双击。

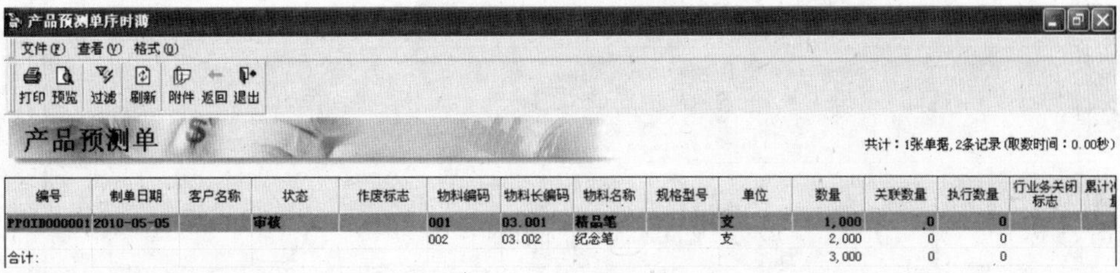

系统自动弹出“物料配套查询表”如下：

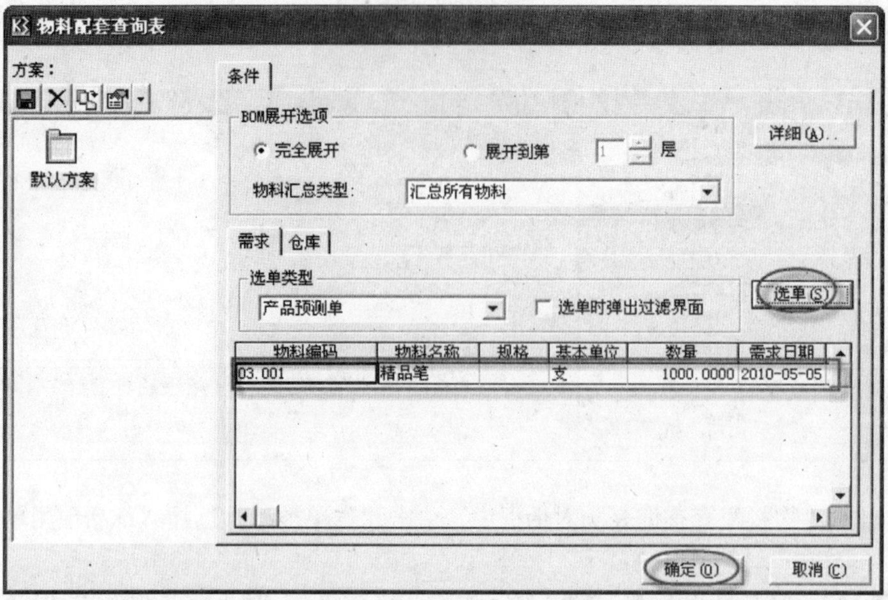

单击【确定】，系统自动生成查询表，按住“shift”按钮选择“汇总结果”的采购物料：

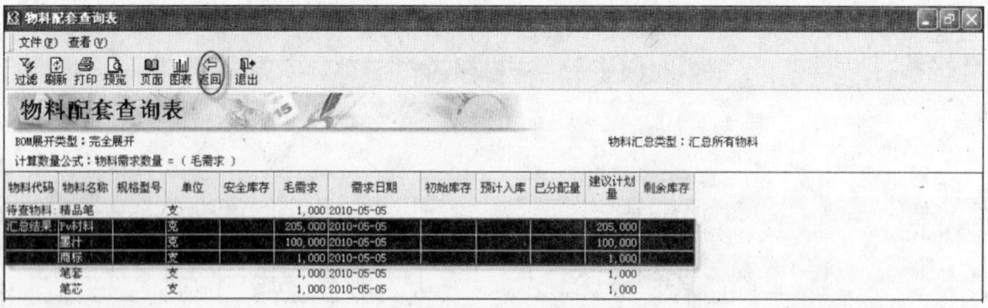

单击快捷按钮【返回】，所选物料自动添加到采购申请单，录入其他信息如下：

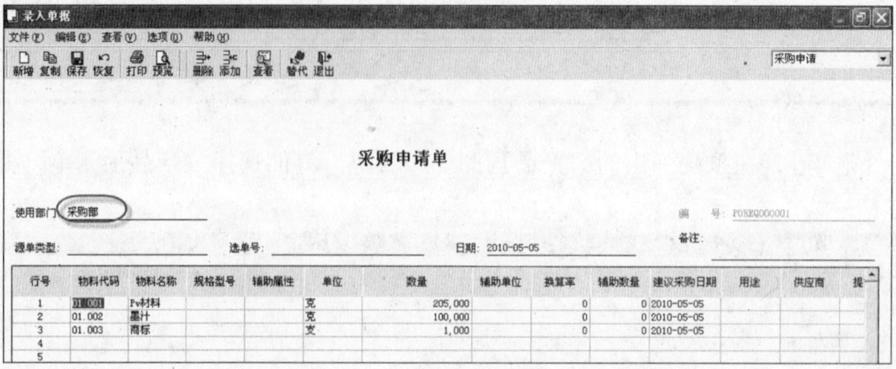

点击【保存】并【审核】后系统提示“审核成功”。

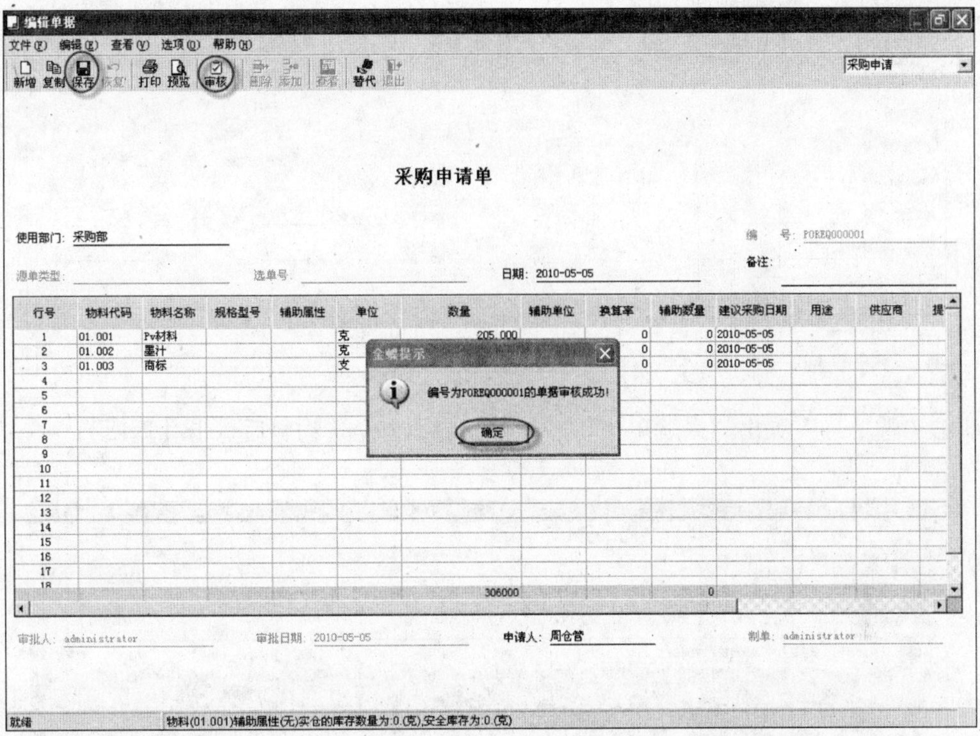

单击【新增】，按照类似步骤完成其他预测单和销售订单的采购申请单录入。

选择【供应链管理】→【采购管理】→【采购申请单－查询】，【确定】默认过滤方案，查询结果如下：

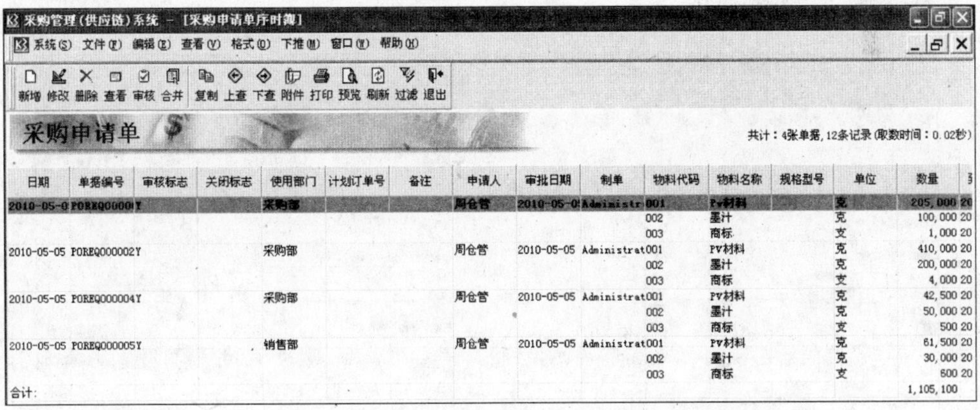

选择【供应链管理】→【采购管理】→【订单处理】→【采购订单－手工录入】，进入“采购订单”录入界面，点击“源单类型”选择“采购订单”：

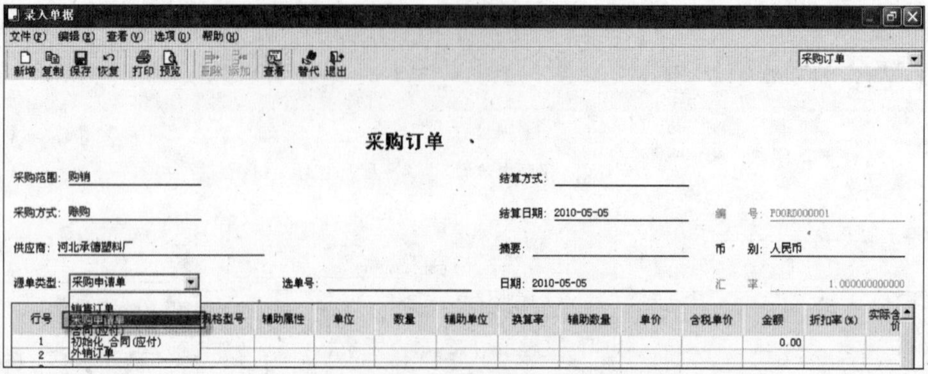

双击“选单号”弹出“采购申请单序时簿”界面，全选物料后点击【返回】：

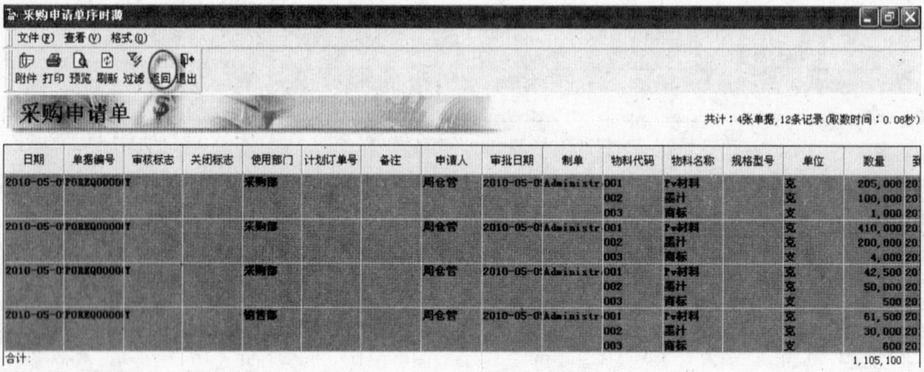

向供应商“01.02”订购所有物料，录入采购订单如下，【确定】并【退出】。

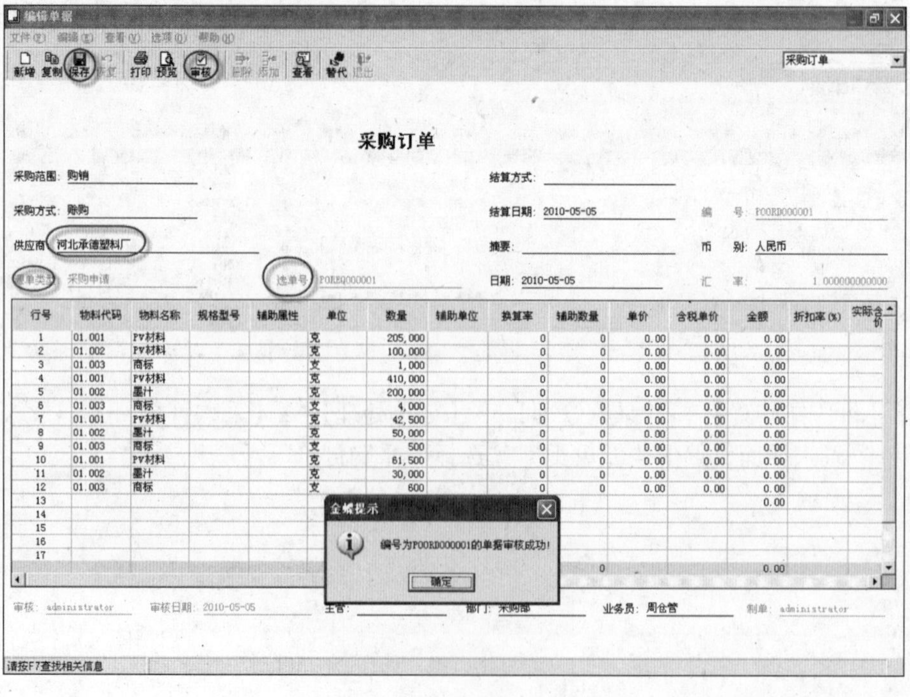

选择【供应链管理】→【采购管理】→【采购订单-查询】，结果如下：

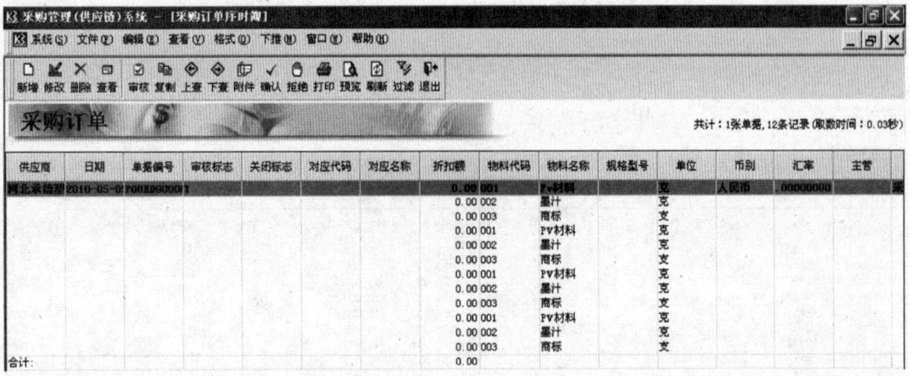

外购入库：选择【供应链管理】→【采购管理】→【订单处理】→【采购订单-生产外购入库单】，【确定】默认过滤方案，打开“采购订单时序簿”，全选订单，点击菜单栏【下推】，选择【生成外购入库】弹出窗口：

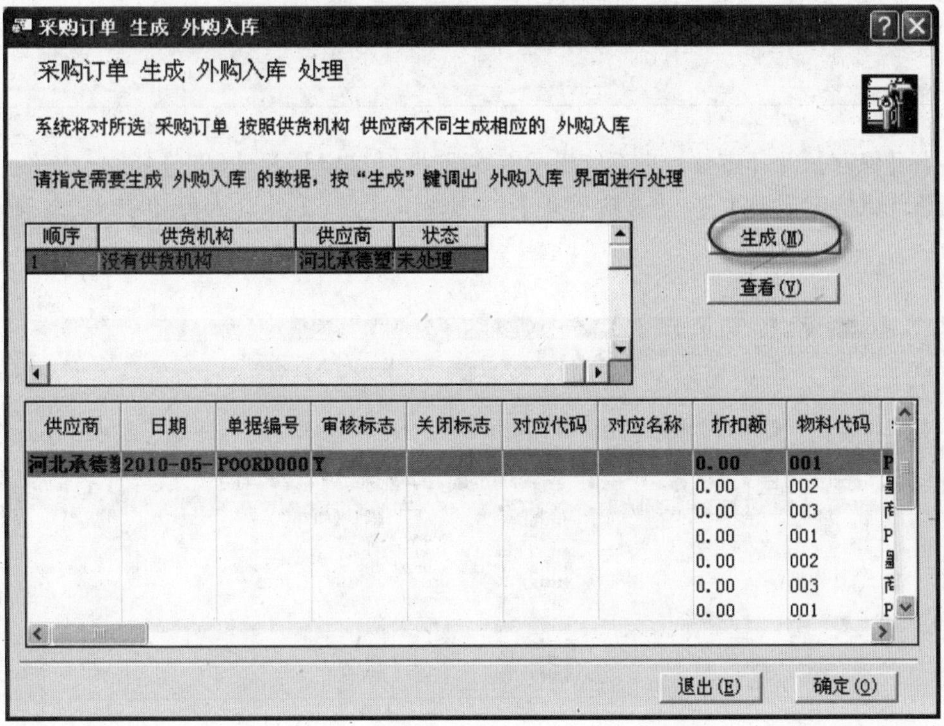

点击【生成】：

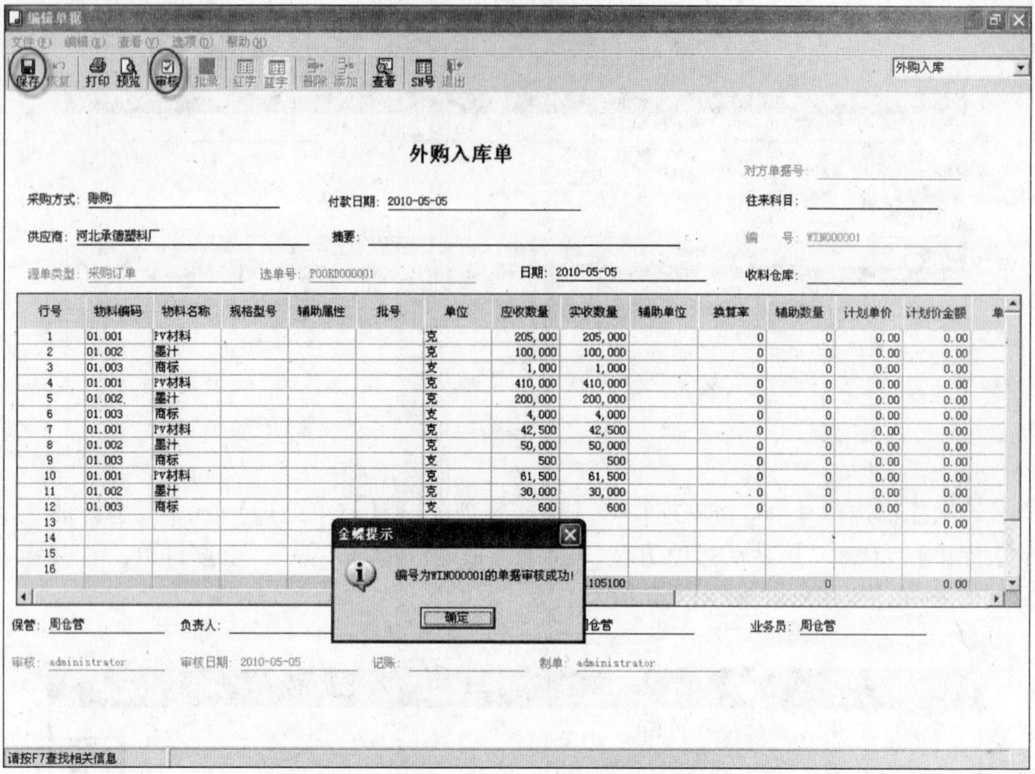

点击【保存】并【审核】后系统提示审核成功,【确定】并【退出】。

选择【供应链管理】→【采购管理】→【入库】→【外购入库单查询】,查询结果如下:

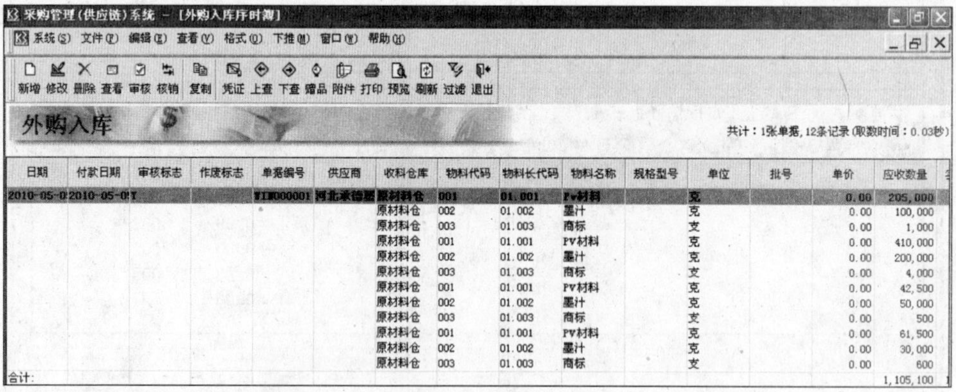

主生产计划编制:计划展期维护→计划方案维护→MPS 计算→MPS 投放。

选择【生产管理】→【主生产计划】→【系统设置】→【计划展望期维护】,设置时区个数为 100,各时区天数为 1。点击【保存】后【退出】。

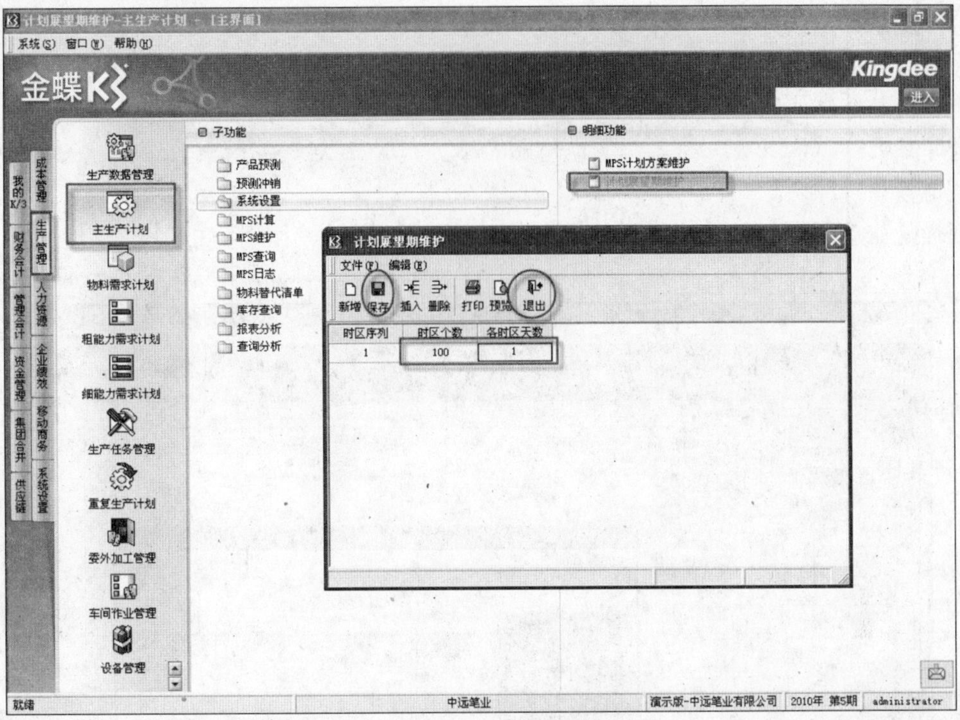

选择【生产管理】→【主生产计划】→【系统设置】→【MPS 计划方案维护】，选择“MTO（SYS）”点击【修改】，修改相应的参数，完成后点击【保存】后【退出】。

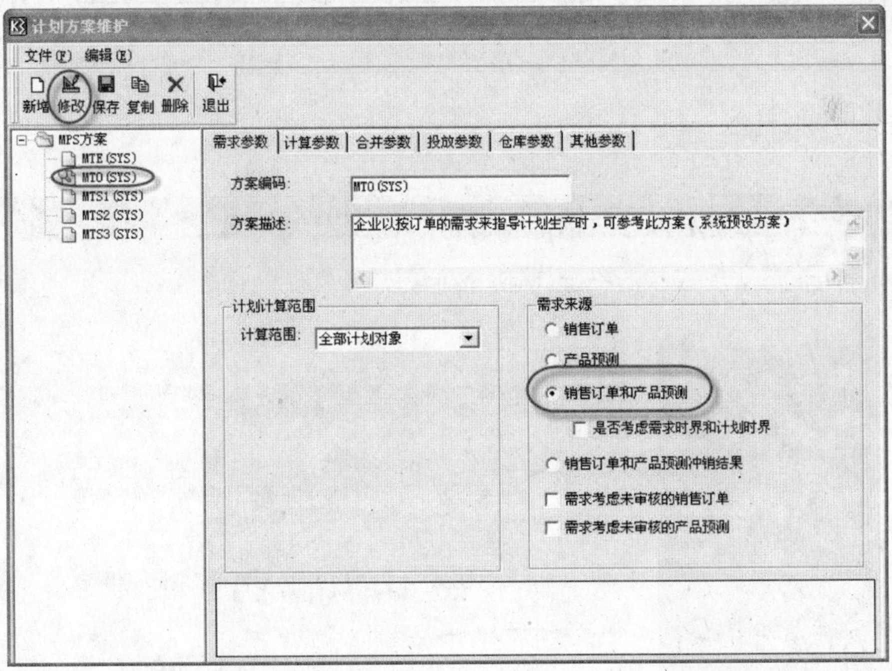

需求参数：需求来源 - 销售订单和产品预测。

计算参数：默认。

合并参数：默认。

投放参数：采购申请人：周仓管；采购部门默认值：采购部；自制件默认生产类型：普通订单；自制件默认生产部门：装配车间；委外加工件默认类型：委外加工。

仓库参数：默认。

其他参数：默认。

选择【生产管理】→【主生产计划】→【MPS 计算】→【MPS 计算】：

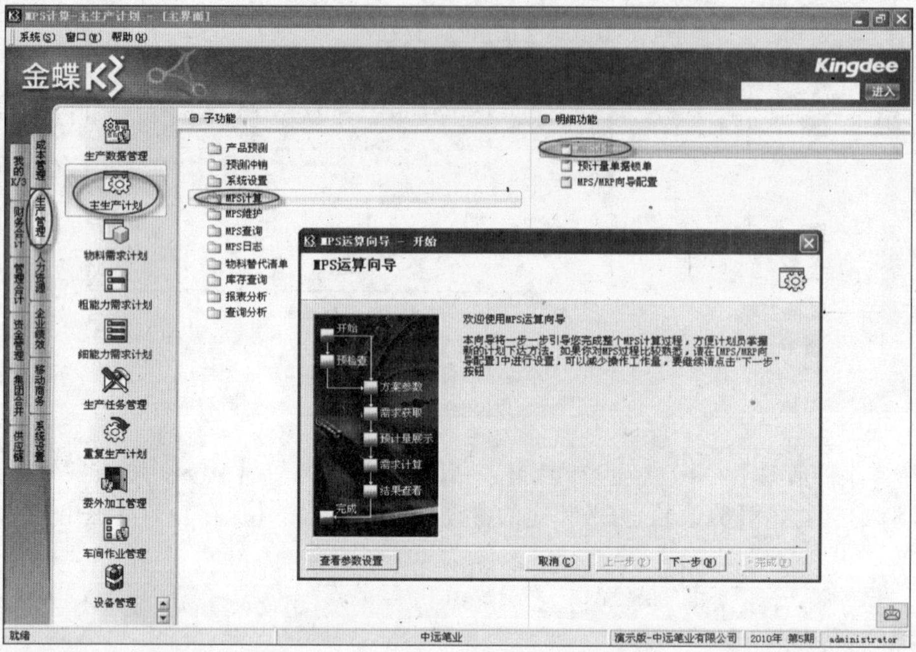

点击弹出窗口【下一步】：

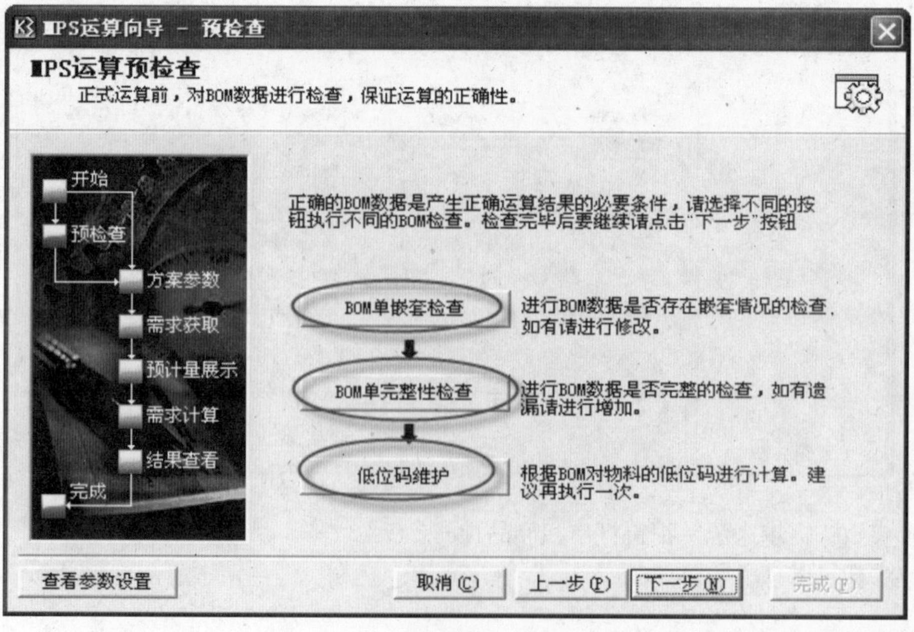

完成“BOM 嵌套检查”→“BOM 完整性检查”→“低位码维护”后，点击【下一步】：

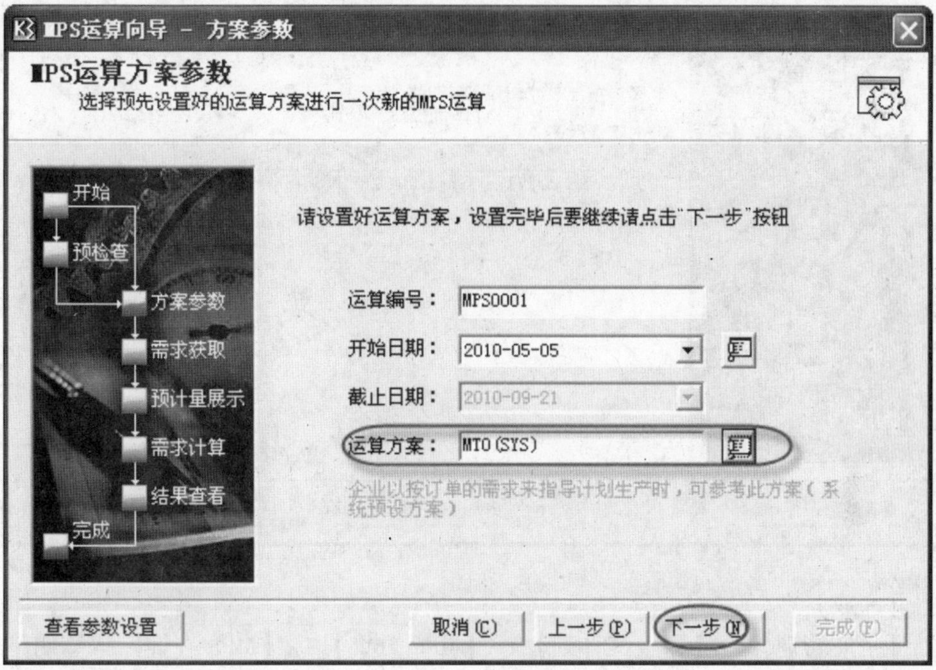

选择“MTO（SYS)”，单击【下一步】，直至出现“结果查看”界面：

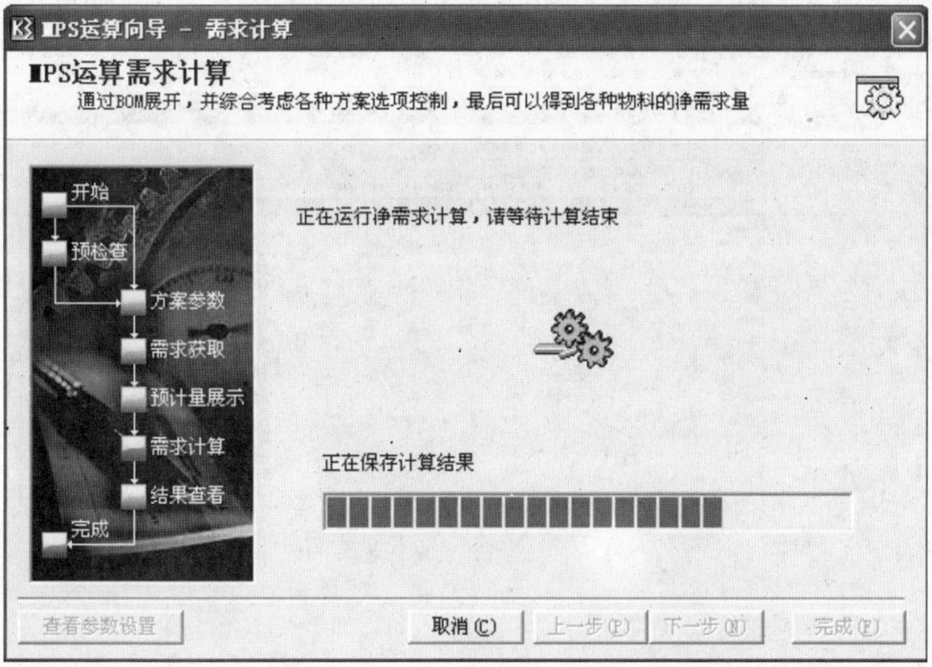

点击【下一步】：

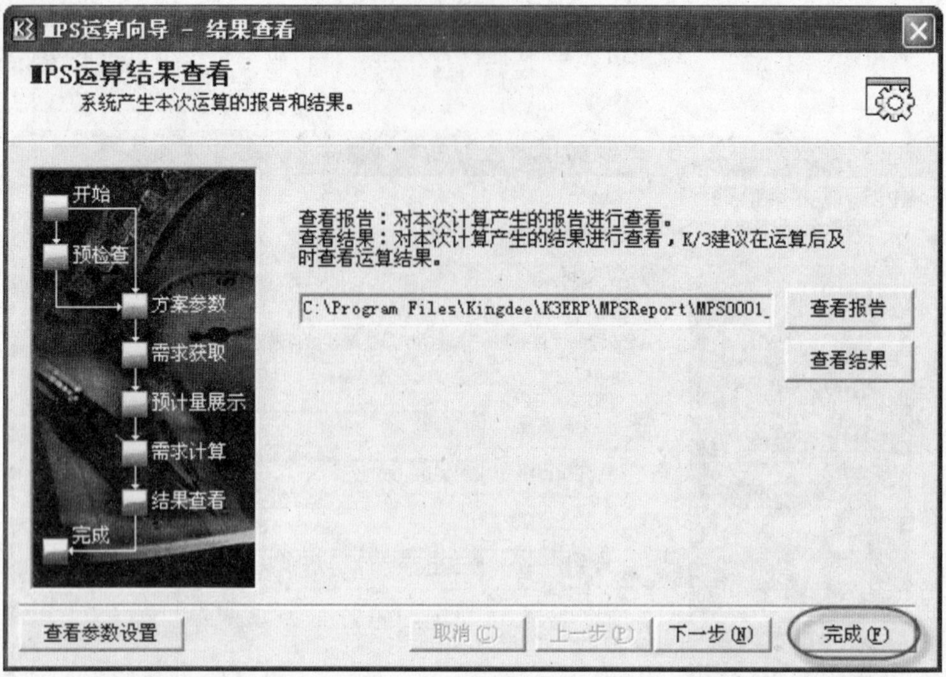

点击【完成】。

选择【生产管理】→【主生产计划】→【MPS 查询】→【MPS 查询 - 运算明细查询与跟踪】，查询结果如下，点击【退出】。

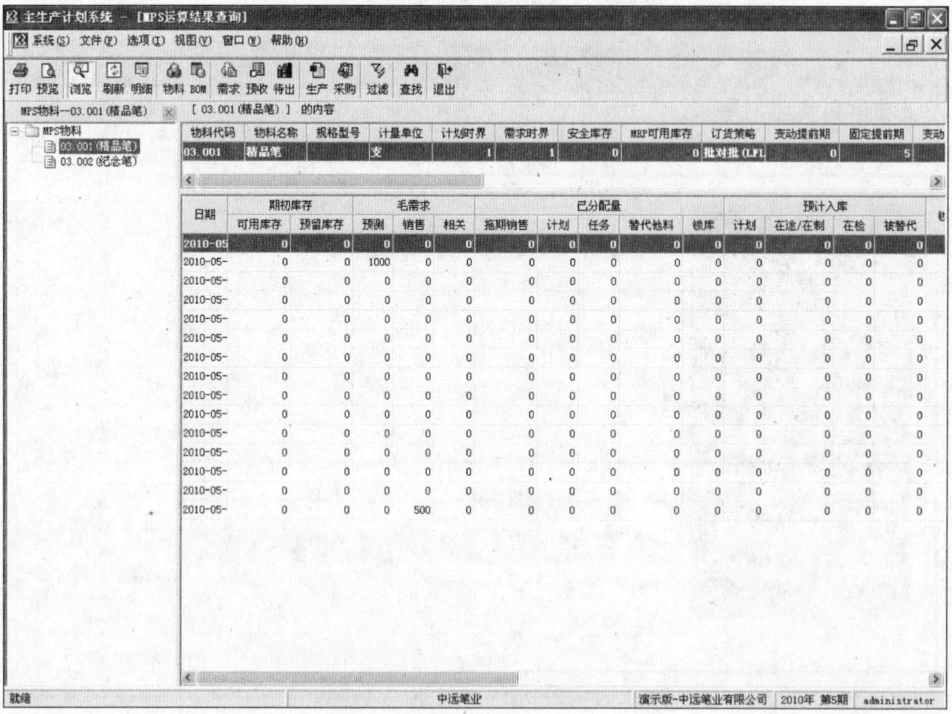

选择【生产管理】→【主生产计划】→【MPS 维护】→【MPS 维护 - 计划订单查询】，

【确定】默认过滤条件，打开“计划订单序时簿（MPS)”：

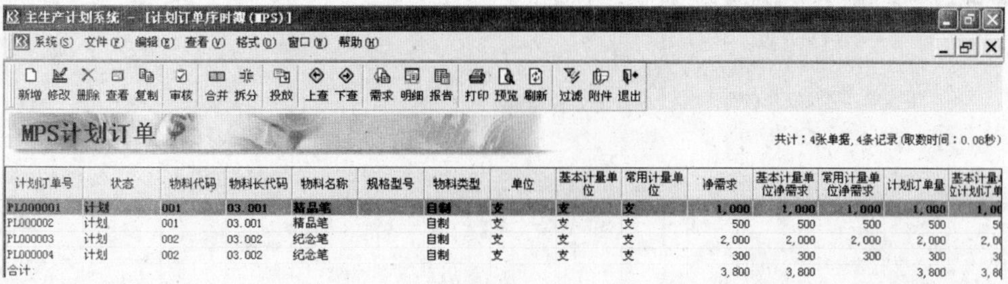

选择订单点击【审核】按钮，审核所有订单，每一订单审核成功后系统均会提示审核成功，点击【确定】即可。然后选择所有已审核订单，点击【投放】按钮，弹出窗口点击【是（Y)】确认投放。

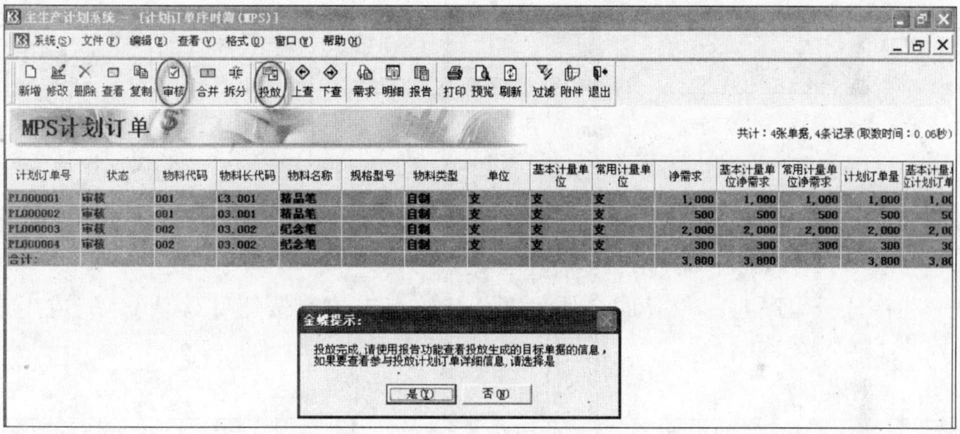

选择【生产管理】→【生产任务管理】→【生产任务单查询】，【确定】默认过滤条件，得到查询结果如下：

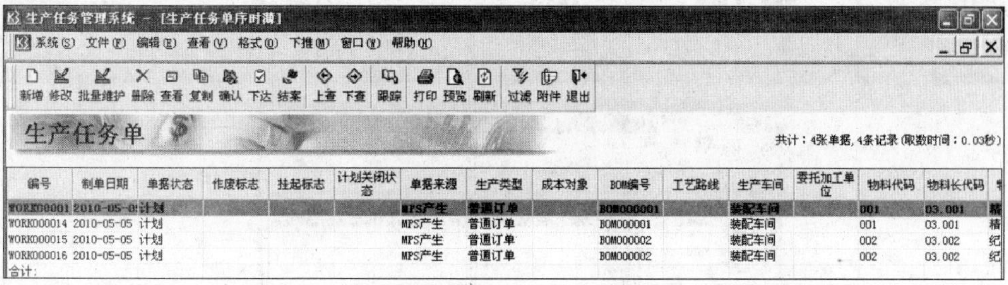

双击生产任务，打开“生产任务单”编辑窗口，输入各对应的“批号”：01、02、03、04。

点击【保存】后【退出】。

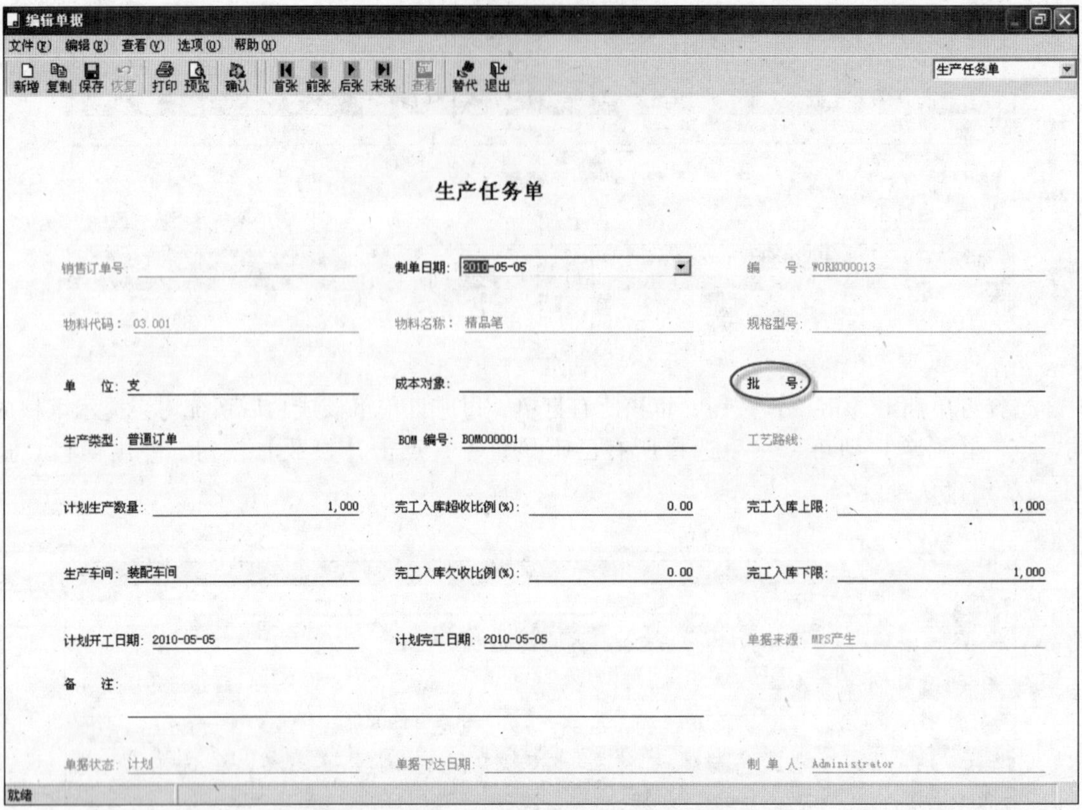

在“生产任务单序时簿”界面全选生产任务，点击快捷按钮【确认】，完成生产任务确认。

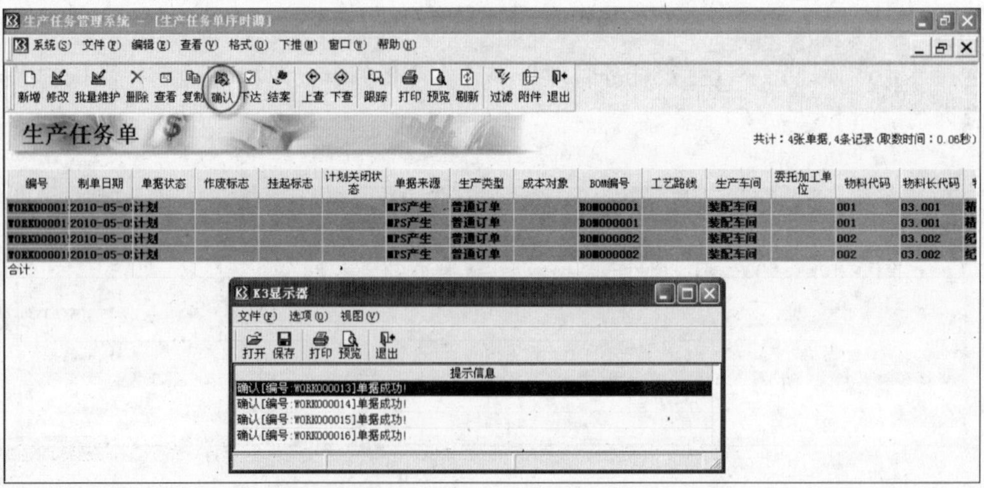

7. 物料需求计划管理：MRP 计算—MRP 投放

选择【生产管理】→【物料需求计划】→【系统设置】→【MRP 计划方案维护】，打开“MRP 计划方案维护”界面，选择“MTO（SYS）”，点击【修改】按钮，进行维护：

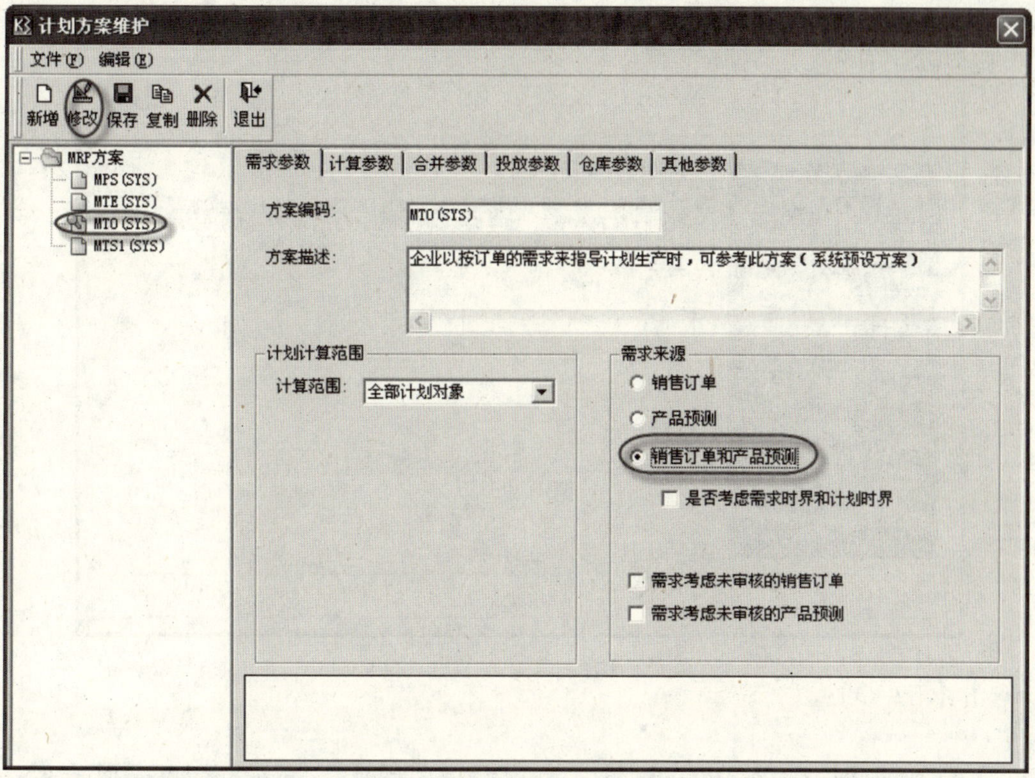

维护内容如下：

需求来源：销售订单和产品预测。

合并参数：MRP 需求合并物料允许不同需求来源的单据合并。

投放参数：采购申请人：周仓管；采购部门默认值：采购部；自制件默认生产类型：普通订单；自制件默认生产部门：装配车间；委外加工件默认类型：委外加工。

仓库参数：默认。

其他参数：默认。

维护完毕后点击【保存】后【退出】“计划方案维护” 窗口。

选择【生产管理】→【物料需求计划】→【MRP 计算】→【MRP 计算】，打开 MRP 计算向导：

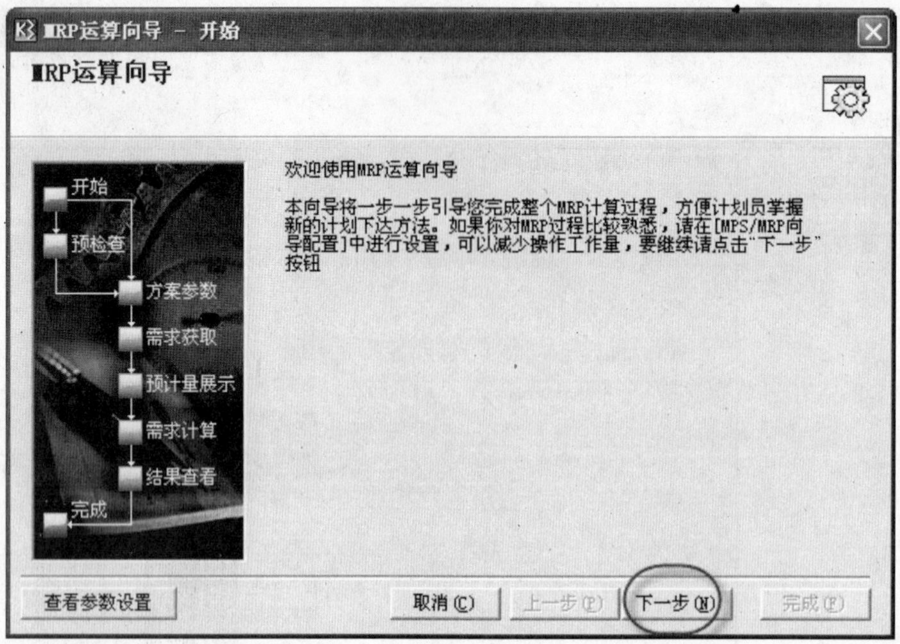

点击【下一步】：

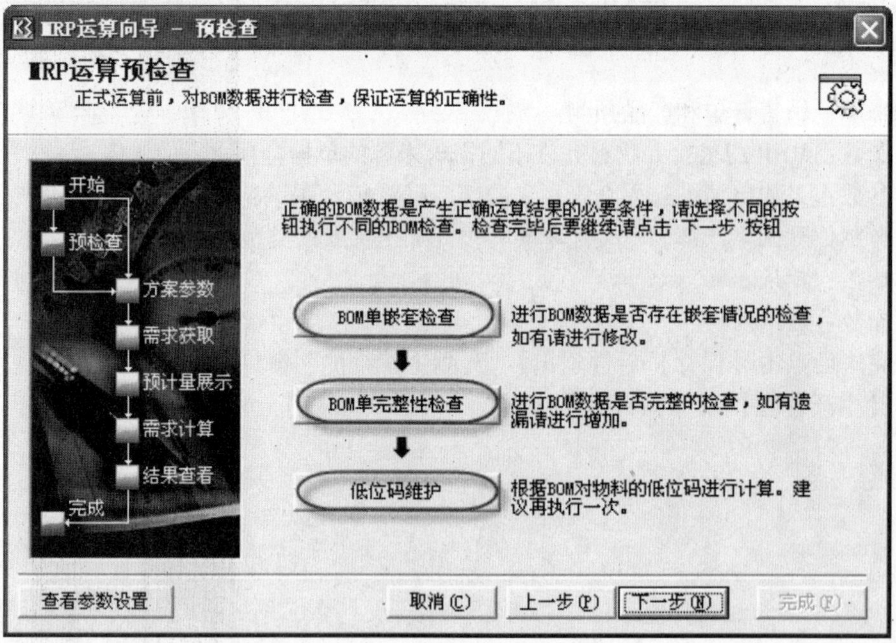

依次进行"BOM 单嵌套检查"→"BOM 单完整性检查"→"低位码维护"后，点击【下一步】：

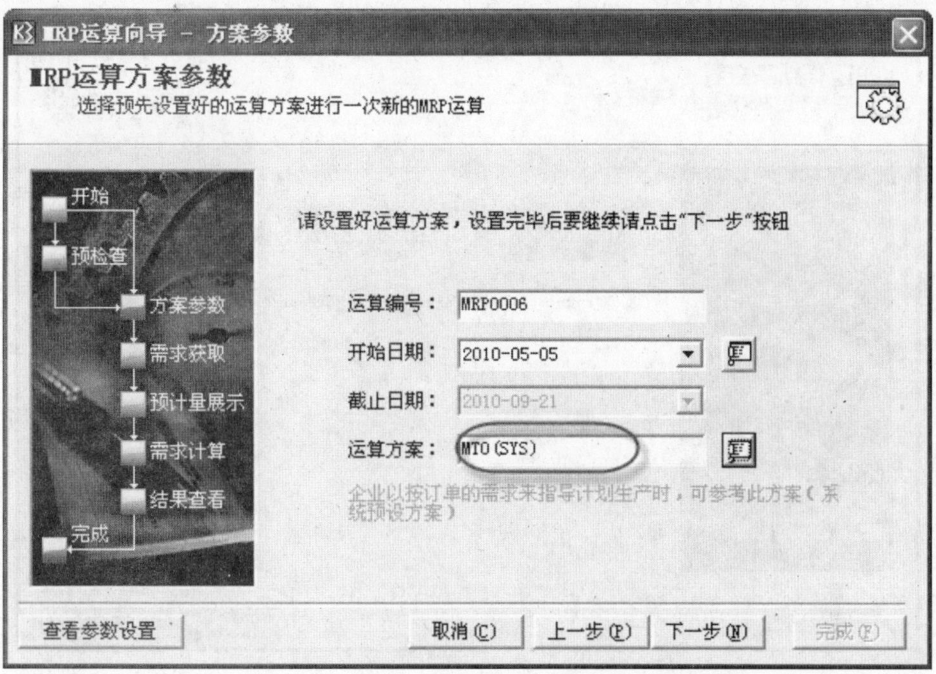

选择“MTO（SYS）”运算方案后点击【下一步】，直至出现计算过程：

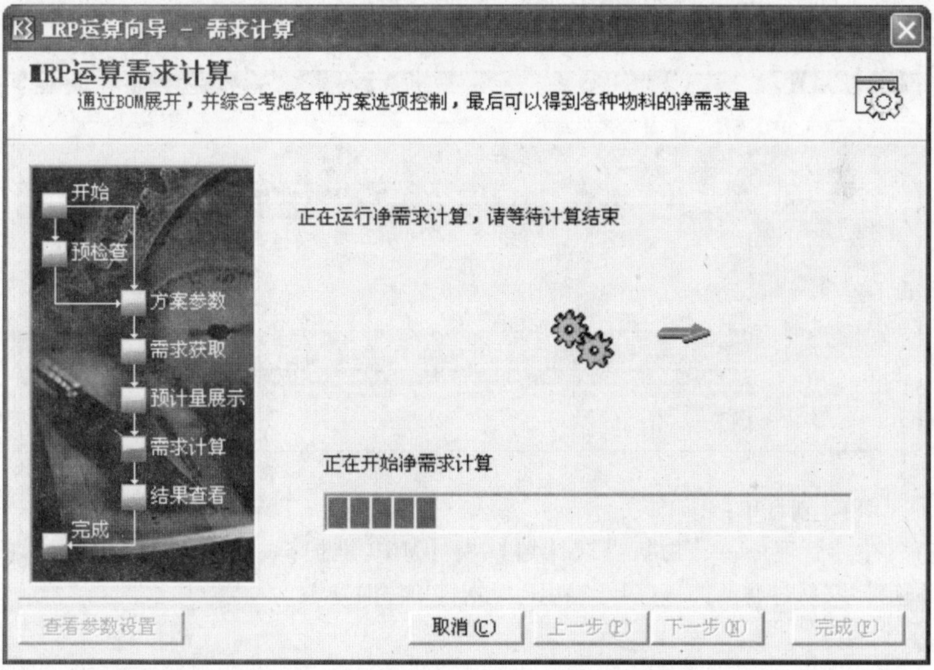

随后出现“结果查看”界面：

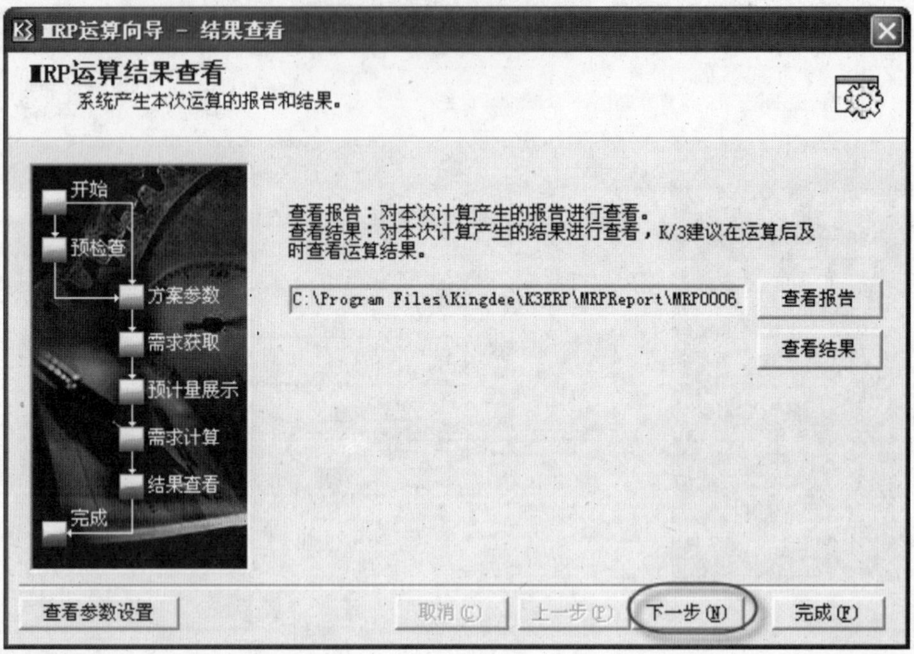

单击【下一步】后点击【完成】。

查询计算结果：选择【生产管理】→【物料需求计划】→【MRP 查询】→【MRP 查询 - 运算明细查询与跟踪】。查询结果如下，点击【退出】。

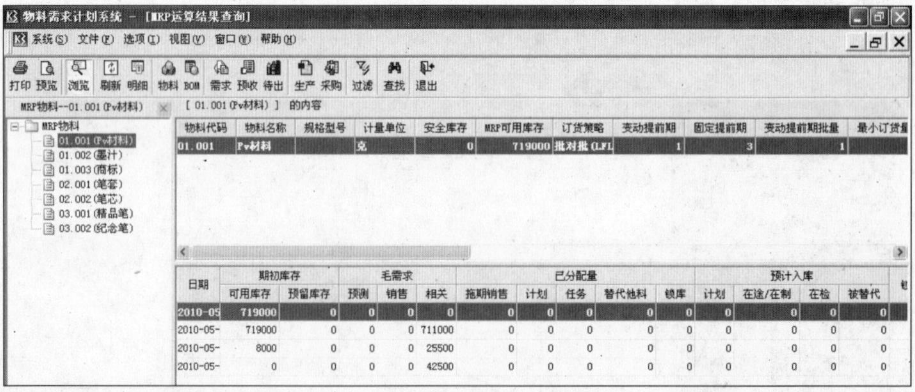

查询 MRP 计划订单：

选择【生产管理】→【物料需求计划】→【MRP 维护】→【MRP 维护 - 计划订单查询】，【确定】默认过滤条件，打开“MRP 计划订单序时簿”：

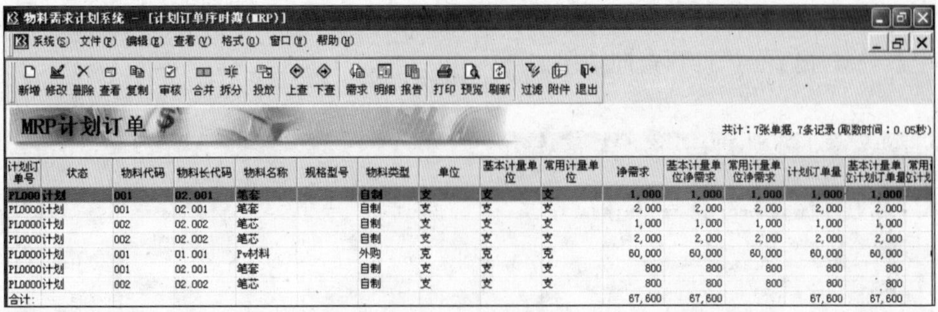

全选“生产任务单”，点击【审核】，完成生产任务的审核。

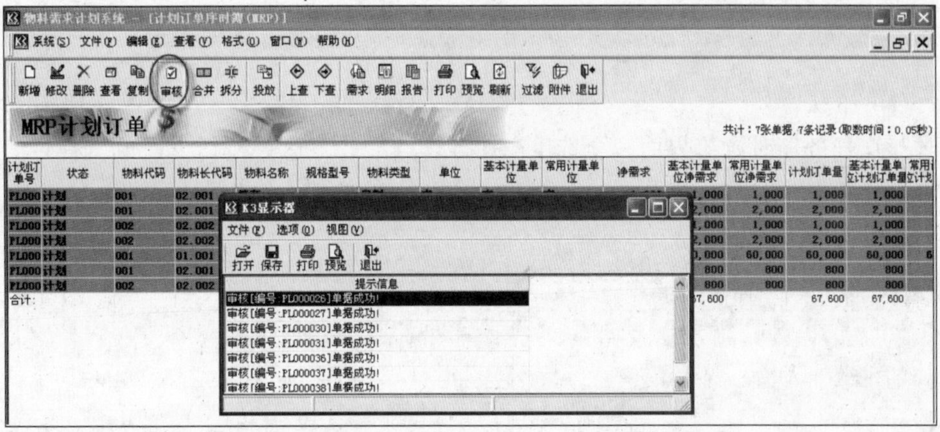

审核完毕后，全选已经审核的生产任务单，点击【投放】，完成 MRP 生产任务的投放。

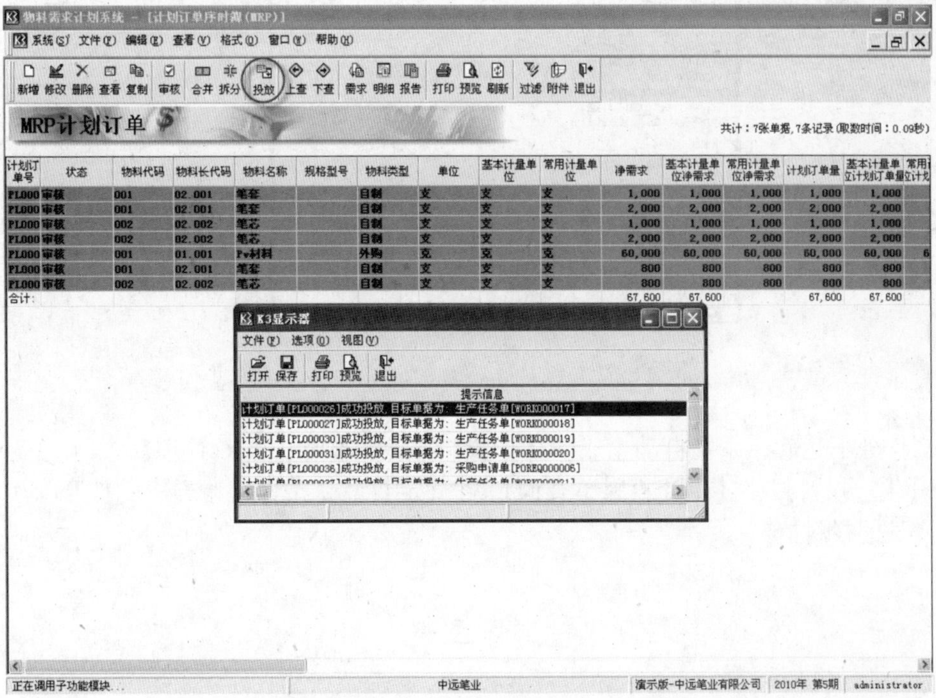

选择【生产管理】→【生产任务管理】→【生产任务单查询】，【确定】默认过滤条件，打开“生产任务序时簿”得到查询结果如下：

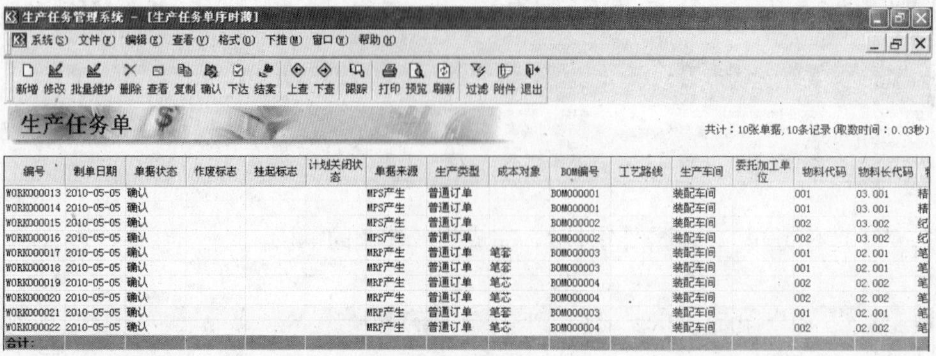

生产任务下达：

在“生产任务序时簿”界面，全选生产任务，点击【下达】按钮，完成所有生产任务的下达如下：

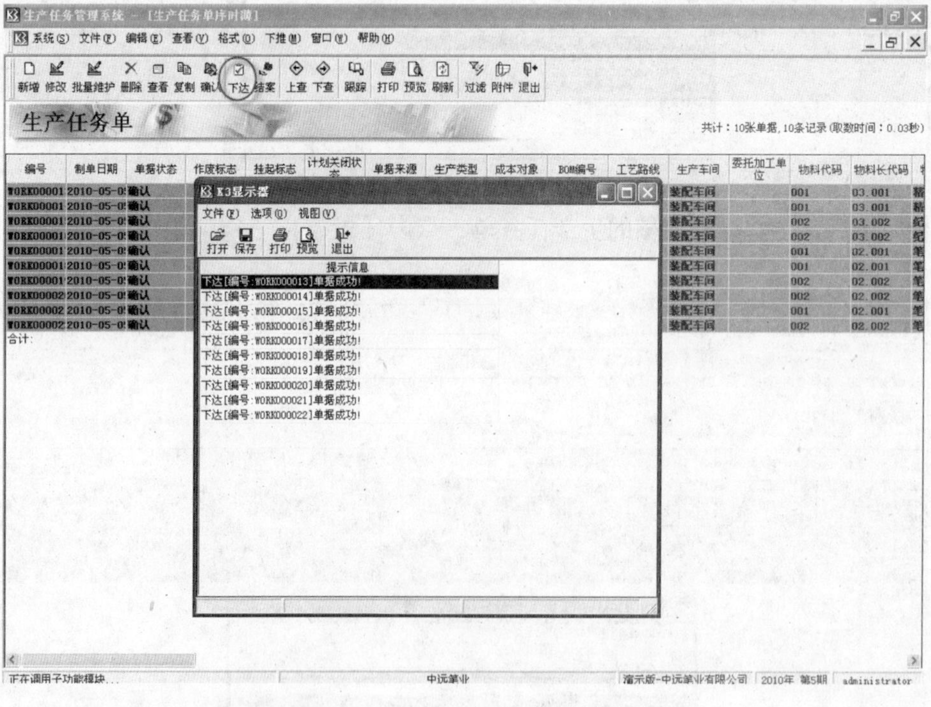

生产任务下达后，系统自动生成“生产投料单”。选择【生产管理】→【生产任务管理】→【生产投料】→【生产投料单查询】，【确定】默认条件过滤方案后打开“生产投料单序时簿”的投料情况：

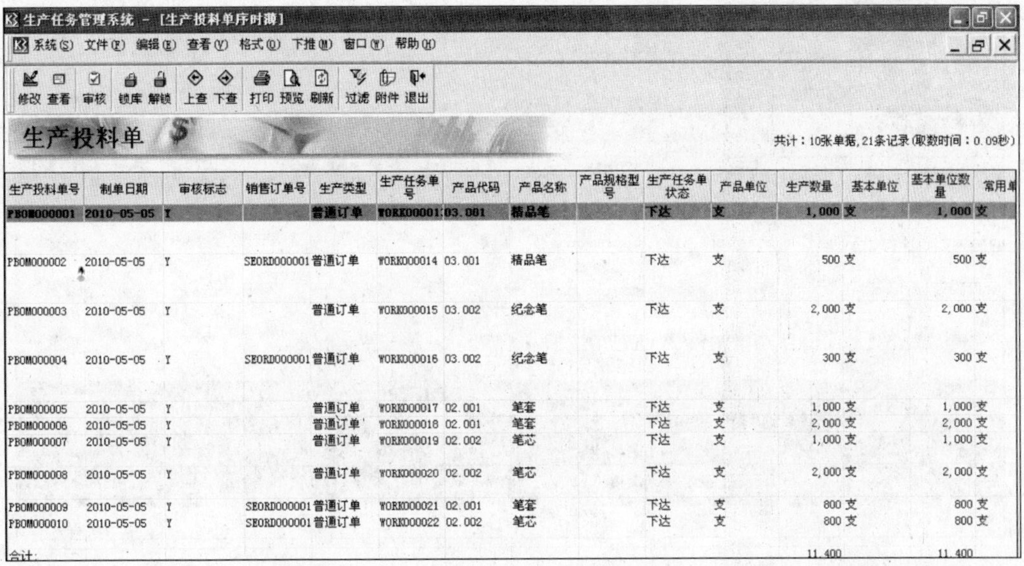

领料生产：选择【供应链】→【仓库管理】→【领料发货】→【生产领料 - 录入】，打开“领料单录入”窗口：

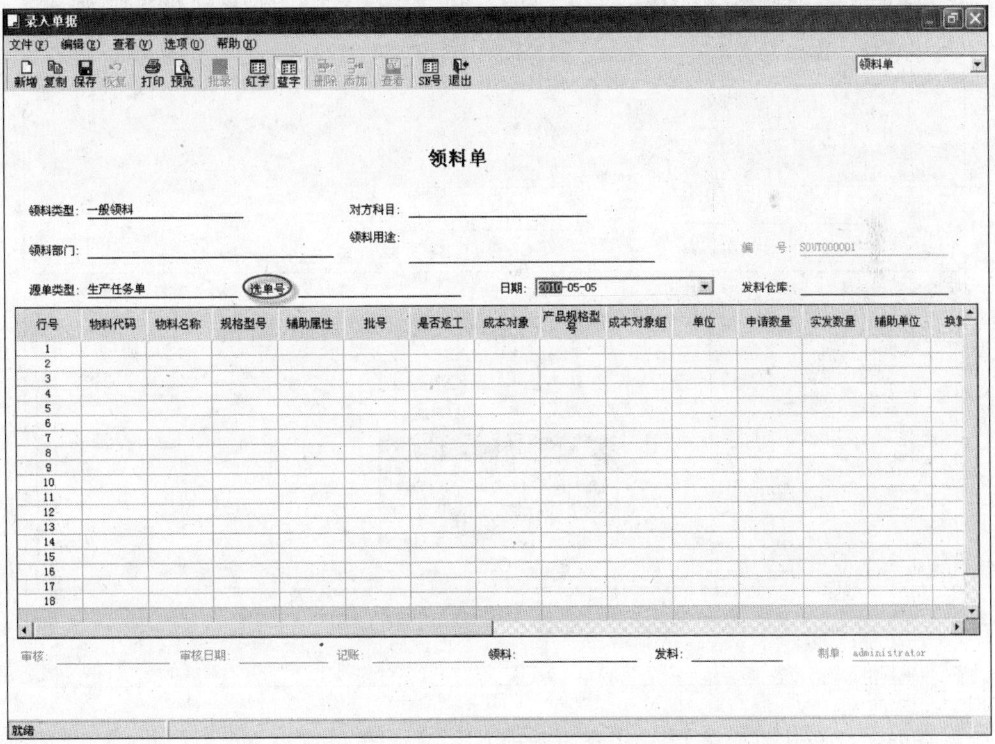

双击【选单号】录入栏，打开“生产投料单序时簿”，选择投料单，点击【返回】：

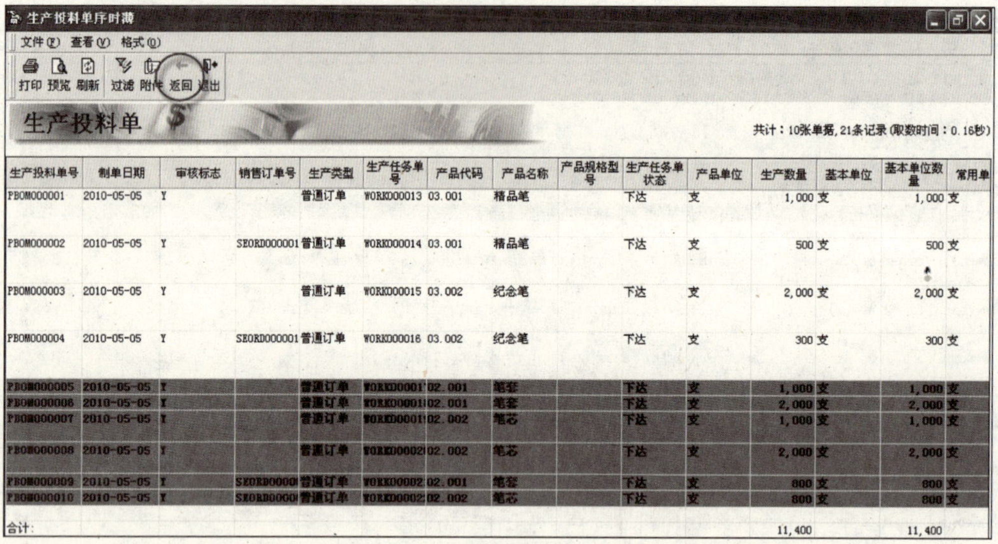

系统自动将所选项目填入领料单，完成相关项目后点击【保存】后【审核】，系统提示审核成功后【确定】并【退出】“领料单录入”窗口。

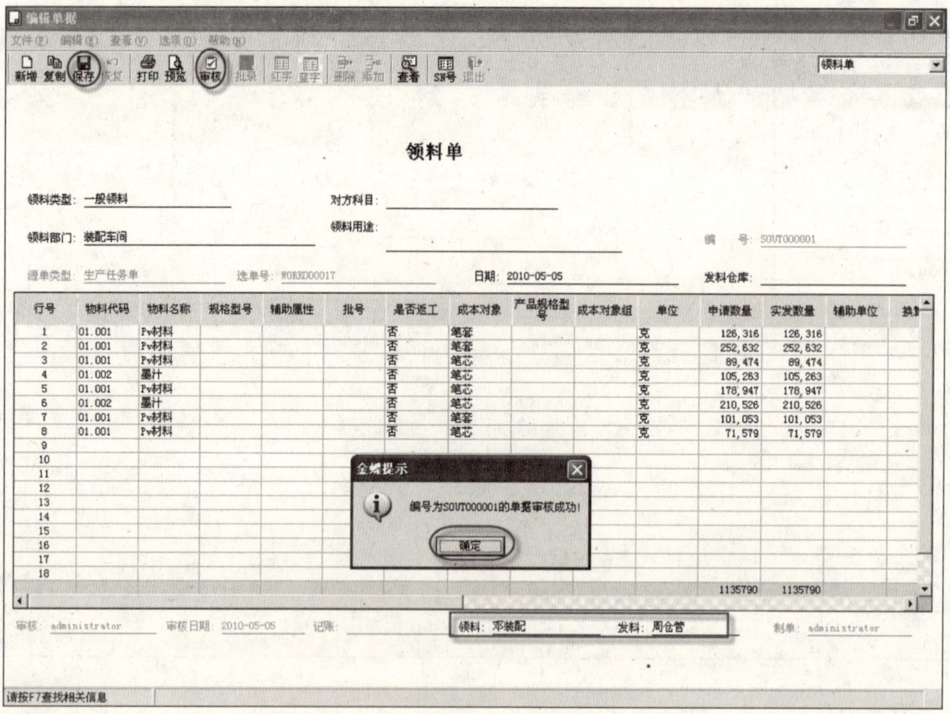

领料查询：选择【供应链】→【仓库管理】→【生产领料查询】，【确定】默认过滤条件，单击“生产领料序时簿”查询结果：

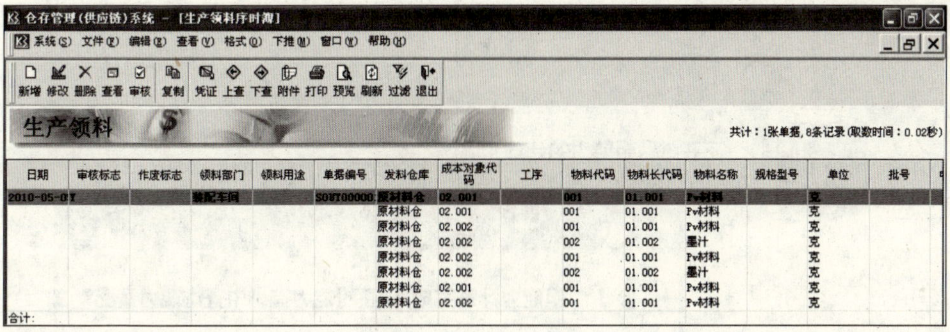

8. **粗能力计算—查询**

选择【生产管理】→【粗能力需求计划】→【粗能力清单】→【粗能力清单生成】，系统生成粗能力清单：

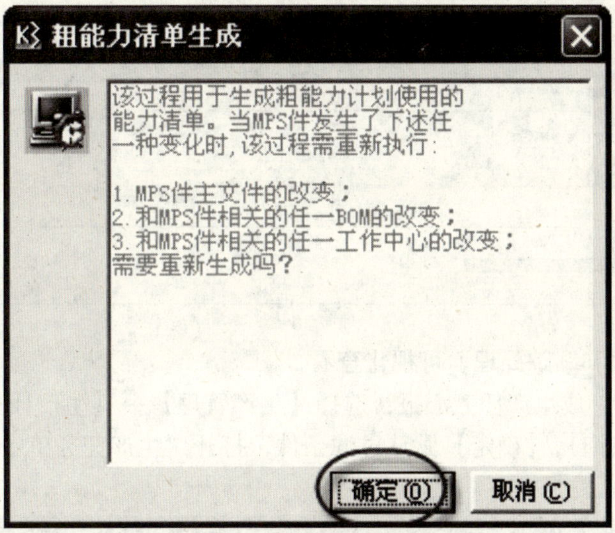

点击【确定】，系统生成结果，单击【确定】完成。

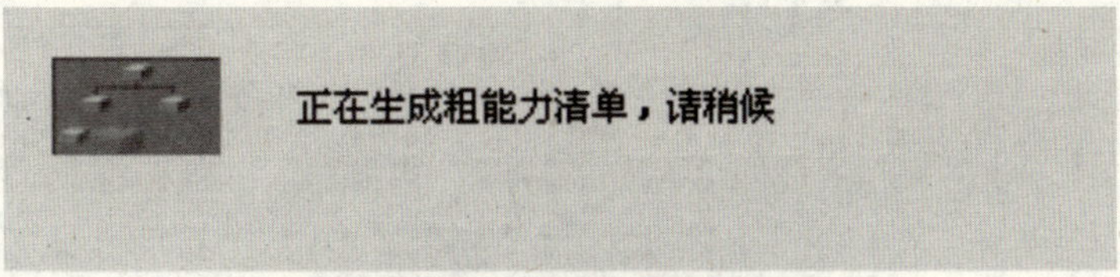

选择【生产管理】→【粗能力需求计划】→【粗能力计算】→【粗能力计算】:

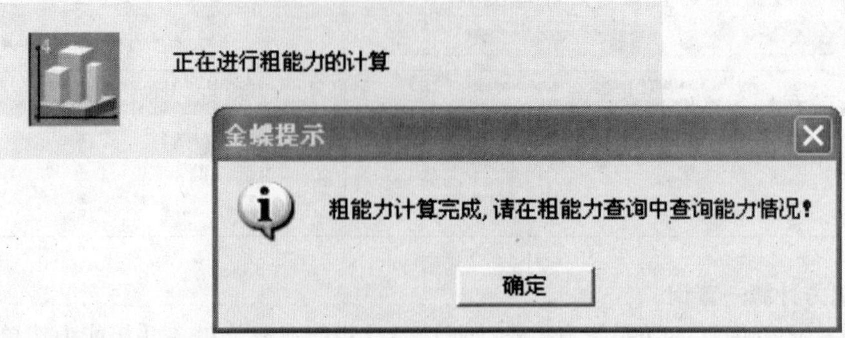

点击【确定】。选择【生产管理】→【粗能力需求计划】→【粗能力查询】→【粗能力查询】，【确定】默认过滤条件，打开“粗能力汇总报告”:

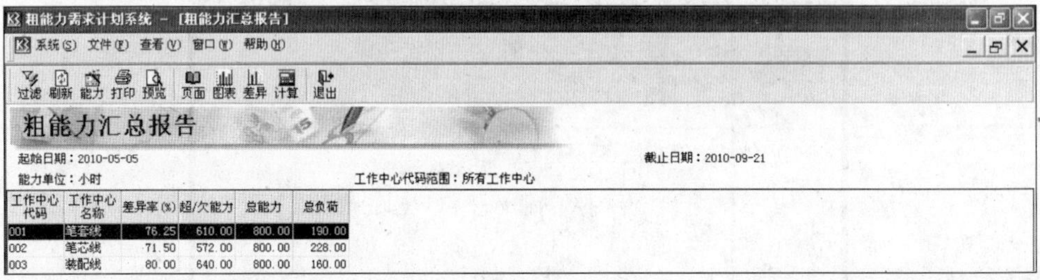

9. 生产任务汇报和跟踪处理、可视化查看

查询生产任务，形成生产任务汇报：选择【生产管理】→【生产任务管理】→【生产任务】→【生产任务查询】，【确定】默认过滤条件，打开“生产任务单序时簿”:

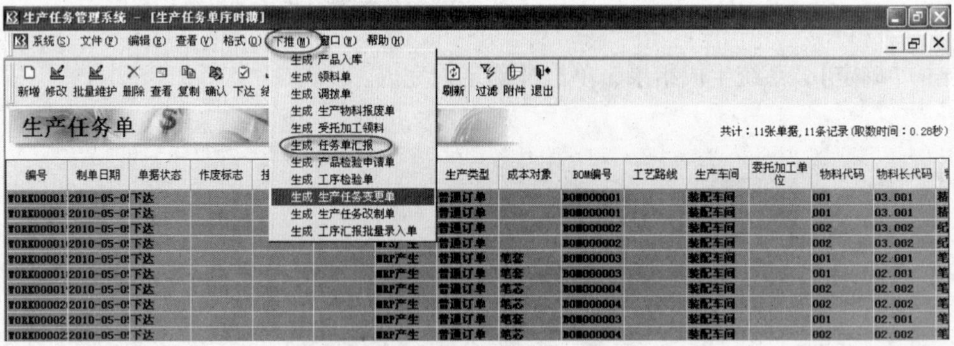

选择菜单栏【下推】→【生成任务单汇报】:

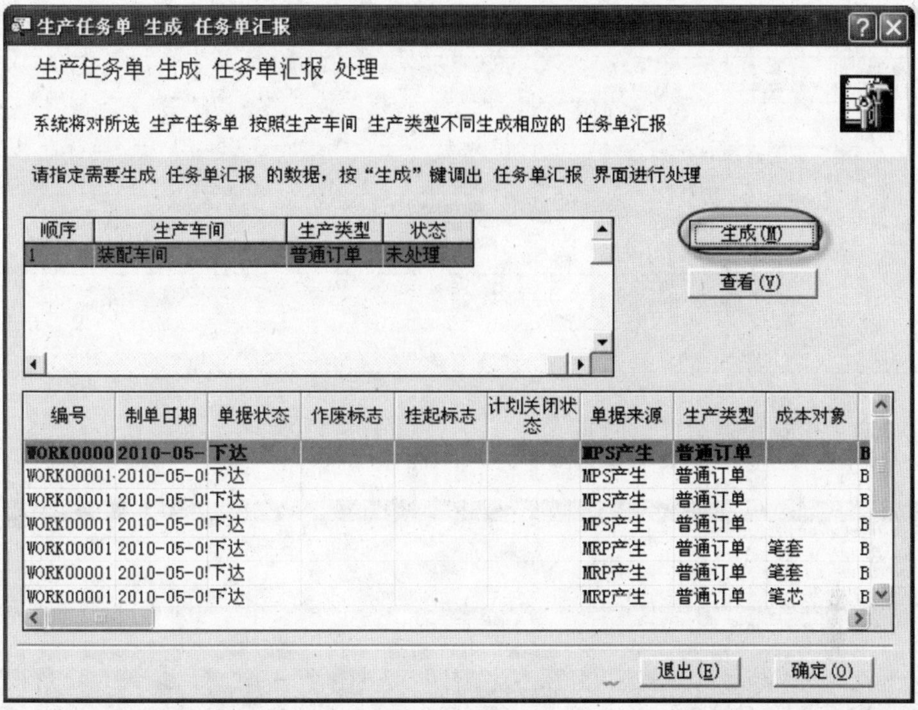

点击【生成】，录入相应数据后【保存】并【退出】。

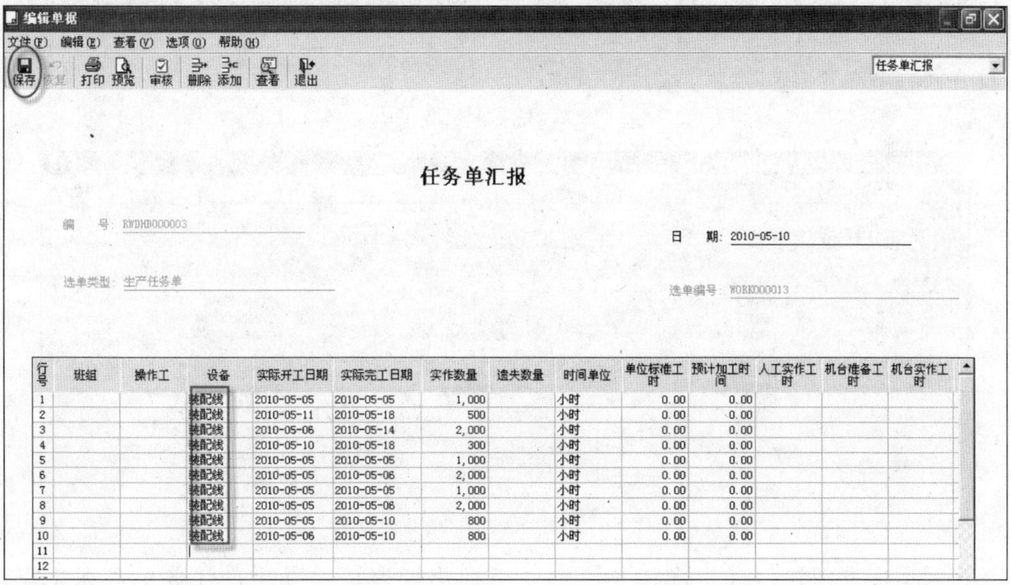

选择【生产管理】→【生产任务管理】→【任务单全程跟踪】→【任务单全程跟踪】：

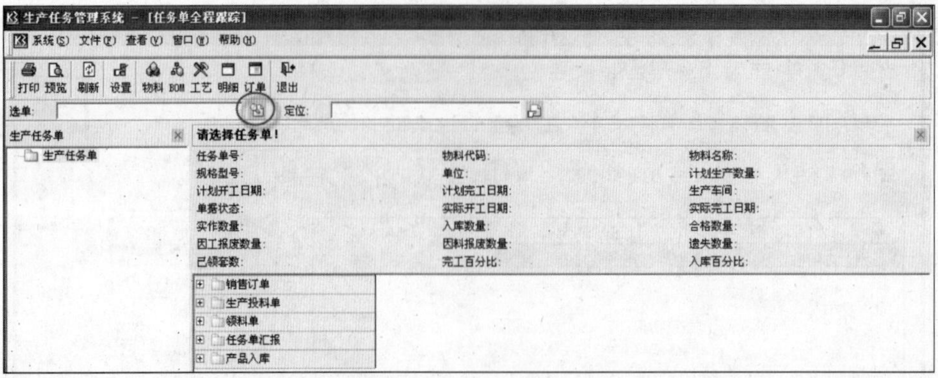

点击选单，全选单据后【返回】:

打开“任务单全程跟踪”结果如下:

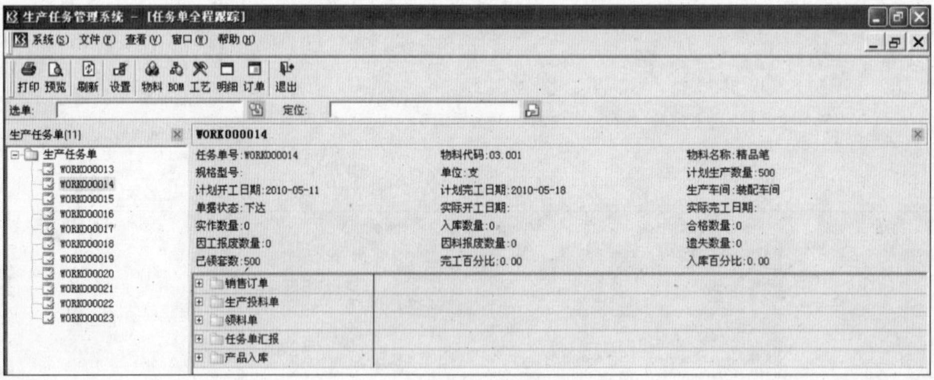

选择【生产管理】→【生产任务】→【可视化管理】→【生产任务单可视化查看】,【确定】默认条件过滤，可视化查询结果如下:

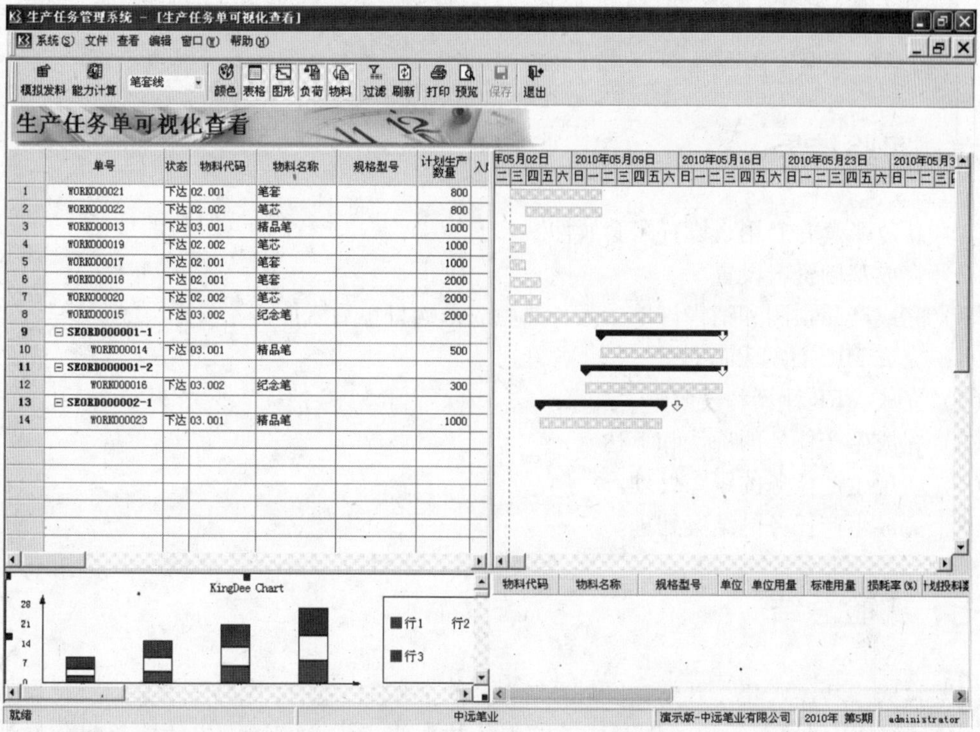

10. **生产任务结案处理：生产任务全部完成后，需要结案处理**

选择【生产管理】→【生产任务管理】→【生产任务】→【生产任务查询】，【确定】默认查询方案后打开“生产任务单序时簿”，全选生产任务，点击【结案】，完成所有生产任务结案处理。结案后计划处于关闭状态。

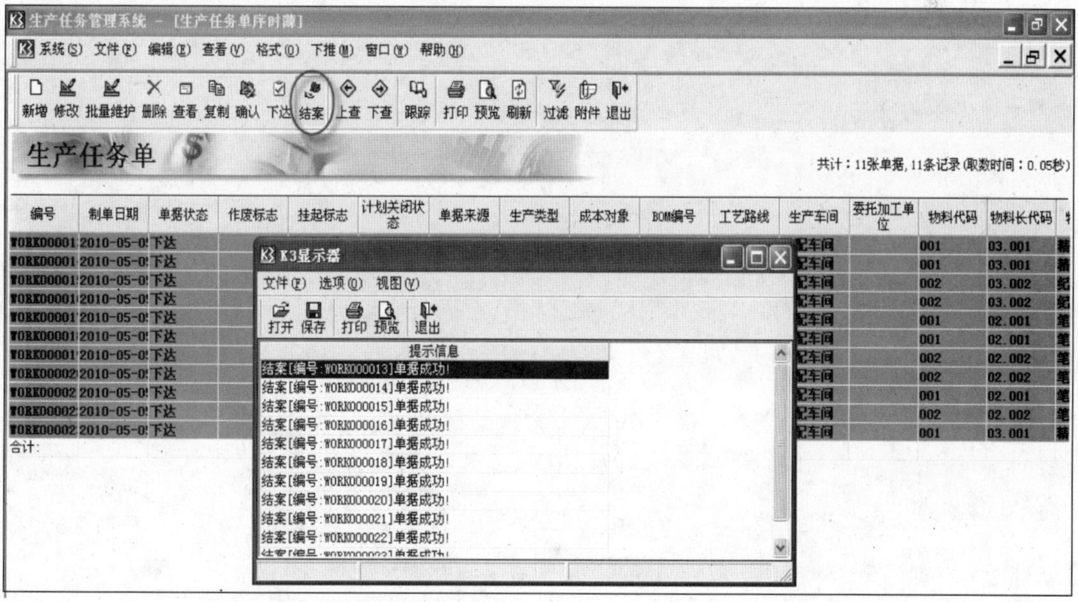

11. 备份账套资料，导出保存准备上交老师

这是最后的收尾工作。

六、实验结果

（1）新建账套并启用、设置账套属性。

（2）完成基础资料设置。

（3）完成产品预测和销售订单录入，并生成采购订单后入库。

（4）完成 MPS 计算和投放。

（5）完成 MRP 计算和投放。

（6）完成生产任务的确认和下达。

（7）实现生产任务的跟踪处理。

（8）完成生产任务的结案处理。

七、实验总结

本实验从“新建账套”开始，经过系统基础资料设置、生产管理模块基础资料设置，完成了 MPS 和 MRP 计算与投放、生产任务的确认和下达、生产领料、生产任务跟踪处理和结案等一系列的操作，完成了对案例材料生产任务的管理。通过本实验可以系统学习生产管理模块的主要功能和操作，体验 ERP 对于生产制造企业的重要作用。

下编　阅读学习和提高

本编简要介绍ERP的发展趋势和ERP沙盘等内容，进一步提高读者对ERP的认识。

第十二章 ERP 应用现状及未来趋势

学习提示

- ERP 系统在我国的发展应用
- 我国实施 ERP 的未来展望

导读

我国开展 ERP 的研究与应用已有 20 多年的历史，经历了由初步应用到推广应用，由 MRPⅡ（Manufacturing Resource Planning）到 ERP，由 ERP 技术研究到 ERP 产品开发进而发展成 ERP 产业的不同阶段。目前从国内外 ERP 软件公司的市场占有率来看，国外软件在高端市场上占据了优势，而国产软件则在广大的中小企业中占有绝对优势。国外 ERP 阵营以 SAP、Oracle 为代表，其优势在于管理思想成熟、实践经验丰富、符合国际规则、应用功能齐全、软件设计合理，但缺点是价格昂贵，实施周期长。国内阵营以用友、金蝶为代表，其优势在于成本低、符合国内企业应用习惯、服务支持能力强等，缺点是管理思想不成熟、产品功能不全、技术漏洞多。

一、ERP 系统在我国的发展应用情况

我国 MRPⅡ、ERP 的应用和发展过程，大致可划分为起步阶段、发展阶段、成熟阶段和转型与新起点四个阶段。

1. **起步阶段（20 世纪 80 年代初到 90 年代末）**

这个阶段的显著特点是：立足于 MRPⅡ的引进、实施以及部分应用；应用范围局限在传统的机械制造业内，应用的效果有限；ERP 只被少数用户所接受，观望者甚多；市场上 ERP 产品非常少，投资巨大，只有大型国有企业和中外合资企业才有财力使用 ERP 系统。为了改善产品交货周期长、库存储备资金占用大、设备利用率低等生产管理方面存在的重大问题，我国一些机械制造企业，如沈阳第一机床厂、北京第一机床厂、第一汽车制造厂、广州标致汽车公司等先后从国外引进了 MRPⅡ软件。由于当时 MRPⅡ系统本身存在的技术问题和服务问题、企业存在缺少 MRP. IVERP 应用与实施的经验问题、思想认识上的障碍问题等，作为 MRPⅡ在中国应用的先驱者，它们曾经走过了一段坎坷而曲折的道路。

2. **发展阶段（2001—2005 年）**

其主要特征是 MRPⅡ/ERP 在中国的应用与推广取得了较好的成绩，从实践上否定了以往的观念，企业在管理变革和信息化的运用方面逐步由“被动”转向“主动”，由“侥幸的等待观望”发展到“制胜的必备”。在这一阶段，管理软件虽主要还是定位在 ERP 软件的推广与应用上，然而涉及的领域已突破了机械行业，扩展到航天航空、电子家电、制药、化工等行业，大多数用户在应用 ERP 系统之后都有或多或少的收益。

3. **成熟阶段（2006—2010 年）**

这一阶段的主要特点是用户开始接受 ERP 理念并付诸实施，ERP 系统从通用化走向行业化，应用范围从制造业扩展到第二、第三产业，软件产品趋于成熟。“行业化”ERP 系统是指 ERP 供应商在对企业管理共性进行系统化地识别、归纳和整理的基础上，通过系统化软件复用，在业务平台的支撑下，针对某一个（或几个）目标行业（如汽车、制药、纺织等）的管理需求及管理特点而设计开发的版本化的、可定制的商品化 ERP 系统。在这一阶段，供应商经过一个阶段的残酷厮杀，产品定位更加准确，产品的特征被市场认可，不仅自然形成了多层次的局面，而且还真正形成了“差异化”的竞争格局，客户能够很快根据自己的需求圈定选择范围。对于 ERP 咨询公司，也会出现专业化和规模化的模式，由于生存的需要，也出现并购行为。

4. **转型与新起点（2010 年以后）**

随着 ERP 理论的进一步发展，用户普遍开始对决策支持、数据仓库等系统提出了需求，因而 ERP 产品将面临新的转型。另外，随着离散工业计算机集成制造系统 CIMS 和流程工业计算机集成过程系统 CIPS 的进一步发展和应用推广，ERP 将逐渐成为其三层体系结构的顶层支撑软件。

二、我国实施 ERP 的未来展望

随着信息技术、管理软件系统的进一步发展，加之管理技术与管理思想的进一步融合，ERP 将会得到进一步发展，未来的 ERP 将会具有更好的适应性、灵活性和开放性以及更强的功能。未来的 ERP 将会沿着以下趋势进一步发展。

1. **与先进的管理思想进一步交融，增强其适应性**

未来的 ERP 将会在继承当前 ERP 管理思想的基础上，不断吸纳最新的先进管理思想或模式，如敏捷制造与敏捷虚拟企业组织管理模式、供应链环境下的精良生产管理模式、基于电子商务的企业协同管理模式、跨企业的协同项目管理模式等，并将其管理思想与 ERP 业务处理模式结合。此外，应与不同国情的管理模式相适应，例如针对中国这样未完成工业化的发展中国家，应当采用针对性较强的改进型 ERP 管理模式，如基于主动动态成本控制的 ERP 管理模式、基于时间成本双主线的 ERP 管理模式、基于资金流模型的 ERP 管理模式等。

2. **ERP 向智能信息处理转变**

随着 ERP 系统从管理执行层向管理决策层的渗透，ERP 将通过集成数据仓库、数据挖掘和联机分析处理 OLAP、商务智能、决策支持等加强对企业知识的管理功能，把企业高层领导从规模庞大的数据中解脱出来，构成集综合查询、报表和 OLAP 为一体的智能决策信息系统，帮助企业管理者应对各种特殊情况，寻找一种最佳的方案进行宏观决策和经营策略，提高企业的市场应变能力和现场管理能力。ERP 系统的智能化功能包括智能化业务过滤和处理功能、智能化计划优化功能、智能化数据分析功能等。

3. **以领先的 ERP 系统平台为开发核心**

以开放的 ERP 系统平台为技术支撑的，由大批软件商、咨询商、集成商加盟的分工合作的 ERP 产业链将是未来 ERP 的模式。同时，ERP 将全方位向用户开放，包括技术开放、文档开放、实施开放、源代码开放，其中开放源代码的 ERP 必将打破企业依赖供应商的现状。中间件技术（如 OPC 技术等）将被广泛运用。OPC 技术是处于平台与应用之间具有标准的协议与接口的通用服务子集。应用该技术，开发人员无须对不同的设备和系统平台设计不同的代码，只要采用标准化的中间件作为基础构件就可迅速地开发出具有良好的可扩展性、高可用性和可移植性的企业管理软件。这一技术是实现异构环境中工具、应用和服务的分布式管理，建立大型软件系统和集成电子商务计算环境的最佳途径之一。中间件技术的应用将使 ERP 产品的更新速度和行业化速度大大加快，产品的开发成本也将大大降低。

4. ERP 系统与办公自动化 OA 产品相融合

ERP 与 OA 实现完全融合，其实质上体现了企业信息流、物流、资金流与工作流的统一。同时，由 ERP 系统加工、汇总、分析生成输出的信息以报表或报告的形式，通过 OA 系统主动地传递到企业内外的相关机构和管理部门，而由 OA 系统中经领导批复的报告、计划、通知则通过 OA 系统的工作流管理直接下达到企业的执行单位。通过 ERP 系统与 OA 的融合，实现 ERP 由被动系统转向能动系统。

5. ERP 系统与电子商务相结合

随着 Internet 技术的日益成熟，电子商务将在 ERP 系统中的很多应用领域扮演重要角色。与电子商务紧密结合的 ERP 系统，将使企业为客户提供的服务实现自助化。如企业可在网上发布采购订单，经企业认证的供应商可直接给企业发货，在网上完成结算和采购。同时，企业的客户也可在网上通过电子合同完成销售订货业务，即 ERP 与上游的 B2B 和下游的 B2C 等相结合，使企业与供应商、客户之间的沟通渠道更为畅通，工作效率大大提高。

6. 实施服务走向社会化

ERP 系统软件的产品与实施服务逐步走向分离。ERP 系统的选型和系统实施服务是 ERP 项目成功的关键，但企业的管理人员对 ERP 的了解和把握又很难，因此，一批专业咨询公司应运而生。他们主要从事 ERP 产品的选型和实施服务，而 ERP 厂商则更加专注于产品的精雕细琢。另外，厂商也开始注重渠道的建设，通过分销商和代理商来完成项目的实施服务。

管理咨询成为项目实施的核心。实施项目的第一步就是管理咨询，即针对企业的需求进行调研，并根据调研的情况对企业目前的管理情况进行诊断和业务流程重组，然后根据管理咨询报告提出企业的 ERP 实施方案。实施方案质量的高低又直接关系着项目实施的成败。因此，管理咨询将成为 ERP 项目实施的核心环节。

本章思考

我国 ERP 的发展应用经历了哪些阶段？有何特点？

阅读扩展

面向 21 世纪的 ERP 系统发展

ERP 系统虽然考虑了企业怎样适应市场需求的变化以及怎样利用全社会一切市场资源快速高效地进行生产经营的需求，但并未从根本上考虑知识经济时代持续创新以及市场竞争环境的迅速变化对企业生产流程与业务管理流程的动态调整的要求。

目前，任何一个企业都能感受到国际化竞争的压力，随着席卷全球的信息化革命的冲击，日益激化的竞争市场将使企业越来越感到原有的组织结构和环节复杂的业务流程已无法应付面临的挑战。面对市场和经营环境的变化，企业必须及时进行动态调整和改造。它不仅包括对产品和生产流程的重整，还涉及与之相关的企业组织结构与业务管理流程。重整过程要以理顺经营过程为中心，以适应客户变动的需求和提高客户满意度为目标。这种企业重整的过程并非一劳永逸，企业需要随时根据竞争环境的变化与自身在市场竞争中的势态变化，紧跟时代发展步伐，不断进行企业重整以保持自己的市场竞争优势，因此企业重整是一个动态的过程。

但是目前的 ERP 系统一般是以一种预先固定好的模式结构提供给用户，企业在建立其管理系统时，面临两个主要问题：一是软件无法灵活地适应个性化企业管理流程的要求，这就不得不要求企业管理流程按 ERP 系统中的固有模式去运作，否则要经过二次开发才能使用；二是一旦 ERP 系统实施完毕，企业在需要进行管理与业务流程重整时，很难真正达到从组织结构、生产流程、业务流程全面重整的效果，即现有的 ERP 系统结构与功能制约了企业的动态重整过程。因此，ERP 系统的进一步发展需要将管理业务与软件系统相分离（在原理上如同开放的软件系统可以脱离特定的硬件环境一样），以期实现企业的动态重整过程。

动态企业建模技术 DEM（Dynamic Enterprise Module）就是为了满足企业不断增长的动态重整过程的需求。它具有能够消除 ERP 软件与企业管理“捆绑”的功能（如同开放的计算机软件系统与计算机硬件环境间的分离），可支持企业的管理结构和流程灵活地紧跟瞬息万变的市场发展，有助于动态实现企业重整过程。它必将是本世纪 ERP 系统改进和进一步发展的一个方向。

然而无论是 ERP 系统还是进一步发展的 DEM 技术，其企业管理思想和模式基本上都是基于一种“面向事务处理”的、按顺序逻辑来处理事件的管理，均不能对无法预料的事件和变化作出快速反应。在知识经济时代进一步向前发展的情况下，创新加速与市场需求的瞬息万变是不可避免的。在这种市场环境下，企业只有尽早、尽快地为市场提供那些受消费者青睐的产品，才能获得更多利润并保持市场竞争优势。因此，企业要根据多变的市场去作出正确的判断，作出决策，这就不得不经常地、快速地根据新的决策去改变产品结构、生产计划和生产流程，还要使每一种产品的产出提前期都尽可能短并且可控。这样才能既快速地将产品提交到市场上，又能有效地控制生产成本。而现有面向事务管理的软件是无法满足这些需求的。

IRP（Intelligent Resource Planning）智能资源计划，是一种具有智能及优化功能的管理思想和模式，它打破了所有以前那些“面向事务处理”的管理模式。它可使管理人员按照设定的目标去寻找一种最佳的方案并迅速执行。这样就可紧跟甚至超前于市场的需求变化，快速作出正确的决策，随之改变原有的计划，并以最快的速度执行这些变化。此外，IRP 还将解决以前无法解决的“协同制造”以及“约束资源”等问题。因此，IRP 也必将成为本世纪企业管理软件发展的另一重要方向。

目前，一些西方发达国家的理论界正在对 DEM 和 IRP 作进一步的探讨和理论研究。要具体运用这些管理思想，并通过计算机软件系统来实现，以解决实际企业现代化管理问题尚需时日。

市场竞争的激烈程度、市场竞争的范围，以及市场与客户需求的变化速度这三个因素的不断变化，推动了企业管理软件从早期的 MRP，中间的闭环 MRP 和 MRP Ⅱ，一直发展到今天的 ERP，并朝着未来的 DEM 和 IRP 方向进一步发展。在计算机刚出现的 20 世纪五六十年代，企业处在有限范围的竞争市场中，市场与客户的需求相对稳定，企业管理主要解决资金占用与资金周转问题，资金占用愈少、周转速度愈快，企业的生产成本就愈低，产品的市场竞争力就愈强，因此，利用 MRP 解决库存优化管理或者说实现对企业物料这一单项资源的计划管理是当时企业管理的主要目标。进入 70 年代，市场竞争进一步激烈，市场需求变动加快，企业对内部资源计划管理的范围随之扩大，从以前单纯的物料计划扩展到对生产过程的物料、人力和机器各项资源进行计划和控制，为此闭环 MRP 增强了生产管理的应变能力，进一步提高了市场竞争力。80 年代，市场竞争激烈程度加剧，市场和客户需求变动加速，企业对内部资源的计划管理范围进一步扩大，实现了对企业物料、人力、机器设备、资金和时间等全部资源的有效管理，并对企业超出生产活动之外的各项活动，如产品销售、财务管理、企业决策等进行集成一体化管理。MRP Ⅱ极大地提高了企业的生产效率、市场应变能力与市场竞争力。90 年代以前的管理总是面向企业内部，管理的目标也总是生产成本与生产效率。时间进入 90 年代，社会经济发生了巨大变化，知识经济时代的技术持续创新、市场需求的瞬息万变以及企业竞争空间的迅速扩大，使得传统的成本与效率管理目标不再成为企业取得市场竞争优势的法宝。企业管理从面向内部资源管理转向面向全社会一切市场资源的有效利用，实现对企业与社会各方组成供应链的各个环节的良好管理是 ERP 出现的必然。

企业面向市场需求的迅速变动和对企业生产与业务管理流程的不断重组的要求，还会要求 ERP 向 DEM 的发展。在市场需求变动速度发展到甚至于人们无法事先预料的情况下，IRP 会不会从理论变成现实的管理工具，尚不得而知。

第十三章　ERP 沙盘介绍

学习提示

- ERP 沙盘课程简介
- ERP 沙盘课程的重要性

导读

ERP 沙盘，是企业资源规划（Enterprise Resource Planning）沙盘的简称，也就是利用实物沙盘直观、形象地展示企业的内部资源和外部资源。通过 ERP 沙盘可以展示企业的主要物质资源，包括厂房、设备、仓库、库存物料、资金、职员、订单、合同等各种内部资源；还可以展示包括企业上下游的供应商、客户和其他合作组织，甚至为企业提供各种服务的政府管理部门和社会服务部门等外部资源。一般来说，ERP 沙盘展示的重点是企业内部资源。ERP 沙盘模拟是针对代表先进的现代企业经营与管理技术——ERP（企业资源计划系统），设计的角色体验的实验平台。ERP 模拟沙盘教具主要包括：六张沙盘盘面，代表六个相互竞争的模拟企业。模拟沙盘按照制造企业的职能部门划分了职能中心，包括营销与规划中心，生产中心、物流中心和财务中心。各职能中心涵盖了企业运营的所有关键环节：战略规划、资金筹集、市场营销、产品研发、生产组织、物资采购、设备投资与改造、财务核算与管理等。以上几个部分为设计主线，把企业运营所处的内外环境抽象为一系列的规则，由受训者组成六个相互竞争的模拟企业，模拟企业 5 ~6 年的经营，通过学生参与→沙盘载体→模拟经营→对抗演练→教师评析→学生感悟等一系列的实验环节，其融合理论与实践一体、集角色扮演与岗位体验于一身的设计思想，使受训者在分析市场、制定战略、营销策划、组织生产、财务管理等一系列活动中，参悟科学的管理规律，培养团队精神，全面提升管理能力，同时也对企业资源的管理过程有一个实际的体验。

一、沙盘模拟课程简介

ERP 沙盘模拟教学以一套沙盘教具为载体。沙盘教具主要包括沙盘盘面六张，代表六个相互竞争的模拟企业。沙盘盘面按照制造企业的职能部门划分了四个职能中心，分别是营销与规划中心、生产中心、物流中心和财务中心。各职能中心覆盖了企业运营的所有关键环节：战略规划、资金筹集、市场营销、产品研发、生产组织、物资采购、设备投资与改造、财务核算与管理等，是一个制造类企业的缩影。

1. 组织准备工作

组织准备工作是 ERP 沙盘模拟的首要环节。主要内容包括三项：首先是学生分组，每组一般为 5 ~6 人，这样全部学生就组成了六个相互竞争的模拟企业（为简化起见，可将六个模拟企业依次命名为 A 组、B 组、C 组、D 组、E 组、F 组），然后进行每个角色的职能定位，明确企业组织内每个角色的岗位责任，一般分为 CEO、营销总监、运营总监、采购总监、财务总监等主要角色。当人数较多时，还可以适当增加商业间谍、财务助理等辅助角色。在几年的经营过程中，可以进行角色互换，从而体验角色转换后考虑问题的出发点的相应变化，也就是学会换位思考。特别需要提醒的是，学生在这一过程中应诚信和亲力亲为。诚信是企业的生命，是企业的生存之本。在企业经营模拟过程中，不要怕犯错误，学习的目的就是为了发现问题，努力寻求解决问题的手段。在学习过程中，谁犯的错误越多，谁的收获也就越大。

2. 基本情况描述

对企业经营者来说，接手一个企业时需要对企业有一个基本的了解，包括股东期望、企业目前的财务状况、市场占有率、产品、生产设施、盈利能力等。基本情况描述以企业起始年的两张主要财务报表（资产负债表和利润表）为基本索引，财务报表逐项描述了企业目前的财务状况和经营成果，并对其他相关方面进行补充说明。

3. 市场规则与企业运营规则

企业在一个开放的市场环境中生存，企业之间的竞争需要遵循一定的规则。综合考虑市场竞争及企业运营所涉及的方方面面，可以简化为以下七个方面的约定：

（1）市场划分与市场准入。

（2）销售会议与订单争取。

（3）厂房购买、出售与租赁。

（4）生产线购买、转产与维修、出售。

（5）产品生产。

（6）产品研发与 ISO 认证。

（7）融资贷款与贴现。

4. 初始状态

ERP 沙盘模拟不是从创建企业开始，而是接手一个已经运营了三年的企业。虽然已经从基本情况描述中获得了企业运营的基本信息，但还需要把这些枯燥的数字活生生地再现到沙盘盘面上，由此为下一步的企业运营做好铺垫。通过初始状态设定，可以使学生深刻地感觉到财务数据与企业业务的直接相关性，理解财务数据是对企业运营情况的一种总结提炼，为今后“透过财务看经营”做好观念上的准备。

5. 企业经营竞争模拟

企业经营竞争模拟是 ERP 沙盘模拟的主体部分，按企业经营年度展开。经营伊始，通过商务周刊发布市场预测资料，对市场上每个产品的总体需求量、单价、发展趋势作出有效预测。每一个企业组织在市场预测的基础上讨论企业战略和业务策略，在 CEO 的领导下按一定程序开展经营，作出所有重要事项的经营决策，决策的结果会从企业经营结果中得到直接体现。

6. 现场案例解析

现场案例解析是沙盘模拟课程的精华所在。每一年经营下来，企业管理者都要对企业的经营结果进行分析，深刻反思成在哪里？败在哪里？竞争对手情况如何？是否需要对企业战略进行调整？结合课堂整体情况，找出大家普遍困惑的情况，对现场出现的典型案例进行深层剖析，用数字说话，可以让学生感悟管理知识与管理实践之间的距离。

7. 教师与学生在模拟中的角色分工

在沙盘模拟的各个不同阶段，结合具体任务，教师与学生扮演着不同的角色，下表列出了这些角色的不同。

沙盘课程的不同阶段教师与学生的角色

课程阶段	具体任务	教师角色	学生角色
组织准备工作		引导者	认领角色
基本情况描述		企业旧任管理层	新任管理层
企业运营规则		企业旧任管理层	新任管理层
初始状态设定		引导者	新任管理层
企业经营竞争模拟	制定战略	商务、媒体信息发布	角色扮演
	融资	股东、银行家、借贷机构	角色扮演
	订单争取、交货	客户	角色扮演
	购买原料、下订单	供应商	角色扮演
	流程监督	审计	角色扮演
	规则确认	咨询顾问	角色扮演
现场案例解析		评论家、分析家	角色扮演

二、沙盘模拟的重要性分析

沙盘模拟作为一种体验式的教学方式，是继传统教学及案例教学之后的一种教学创新。借助 ERP 沙盘模拟，可以强化学生的管理知识、训练学生的管理技能，全面提高学生的综合素质。沙盘模拟教学融理论与实践于一体、集角色扮演与岗位体验于一身，可以使学生在参与、体验中完成从知识到技能的转化。

（一）多方位拓展知识体系

ERP 沙盘模拟通过对企业经营管理的全方位展现，通过模拟体验，可以使学生在以下几方面获益：

1. 战略管理

成功的企业一定有着明确的企业战略，包括产品战略、市场战略、竞争战略及资金运用战略等。从最初的战略制定到最后的战略目标达成分析，经过几年的模拟，经历迷茫、挫折、探索之后，学生将学会用战略的眼光看待企业的业务和经营，保证业务与战略的一致，在未来的工作中更多地获取战略性成功而非机会性成功。

2. 营销管理

市场营销就是企业用价值不断来满足客户需求的过程。企业所有的行为、所有的资源，无非是要满足客户的需求。模拟企业几年中的市场竞争，学生将学会如何分析市场、关注竞争对手、把握消费者需求、制定营销战略、定位目标市场、制订并有效实施销售计划，最终达成企业战略目标。

3. **生产管理**

在模拟中，把企业的采购管理、生产管理、质量管理统一纳入生产管理领域，则新产品研发、物资采购、生产运作管理、品牌建设等一系列问题背后的一系列决策问题就自然地呈现在学生面前，它跨越了专业分隔、部门壁垒。学生将充分运用所学知识积极思考，在不断的成功与失败中获取新知。

4. **财务管理**

在沙盘模拟过程中，团队成员将清晰掌握资产负债表、利润表的结构；掌握资本流转如何影响损益；了解企业经营的全局；预估长短期资金需求，以最佳方式筹资，控制融资成本，提高资金使用效率；理解现金流对企业经营的影响。

5. **人力资源管理**

从岗位分工、职位定义、沟通协作、工作流程到绩效考评，沙盘模拟中每个团队经过初期组建、短暂磨合，逐渐形成团队默契，完全进入协作状态。在这个过程中，各自为战导致的效率低下、无效沟通引起的争论不休、职责不清导致的秩序混乱等情况，可以使学生深刻地理解局部最优不等于总体最优的道理，从而学会换位思考。学生最终会明确只有在组织的全体成员有着共同愿景、朝着共同的绩效目标、遵守相应的工作规范、彼此信任和支持的氛围下，企业才能取得成功。

6. **基于信息管理的思维方式**

通过 ERP 沙盘模拟，使学生真切地体会到构建企业信息系统的紧迫性。企业信息系统如同飞行器上的仪表盘，能够时刻跟踪企业运行状况，对企业业务运行过程进行控制和监督，及时为企业管理者提供丰富的可用信息。通过沙盘信息化体验，学生可以感受到企业信息化的实施过程及关键点，从而合理规划企业信息管理系统，为企业信息化作好观念和能力上的铺垫。

（二）提高学生综合素质

ERP 沙盘模拟作为企业经营管理仿真教学系统还可以用于综合素质训练，使学生在以下方面获益：

1. **树立共赢理念**

市场竞争是激烈的，也是不可避免的，但竞争并不意味着你死我活。寻求与合作伙伴之间的双赢、共赢才是企业发展的长久之道。这就要求企业知彼知己，在市场分析、竞争对手分析上做足文章，在竞争中寻求合作，这样企业才会有无限的发展机遇。

2. **全局观念与团队合作**

通过 ERP 沙盘模拟对抗课程的学习，学生可以深刻体会到团队协作精神的重要性。在企业运营这样一艘大船上，CEO 是舵手、CFO 保驾护航、营销总监担当水手……在这里，每一个角色都要以企业总体最优为出发点，各司其职，相互协作，这样才能赢得竞争，实现目标。

3. **保持诚信**

诚信是一个企业的立足之本，发展之基。诚信原则在 ERP 沙盘模拟课程中体现为对“游戏规则”的遵守，如市场竞争规则、产能计算规则、生产设备购置以及转产等具体业务的处理。保持诚信是学生立足社会、发展自我的基本素质。

4. 个性与职业定位

每个个体因为拥有不同的个性而存在，这种个性在 ERP 沙盘模拟对抗中会显露无遗。在分组对抗中，有的小组急于求成，有的小组稳扎稳打，还有的小组不知所措。虽然，个性特点与胜任角色有一定关联度，但在现实生活中，很多人并不是因为“爱一行”才“干一行”的，更多的情况是需要大家“干一行”就“爱一行”的。

5. 感悟人生

在市场竞争的残酷与企业经营风险面前，是“轻言放弃”还是“坚持到底”，这不仅是一个企业可能面临的问题，更是一个人在人生中不断需要抉择的问题。经营自己的人生与经营一个企业具有一定的相通性。

（三）实现从感性到理性的飞跃

在 ERP 沙盘模拟中，学生经历了一个从理论到实践再到理论的上升过程，把自己亲身经历的宝贵实践经验转化为全面的理论模型。学生借助 ERP 沙盘推演自己的企业经营管理思路，每一次基于现场的案例分析及基于数据分析的企业诊断，都会使学生受益匪浅，达到磨炼商业决策敏感度、提升决策能力及长期规划能力的目的。

ERP 沙盘模拟培训来源于军事上的战争沙盘模拟推演。在战争中使用的沙盘是根据地形图或实地地形，按一定的比例用泥沙、石土等材料堆制而成的一种模型，供指挥者研究地形、敌情、作战方案、组织协调和实施训练时使用。用沙盘研究作战情况在我国有着悠久的历史。《史记·秦始皇本纪》中记载：“以水银为百川江河大海，机相灌输，上具天文，下具地理。”这是我国战争史上运用沙盘研究战术的先例。

战争沙盘推演跨越了通过实战检验与培养高级将领的巨大成本障碍和时空限制，受到世界各国的普遍运用。同样，企业在培养优秀管理人才的同时，也面临着高昂的培训成本困扰。因此，英、美知名商学院和管理咨询机构开发出了 ERP 沙盘模拟培训这一新型现代培训模式。

ERP 沙盘模拟培训与传统的课堂灌输授课方式不同，它通过运用独特直观的教具，模拟企业真实的内部经营环境与外部竞争环境，结合角色扮演、情景模拟、教师点评，使学生在虚拟的市场竞争环境中，真实经历数年的企业经营管理过程，运筹帷幄、决战商场。ERP 沙盘模拟培训一经推出，就以其独特新颖的培训模式、深刻实用的培训效果受到中外企业、著名高校的青睐。目前 ERP 沙盘模拟培训已经成为世界 500 强中大多数企业的中高层管理人员管理培训的首选课程。

ERP 沙盘模拟培训将企业的主要流程缩小在整张沙盘上，包括企业的物流：下原料订单、原料入库、组织生产、接订单销售；企业的资金流：现金、贷款、应收账款、人工成本、设备维修、固定资产折旧等制造费用支出，广告投入、市场开拓、产品研发、ISO 认证等管理费用支出等；企业的信息流：市场预测分析、竞争环境、竞争对手经营情况分析等。

在 ERP 沙盘模拟培训中，5 ~ 8 位学生被分为六个小组，每个小组代表一个企业。每个企业的主要职能定位分别为：公司总裁 CEO，负责企业长期经营战略决策，制定每年经营规划，分配成员角色，协调团队沟通合作等；财务总监 CFO，负责企业资金筹措，资金运用，费用成本控制，现金流管理，财务核算等；生产总监，负责制定企业生产战略，编制和执行生产计划、设备更新计划等；采购总监，负责采购计划的制订和执行，企业内部物流控制等；营销总监，负责企业营销战略，新市场开拓规划，新产品研发计划，广告投放策略制定和执行等。每个小组都拥有等同的资金、设备和固定资产。通过用现金为企业做广告，从市场上赢得订单，用现金购买原材料入库和新生产线，投入生产，完工交货，从客户手中获得现金，用现金开发新的产品和新的市场，用现金支付员工工资、税收等。当资金短缺时可向银行申请贷款或变卖固定资产。经过六年的经营，最终根据每个企业的所有者权益多少评出优胜企业。

ERP 沙盘模拟培训，突破了传统的管理实训课程的局限性，让学生通过模拟企业运行状况，在制定战略、分析市场、组织生产、整体营销和财务结算等一系列活动中体会企业经营运作的全过程，认识到企业资源的有限性，在各种决策的成功和失败的体验中，学习、巩固和融会贯通各种管理知识，掌握管理技巧，从而深刻理解 ERP 的管理思想，领悟科学的管理规律，提升管理能力。

本章思考

ERP 沙盘模拟有哪些作用?

阅读扩展

一位网友发表的做 ERP 沙盘模拟的体会

ERP 刚开始的时候，我们是 6 人分为一小组，其中 CEO 1 名，CFO 1 名，财务助理 1 名，负责采购 1 名，负责市场开发和营销 1 名，负责生产运营 1 名。当我被推选为担当 CEO 一职时，我整个人就开始有点紧张。虽然只是模拟的生产经营，但还要和其他组竞争，同时也希望我们的企业能经营好，于是就觉得自己有了一份责任。

在经营过程中，我们遇到了资金不足、产能不足或过剩、如何进行市场开发和产品转产、如何合理打广告、接生产单等一系列的问题。这些情况都是我们在现在生活中所没有接触过的，在操作的过程中就不免作出了一些不是那么合理的决定，最终的结果是连年亏损。不过在问题出现后，我们好好地思考了亏损的原因，可以归纳为以下几点：

（1）资金出现不足的情况没有及时地借款或变卖资产，而是一味地减少支出，如减少广告费，以致无法拿到更多的产品订单，能获得的利润自然就很少。

（2）当出现产能过剩或不足时，没有放宽自己的思路和其他小组合作或组与组之间进行交易来解决这一问题，而是考虑自己这一狭小的空间。

（3）刚开始的时候没有好好地做年度支出预算和收益预算，致使带来了一些不必要的开支。

找出原因后，我们立即改变以前的保守策略，大胆地打出广告，多接产品订单，结合自己企业的生产能力，加大和其他小组的合作、交易，尽可能多地获取利润，同时进行合理数量的借款，这才扭转了资金周转不足的问题，开始改变企业的运营情况，由以前的亏损变为后来的盈利。在大家的共同努力下，我们开始慢慢地走上了轨道。

（摘自 www.tuozhan168.com/bbs）

附录：ERP 实验报告参考格式

实验时间

<table>
<tr><td>姓名</td><td></td><td>班级</td><td></td><td>学号</td><td></td></tr>
<tr><td>实验项目名称</td><td colspan="3"></td><td>指导教师</td><td></td></tr>
<tr><td>实验目的</td><td colspan="5"></td></tr>
<tr><td>实验内容</td><td colspan="5"></td></tr>
<tr><td>实验过程</td><td colspan="5"></td></tr>
<tr><td>试验结果及分析</td><td colspan="5"></td></tr>
<tr><td>实验体会与收获</td><td colspan="5"></td></tr>
</table>

参考文献

1. 陈庄．ERP 原理与应用教程．北京：电子工业出版社，2003

2. 汪清明．ERP 原理与应用．北京：高等教育出版社，2006

3. 苟娟琼，常丹．ERP 原理与实践．北京：清华大学出版社，2005

4. 周玉清，刘伯莹，周强．ERP 与企业管理：理论、方法、系统．北京：清华大学出版社，2005

5. 伊辉勇，吕奇光．生产制造管理实验教程．北京：北京交通大学出版社，2008

6. 何亮等．金蝶 ERP－K/3 培训教程——财务核算/供应链管理/物料需求计划．北京：人民邮电出版社，2007

7. 孙福权等．企业资源计划（ERP）．沈阳：东北大学出版社，2006

8. 徐晓飞．ERP 技术发展的现状、趋势及思考．http：//www. ccw. com. cn，2003－07－30

9. 邓建高．ERP 实施过程的模型应该如何构建．http：//www. chinaacc. com，2010－04－30

10. 颜安等．企业 ERP 应用研究．成都：西南财经大学出版社，2006

11. 常丹，孟婕，苟娟琼．ERP 系统模拟实验教程．北京：电子工业出版社，2007

12. 黄小原，卢震，赵晓煜．ERP 理论与构建．北京：科学出版社，2006

图书在版编目（CIP）数据

ERP实操指导书/王钧，李红桃主编．—广州：暨南大学出版社，2010.9
（高等院校应用型本科实验课规划教材）
ISBN 978-7-81135-630-4

Ⅰ.①E…　Ⅱ.①王…②李…　Ⅲ.①企业管理—计算机管理系统，ERP—高等学校—教材
Ⅳ.①F270.7

中国版本图书馆CIP数据核字（2010）第173917号

出版发行：暨南大学出版社

地　址：中国广州暨南大学
电　话：总编室（8620）85221601
营销部（8620）85225284　85228291　85228292（邮购）
传　真：（8620）85221583（办公室）　85223774（营销部）
邮　编：510630
网　址：http：//www.jnupress.com　http：//press.jnu.edu.cn

排　版：暨南大学出版社照排中心
印　刷：佛山市浩文彩色印刷有限公司

开　本：787mm×1092mm　1/16
印　张：13.5
字　数：351千
版　次：2010年9月第1版
印　次：2010年9月第1次
印　数：1—3000册

定　价：28.00元